高等院校会计专业（新准则）通用规划教材

纳税筹划

Tax Planning

李淑霞　孙鹏程　主　编
陈凤云　刘科宇　孙　建　王银龙　副主编

上海财经大学出版社

图书在版编目(CIP)数据

纳税筹划/李淑霞，孙鹏程主编．—上海：上海财经大学出版社，2019.2

高等院校会计专业(新准则)通用规划教材

ISBN 978-7-5642-3141-5/F·3141

Ⅰ.①纳…　Ⅱ.①李…②孙…　Ⅲ.①纳税筹划-高等学校-教材
Ⅳ.①F810.423

中国版本图书馆 CIP 数据核字(2018)第 250908 号

□ 策划编辑　石兴凤
□ 责任编辑　石兴凤
□ 封面设计　贺加贝

纳税筹划

李淑霞　孙鹏程　主　编
陈凤云　刘科宇　孙　建　王银龙　副主编

上海财经大学出版社出版发行
(上海市中山北一路 369 号　邮编 200083)
网　　址：http://www.sufep.com
电子邮箱：webmaster @ sufep.com
全国新华书店经销
上海华教印务有限公司印刷装订
2019 年 2 月第 1 版　2019 年 2 月第 1 次印刷

787mm×1092mm　1/16　14 印张　340 千字
印数：0 001—2 500　　定价：49.00 元

前 言

为了满足教学工作的需要，我们根据最新的税收法规政策和企业会计准则及相关的财务制度，编写了《纳税筹划》一书。本书可以作为高等院校财经专业、税务专业等的教学用书，是高校学生学习和掌握纳税筹划知识和技能的教材，还可以作为财务人员继续教育的培训教材，也是在岗财会人员提高纳税筹划能力的极好用书。

本书内容包括纳税筹划的基础知识、基本方法和基本技术、企业设立的纳税筹划、采购物资的纳税筹划、生产研发过程的纳税筹划、销售过程的纳税筹划、利润分配的纳税筹划、职工薪酬的纳税筹划及其他税种的筹划等。我们编写时注重了内容选取上的广泛性，又兼顾了内容讲授上的普遍性、针对性，该教材适合高校会计专业、财务管理专业学生及在岗财会人员使用。

本书编写的指导思想是面向企业的实际需要出发，结合学生的基本现状，力争通俗易懂、学以致用。本教材在编写中本着"课堂就是岗位"的实际理念，着重实践，强调实训，强调培养学生的动手操作能力，在内容组织和安排上，岗位实践的材料较为丰富。为此，在编写时注重精心挑选案例和素材，所挑选的案例与素材均从多年教学与实践工作中获得。让学生切实掌握好会计工作的各项专业操作技能和专业基础知识，培养学生的逻辑思维能力，密切联系企业的实际情况，切实打造学生的专业操作技能是本教材的最大亮点。编者期望能通过这种安排，加强实践练习，达到让学生毕业即能上岗胜任工作的目的。

本书由李淑霞、孙鹏程担任主编。各章的具体编写分工如下：第一章、第二章、第十章由李淑霞编写，第三章、第四章由孙鹏程编写，第五章、第六章由陈凤云编写，第七章由刘科宇编写，第八章由孙建编写，第九章由王银龙编写，最后由李淑霞总纂定稿。

本书在编写过程中借鉴吸收了许多专家、学者的研究成果和案例，在此一并致以诚挚的感谢。

在本书编写过程中，尽管我们进行了大量的调研，取得了大量最新的资料，特别是研读了最新税收政策，但是我国税收法律制度始终处在不断的改革和完善中，书中的错误和纰漏在所难免，再加上编者的学识有限，恳请专家、读者和师生对书中不妥之处予以赐教指正。

目　录

第一章　纳税筹划的基础知识

第一节　纳税筹划的概念和特征

一、纳税筹划的基本概念

纳税筹划，或称税务筹划、税收筹划，是根据英文 Tax Planning 翻译出来的，是一项理论性和实践性较强的经济活动。纳税筹划是一门跨多个相关领域的新兴专业，国内外学者对纳税筹划的概念也作出了不同的表述，由于国情、税法和税收政策的不同，不同的纳税筹划理论和筹划方法隐含着对纳税筹划概念的不同观点。

(一)国际上对纳税筹划概念的观点

国际上对纳税筹划概念有几种具有代表性的观点：

荷兰国际财政文献局《国际税收辞典》定义，纳税筹划是指纳税人通过经营活动或对个人事务活动的安排，以实现缴纳最低的税收。

印度税务专家雅萨斯威在《个人投资和税务筹划》一书中称，纳税筹划是纳税人通过税务活动的安排，以充分利用税收法规提供的包括减免税在内的一切优惠，从而获得最大的税收利益。

美国南加州大学 W.B.梅格斯博士的《会计学》中对税收筹划作了如下阐述："人们合理而又合法地安排自己的经营活动，使之缴纳尽可能少的税收。他们使用的方法称为纳税筹划，以达到少缴税款和递延纳税。在纳税发生之前，有系统地对企业经营或投资行为做出事先安排，以达到尽可能地少缴所得税，这个过程就是纳税筹划。"该书还进一步指出："税制的复杂性为企业提供详尽的纳税筹划成为一种谋生的职业，几乎所有的公司都聘用专业的税务专家，研究企业主要经营决策上的税收影响，为合法地少纳税款制订计划。"

(二)国内学者对纳税筹划概念的观点

税务专家唐腾翔在所著《税收筹划》中将纳税筹划定义为："纳税筹划是在法律规定许可的范围内，通过对经营、投资、理财活动的事先筹划和安排，尽可能地取得节税的税收收益。"该观点强调了纳税筹划的合法性和事先性，并将纳税筹划视同节税，因此，纳税筹划所包含的范围相对较小。

会计学者盖地在《税务会计与税务筹划》一书中将纳税筹划定义为：纳税筹划是纳税人依据所涉及的税境在遵守税法、尊重税法的前提下，以规避涉税风险，控制或减轻税负，根据税法中的“允许”“不允许”以及“非不允许”项目和内容，对企业的组建、经营、投资、筹资等活动进行的旨在减轻税负，有利于实现企业财务目标的谋划、对策和安排。该观点所包含的范围较大，不仅包括节税，还包括具有非违法性的各种避税和税负转嫁行为。

税务学者张中秀在《公司避税节税转嫁筹划》一书中将纳税筹划定义为：“纳税筹划是指纳税人在非违法的前提下，以减轻税收负担和实现涉税零风险为目的而进行的避税、节税和税负转嫁的活动。”该观点所包含的范围更大。

从上述观点来看，虽然纳税筹划没有一个统一的概念，但大家存在一些共识即纳税筹划是在法律许可的范围内合理、合法地减轻税收负担和降低税务风险的一种经济行为。本书把纳税筹划定义为：纳税人在既定的税制框架内，通过对纳税主体的战略、经营活动、投资行为、理财涉税事项进行事先规划和安排，以节约税款、递延纳税和降低税务风险为目标的一系列税务规划活动。

实际上，在税收征纳活动中，纳税筹划是纳税人对税收环境的反应和适应，这不仅体现为减轻税负的要求，还有降低税收风险的要求。因此，纳税人应该分析税收环境的特征，掌握不同领域税收政策的差异性，了解税务当局的工作规划及相关征税信息，有针对性地开展税收筹划。由此可见，纳税人的纳税筹划行为正在影响着税制的变迁。

二、纳税筹划的特征

（一）合法性

合法性也叫不违法性。强调纳税筹划只能在税收法律许可的范围内进行，不能违反法律规定。合法性是纳税筹划的前提条件，当存在多种可选择的纳税方案时，纳税人可以利用对税法的熟识、对实践技术的掌握，做出纳税最优化选择，从而降低税负，与偷税、漏税、抗税、骗税有本质的区别。违反税收法律规定，以逃避纳税责任的方式减轻税收负担的行为，属于偷、漏税，要坚决反对和制止。

（二）前瞻性

前瞻性也叫事先性，是在纳税行为发生之前，对经济事项进行规划、设计、安排，从而达到减轻税收负担的目的。在经济活动中纳税义务通常具有滞后性，企业交易行为发生后才缴纳流转税；收益实现或分配之后，才缴纳所得税；财产取得之后，才缴纳财产税。这在客观上提供了对纳税事先做出筹划的可能性。另外，纳税行为要在以上纳税行为发生前进行，纳税义务一旦已经形成，便无法进行筹划。如果经营活动已经发生，纳税义务已经形成，便无法进行筹划。一般情况下，纳税筹划是在纳税义务发生前进行，因而具有前瞻性。

（三）目的性

纳税筹划的目的是降低税负，减轻纳税负担，追求企业价值最大化。降低税负，减轻纳税负担为纳税筹划的初级目标，而追求企业价值最大化为纳税筹划的终极目标。当两者矛盾时，应当选择实现企业价值最大化的纳税筹划方案。一方面，企业负担较低的税收成本，获得较高的税收收益，另一方面延迟纳税时间，获得货币的时间价值。

（四）风险性

由于纳税筹划受税收法律、法规政策调整及企业内部、外部因素的影响，因此，纳税筹划的结果存在着很多不确定性。随着国家税收政策、法律法规、经济环境及企业自身的不断变化，在实际操作中纳税筹划的目的往往不能达到预期效果，比如，对税收政策理解偏差或操作不当，导致做出企业税负不减反增的方案，或者触犯法律而受到税务机关的处罚都可能使得纳税筹划的结果背离预期的效果，使纳税筹划蕴含着很大的操作风险。

（五）专业性

纳税筹划是一门涉及税收学、管理学、财务学、会计学、法学等的综合性学科，具有一定的专业性。随着社会化大生产、全球经济一体化、国际贸易业务日益频繁、经济规模越来越大、各国税制越来越复杂的情况下，仅靠纳税人自身进行纳税筹划显得力不从心，在这样的国际大背景下，税务代理、税务咨询等作为第三产业将会应运而生，纷纷开展纳税筹划业务，促进纳税筹划向更专业化的方向发展。

三、纳税筹划与偷税、避税的区别

（一）偷税

偷税是指负有纳税义务的纳税人，故意违反税法，通过对已发生的应税经济行为进行隐瞒、虚报等欺骗手段逃避缴纳税款的行为。偷税也可称为逃税，具有明显的欺诈性和违法性。

在我国税收实践中，偷税被解释为：纳税人伪造、变造、隐匿、擅自销毁账簿或记账凭证；在账簿上多列支出或者不列、少列收入；税务机关通知申报而拒不申报；进行虚假的纳税申报，不缴或者少缴应纳税款；骗取税款。偷税具有欺诈性与隐瞒性，其基本特征为：(1)偷税的目的是非法占有税款；(2)在手段上采用故意制造错弊、涂改凭证、伪造单据、更改账表等技术，利用欺诈方法以减轻税负；(3)属于非法行为，会造成国家税款的大量流失，破坏经济活动的公平性，败坏社会风气。

1. 偷税的五种形式

(1)伪造、变造、隐匿、擅自销毁账簿或记账凭证

所谓伪造账簿、记账凭证是指行为人为了偷税，平时没有按照税法设置账簿，为了应付税务检查而编造的假凭证、假账簿，无中生有，欺骗他人；所谓变造账簿和记账凭证是把已有的真实账簿和凭证进行篡改、合并或删除，账外设账，账外经营，真假并存，从而使人对其经营数额和应税项目产生误解，达到不缴或少缴税款的目的。

对于本条争论最多的是取得的发票等原始凭证是否属于本条所列举的行为。从法律条文的字面含义理解，的确未明确载明“原始凭证”字样，根据法律明文规定禁止即不为违法的原则，这样的理解有一定的道理。但是，根据这一理解，在实际运用中会得出一个悖论：纳税人只要保持记账凭证上的记载数据等于所附原始凭证上的汇总数据，就不存在伪造、变造记账凭证的问题。纳税人取得伪造、变造的原始凭证即使可能造成偷税，但是仍不属于本条所列举的偷税手段，不构成偷税，只能根据未按规定取得发票处罚。显然这种从字面理解出来的含义不是

立法意图所想要表述的思想。

为此，最高人民法院于2002年11月5日对此行为进行了司法解释：纳税人伪造、变造、隐匿、擅自销毁用于记账的发票等原始凭证的行为，应当认定为《刑法》第201条第1款规定的伪造、变造、隐匿、擅自销毁记账凭证的行为。此司法解释补充完善了这一立法漏洞。

(2)在账簿上多列支出或者不列、少列收入

对于本条争议较多的是纳税人取得的虚开增值税专用发票并且进项税额已入账属于哪一种偷税手段。一种观点认为，应当属于伪造记账凭证；另一种观点认为，《中华人民共和国税收征收管理法》(以下简称《税收征收管理法》)中未列出这种偷税手段，根据法律明文规定禁止即不为违法的原则，对于取得虚开的增值税专用发票的行为不应确定为偷税行为。

国家税务总局以规章的形式进行了界定：纳税人非法取得虚开的增值税专用发票上注明的税额已经记入"应交税费"中的进项税额，构成了"在账簿上多列支出或者不列、少列收入"的行为，应确定为偷税。

(3)税务机关通知申报而拒不申报

对于本条，税务工作人员普遍存在的一种理解是：纳税人应申报而未申报经税务机关通知申报而仍不申报。税务机关在实务操作上，为避免争议，通常情况下，通知的方式主要表现在书面通知上。虽然是无可非议的，但是在理解上存在重大偏差。

最高人民法院在对刑法中关于偷税罪的本项偷税手段的司法解释中指出：具有下列情形之一的，应当认定为《刑法》第201条第1款规定的"经税务机关通知申报"：纳税人、扣缴义务人已经依法办理税务登记或者扣缴税款登记的；依法不需要办理税务登记的纳税人，经税务机关依法书面通知其申报的；尚未依法办理税务登记、扣缴税款登记的纳税人、扣缴义务人，经税务机关依法书面通知其申报的。这些等都属于税务机关通知申报而拒不申报的偷税手段，这一解释与《税收征收管理法》中的表述是一致的。

(4)进行虚假的纳税申报，编造虚假的计税依据，不缴或少缴应纳税款

最高人民法院的司法解释中指出："虚假纳税申报，是指纳税人或者扣缴义务人向税务机关报送虚假的纳税申报表，财务报表，代扣代缴、代收代缴税款报告表或者其他纳税申报资料，如提供虚假申请，编造减税、免税、抵税、先征收后退还税款等虚假资料等。主要表现是申报表、申报资料与纳税人账簿记载的内容不一致。"

根据国家税务总局税收征管司的解释："纳税人编造虚假的计税依据，是指编造虚假的会计凭证、会计账簿，或者通过修改、涂抹、挖补、拼接、粘贴等手段变造会计凭证、会计账簿，或者擅自虚构有关数据、资料编制虚假的财务报告，或者虚报亏损等。"

进行虚假纳税申报和编造虚假的计税依据，两者在表现上极其相似。但由于两者是不同性质的违法行为，其所受处罚也有很大的不同："进行虚假纳税申报"按照偷税处罚，"编造虚假的计税依据"可处以5万元以下的罚款。

编造虚假的计税依据会导致两种结果：一种是造成不缴或少缴应纳税款。对于这种行为，应该认定为偷税。《税收征收管理法》第63条规定：对纳税人偷税的，由税务机关追缴其不缴或者少缴的税款、滞纳金，并处不缴或者少缴的税款50%以上5倍以下的罚款。另一种是并未产生实际的不缴或少缴税款的事实，却影响了申报的真实性，造成以后纳税期不缴或少缴税款。对于这种行为，根据《税收征收管理法》第64条的规定，税务机关有权责令纳税人、扣缴义

务人在规定的时间内改正编造的虚假计税依据，同时处 5 万元以下的罚款。

纳税人编造虚假的计税依据的，视其是否造成不缴或少缴税款的情况，分别按《税收征收管理法》第 63 条或第 64 条进行处理，不应同时适用两条规定。

(5)骗取税款

骗取税款有很多种表现形式，主要分为以下三种：

①纳税人先缴纳了税款，然后以假报出口或者其他欺骗手段骗取所缴纳的税款，这种情况不应当认定为偷税。

②纳税人未缴纳税款，以假报出口或者其他欺骗手段骗取国家出口退税的，这种情况下，应当认定为骗取出口退税。

③纳税人先缴纳了税款，然后以假报出口或者其他欺骗手段骗取比所缴纳的税款数额更多的税款，如纳税人先缴纳了 100 万元的税款，然后骗取了 150 万元的税款。在这种情况下，应当分别认定：对于骗取的出口退税款中与纳税人缴纳数额相等部分，如本例中的 100 万元，认定为偷税；对于超过已缴纳的税款部分，如本例中的 50 万元(150－100)，认定为骗取出口退税。

应当注意，骗取的出口退税与已缴税款之间有着同一笔业务的因果联系时，可以认定为偷税；否则，即使纳税人对其他货物缴纳了增值税、消费税，也应当认定为骗取出口退税。

2. 逃避缴纳税款罪

2009 年 2 月 28 日第十一届全国人民代表大会常务委员会第七次会议通过《中华人民共和国刑法修正案(七)》(以下简称《刑法修正案(七)》)，逃避缴纳税款罪取代了原来的偷税罪。对逃避缴纳税款罪的定义如下：纳税人采取欺骗、隐瞒手段进行虚假纳税申报或者不申报，逃避缴纳税款数额较大并且占应纳税额 10%以上的；扣缴义务人采取欺骗、隐瞒手段，不缴或者少缴已扣、已收税款，数额较大的即构成逃避缴纳税款罪。

《刑法修正案(七)》中将《刑法》第 201 条修改为：纳税人采取欺骗、隐瞒手段进行虚假纳税申报或者不申报，逃避缴纳税款数额较大并且占应纳税额 10%以上的，处 3 年以下有期徒刑或者拘役，并处罚金；数额巨大并且占应纳税额 30%以上的，处 3 年以上 7 年以下有期徒刑，并处罚金。扣缴义务人采取欺骗、隐瞒等手段，不缴或者少缴已扣、已收税款，数额较大的，依照上述规定处罚。

(二)避税

1. 避税的概念

联合国税收专家小组对避税作了如下解释：避税是一个不甚明确的概念，很难用能为人们所普遍接受的措辞对它作出定义。但是，一般来说，避税是纳税人采用利用法律上的漏洞或含糊之处的方式来安排自己的事务，以减少其他应承担的纳税数额，但这种做法并没有违反法律。虽然避税行为可能被认为是不道德的，但是用的方式是合法的，而且纳税人的行为不具有欺诈的性质。国际财政文献局在 1988 年出版的《国际税收词汇》中解释为：避税是指以合法的手段减少其纳税义务，通常含有贬义。例如，该词常用于描述个人或企业通过精心的安排，利用税法的漏洞或其他不足之处钻空取巧，以达到避税目的。法律中的规定条款，用以防范或遏制各类法律所不允许的避税行为者，可以称为“法避税条款”。

《中国税务百科全书》对避税的解释是：避税是指负有纳税义务的单位和个人在纳税前采取各种合乎法律规定的方法，有意减轻或解除税收负担的行为。

避税定义各有不同，但上述对避税的解释都说明了避税是用合法的手段或不违法的手段减轻纳税义务的一种行为，有其存在的合理性。从各国法律界定和税收实践看，也存在较大差异。譬如，在美国，避税与偷税实际上并没有明确的界限，避税被广泛解释为除偷税以外使税负最轻的技术，人为的避税技术并不是为了经济或业务发展的需要，经常与偷税紧密联系，因此应加以制止。格拉斯哥大学税务学访问教授汤姆·林奇(Tom Lyrich)对避税有一段精辟的评论："避税"一词不幸地被冠以一种不守规矩的含义，事实上，它涵盖了很多方面的内容。比如，不仅包括对简单和现实的业务的重新组合，而这种组合安排显然是合理而方便的，还包括复杂的组合策略。这些组合安排并无实际的影响——除了减轻纳税负担外并无其他实质意义，这些人为的规划并不违法，但许多人认为这种行为应该受到惩罚，而且更重要的是避税会潜在导致无效率。

2. 避税的合法性

英国、美国、德国、阿根廷、巴西、墨西哥、挪威等国都认可纳税人拥有避税的权利。在巴西，只要不违反法律，纳税人有权选择使其缴税最少的经营模式，但纳税人的选择必须在纳税义务法律事实发生之前进行。

尽管避税的合法性在这些国家得到了法律的认可，但并不意味着政府会对一切避税行为听之任之。事实上，各国政府往往针对频繁发生且危害严重的避税行为制定专门的反避税制度，如转让定价税制、避税港税制等。

少数国家认为避税行为是非法的，如澳大利亚，通常将避税和偷税等同。该国《所得税征收法》第231条规定：通过恶意的行为不履行或疏忽纳税义务，通过欺诈或诡计来避免纳税，均属违法行为。1980年颁布的《制止违反税法法案》进一步规定，妨碍公司或受托人缴纳所得税、销售税的行为，或唆使、协助、商议及介绍上述行为者，均属违法。在这些国家，任何使法律意图落空的做法都被视为触犯法律。它们否认避税的具体理由是：如果避税合法，那么税收的公平原则将被破坏。澳大利亚政府对避税非法的认定，尤其是将其与偷税并列的做法，受到了许多学者的质疑。

但是，在国际上，越来越多的国家认为避税是错用或滥用税法的行为，是纳税人通过个人或企业事务的人为安排，利用税法的漏洞、特例和缺陷，来规避或减轻其纳税义务的行为，已成为政府制止的一种活动。究其原因，避税虽以非违法的手段来达到逃避纳税义务的目的，但其结果与逃税一样危及国家税收，直接后果是将导致国家财政收入的减少，间接后果是造成了税收制度的不公平。斯蒂格里茨认为，尽管各种税收漏洞和税收庇护有非常大的负面后果——无效率和不公平，进而成为税制改革的主要动力之一，但不同行业对设法取得有利于自己的特殊待遇有着强烈的动机，而且对于这种特殊待遇，常常有微不足道的理由。

一般认为，避税不符合政策制定者的立法意图，所以政府会通过制定更为详尽的税收法规来管制避税行为。这些规则主要分为两大类：一类是原则性的反避税条款，另一类是针对交易细节的具体性税法规定。从制度经济学的角度分析，一个完善的税收法规制度要么是不可能存在的，要么是代价过高的。奥巴赫(Auerbach，2002)甚至认为，税法只能针对经济活动的形式而不是实质，而形式与实质间的对应关系会发生变化。法律条文越多、规则越细，则税法的模糊性和漏洞也就越多，避税的可能性反而越大。税法在堵塞一个漏洞的同时，经常在其他方面出现更多问题。因此，税收制度漏洞和法规本身的模糊性必然存在，纳税人和政府围绕着避税和反避税的斗争也将持续下去。

有些国家立法中并没有明确说明避税是否合法，如我国颁布的《税收征收管理法》对避税或税收筹划的概念未作任何表述。国家税务总局税收科学研究所编著的《2002 中国税收实务手册》认为，对于逃税可以有两种理解：一种是广义的逃税，指纳税人采用各种合法或非法手段逃避纳税义务的行为；一种是狭义的逃税，指纳税人采用非法手段少交税或不履行纳税义务的行为。通常认为，采用合法手段减轻税负或不履行纳税义务的为“避税”，采用非法手段少交税或不履行纳税义务的为“逃税”。由于我国目前还没有一部税收基本法，《宪法》第 56 条仅规定“中华人民共和国公民有依照法律纳税的义务”，因此避税在法律上处于空白地带。

国内学者在避税问题上也存在诸多分歧。多数学者包括杨斌(2004)、葛家澍(2006)、盖地(2008)等都明确观点，“法律没有禁止的就是允许的，纳税筹划应该包括避税”。按照税收法定原则，避税并没有直接违反法律，所以不应受到法律的制裁(杨斌，2004)；避税不是道德范畴的问题，因此不能以道德的观念来看待法律范畴的避税行为(葛家澍，2006)。虽然纳税筹划(避税)行为可能会带来一定的社会危害，但国家不能超越法律规定以道德的名义要求纳税人承担纳税义务；对纳税筹划甚至对避税行为至少从法律上应该持肯定态度。

税收采用的是法定主义原则。税收法定原则不能够排斥不违反税收法律的、“非违法”的避税。国家和政府应该通过健全法律制度来规范纳税人的避税行为，但是不能认定纳税人的避税行为违法。

综上所述，避税是指纳税人在不违反法律的前提下，通过对生产经营活动及财务活动的安排以期达到纳税义务最小化的经济行为。由于避税的行为并不违法，所以在我国税收实践中，对避税并没有严格的法律界定和明确的法律责任，但对于纳税人利用税法漏洞和缺陷来人为地减少税负支出的避税行为，税务机关采取强制性的反避税措施，调整纳税人的财务结果并要求补缴税款。

3. 避税的特征与分类

(1)避税的特征

通过对避税概念及合法性的探讨，可以看出避税具有以下显著特征：

第一，合法性，或非违法性。即避税所使用的方式是合法的或是非违法的，纳税人没有行使欺诈行为，这一点明显区别于偷税或逃税。

第二，避税的手段表现为巧妙地利用税法漏洞来减轻税负。交易的安排不纯粹是出于正常交易动机，或者纯粹是出于税收动机，或者既包含商业动机，也包含税收动机。

第三，避税行为尽管不违法，但往往与税收立法意图相违背，可能被认为不道德。这只是“可能”，因为避税方式多种多样，很难明确界定。

比如，我国现行税法对护肤护发品系列中的香皂征收消费税，而肥皂则不属于此系列，所以不征收消费税。有一厂商钻税收政策的空子生产了一种名为“阿尔贝斯皂”的介于肥皂和香皂之间的产品，不缴纳消费税，这一做法显然带有避税倾向。在国际领域，避税最常见、最一般的手法是利用“避税港”(指一些无税收负担或税收负担极轻的特殊区域)虚设经营机构或场所转移收入、转移利润，以及利用关联企业之间的转让定价转移收入和利润，实现避税。由于通常意义上的避税行为有悖税法精神，也可以说是对税法的歪曲或滥用，所以世界上多数国家对这种行为采取不接受或拒绝的态度，一般针对较为突出的避税行为，通过单独制定法规或在有关税法中制定特别的条款来加以反对。

(2)避税的分类

避税行为在经济领域普遍存在，从本质上讲，避税和纳税筹划有着密切的联系。避税是从政府角度定义，侧重点在于回避纳税义务；而纳税筹划则是从纳税人角度进行界定，侧重点在于减轻税收负担。由于征纳双方立场不同，纳税人从企业利益最大化出发，在降低税收成本(包括税收负担和违法造成的税收处罚)而进行筹划的过程中会尽量利用现行税法，利用法律缺陷和钻法律漏洞；而税务部门为保证国家财政收入，贯彻立法精神，必然反对纳税人纳税筹划的行为，但这种反对仅限于道义上的谴责。所以，只要没有通过法定程序完善税法，就不能禁止纳税人在利益驱动下开展避税活动。

根据避税活动的行为方式及其影响，可以把避税分为两类：一是灰色避税；二是中性避税。灰色避税是通过改变经济活动的本来面目来达到少缴税款的避税行为，或者是企业会计核算和纳税处理中所反映的信息不符合经济事实。

灰色避税属于违背道德伦理的行为，应该受到道德的谴责。同时，税务机关在掌握了有关证据后可以进行反避税。

【例1—1】 张某兄弟二人开办了一家民营公司，将已赋闲养老的父母聘为公司正式员工，张老夫妇二人工作甚为轻松，但报酬优厚。如果张某兄弟二人不将父母聘入公司，则张某兄弟要先获得较高的个人收入(包括工资、薪金收入和红利所得)，在扣缴了个人所得税后，用税后所得去赡养二老。现在让张老夫妇“上班”，并获得与其劳动贡献明显不相称的工资收入，显然是利用了中国传统的家族关系，将本属于张某兄弟的个人收入分解一部分到其父母名下，这里只是利用了对公司人事安排和薪酬决策的权力，变相地转移了收入。这种行为表象与事实不符，是现行税法所不支持的灰色避税。

中性避税主要是利用现行税制中的税法漏洞或缺陷，或者是利用税收政策在不同地区、不同时间的差异性，通过对经济活动的周密策划和适当安排，从而将应税行为转变为非应税行为、将高税负活动转变为低税负活动的避税方式。

税法漏洞是指所有导致税收失效、低效的政策条款。由于税制体系内部结构的不协调性或不完善性，因而税法漏洞难以避免，这些条款往往自身规定存在矛盾或在具体规定中忽视某个细小环节，又或存在较大的弹性空间和不确定性。缺陷性条款多表现在法治程序、定额税、转让定价及税收管辖权等方面，在国际税收领域，由于各国利益及税收制度的诸多差异，导致缺陷性条款广泛存在。

【例1—2】 21世纪初，中国爆发了一场特殊的“非典”灾难。为了支持“抗非典”工作，《财政部、国家税务总局关于非典型肺炎疫情发生期间个人取得的特殊临时性工作补助等所得免征个人所得税问题的通知》(财税[2003]101号)规定：对于非典型肺炎疫情发生期间，在医疗机构任职的个人取得的特殊临时性工作补助等所得免征个人所得税。根据这项政策，一些医疗机构及医疗行业相关单位乘机大搞奖金分配和福利补助，从形式和内容上都与“抗非典”工作结合起来，以此规避个人所得税。避税成功的主要原因在于税制中存在着漏洞。在这种特定的条件下，纳税人主动规范和界定自己的行为，利用税法漏洞避税，这是无可厚非的，最多受到伦理道德的谴责,但是并不违法。

避税行为在实践中有着极大的机会主义倾向,通常采取微妙的、狡猾的欺骗性形式。避税又与不完全信息联系在一起,信息不对称助长并强化了避税行为,避税极易出现扭曲、误导、模棱两可或混乱等故意行为,如灰色避税就带有典型的机会主义倾向,应该受到商业伦理的约束。中性避税是纳税人的一种适应性行为,是对税收环境的一种敏感反应,不仅应该受到法律保护,而且与商业伦理并不相悖,是一种市场利益驱动下的正常行为。

第二节　纳税筹划的目标、风险与防范

一、纳税筹划的目标

(一)降低税收风险

纳税筹划的基本目标是控制税收风险。企业在纳税筹划过程中要领悟税法精神,吃透税法条款。虽然纳税筹划与偷税、逃税、漏税在概念上相去甚远,但在经济生活中有时却难以划清界限。企业开展纳税筹划可以过滤、查定、排除税收隐患,并对未来的纳税活动进行谋划,设计规避未来税收风险的操作方案。

(二)减轻税收负担

纳税人对直接减轻税收负担的追求,是纳税筹划产生的最初原因。直接减轻税收负担也是纳税筹划所要实现的重要目标之一。

纳税人是纳税义务的承担者,作为市场经济的主体,在产权界定清晰的前提下,追求自身利益的最大化是纳税人的最终追求。经济利益最大化的实现,不仅要求总收入大于总成本,而且要求总收益与总成本之间的差额最大化,在总收益一定的条件下,要实现经济利益的最大化,就要使得总成本最小化。

企业在生产经营过程中发生的各项费用,如外购原材料、外购燃料、外购动力、支付工人的工资与津贴、固定资产投资支出、销售费用、管理费用、财务费用等构成企业的内在成本,一方面,减少内在成本可以提高总体经济效益;另一方面,国家凭借其权力,按照税法规定强制、无偿征收的税收,是企业的外在成本,是构成企业生产经营成本的一部分,其数额的减少可以增加企业的实际经济效益。因此,作为市场经济主体的纳税人,在产权界定清晰的前提下,为实现自身经济利益的最大化,进行纳税筹划以减轻税收负担,是市场竞争机制健全程度的外在表现,具有一定的合理性。

需要注意的是,减轻税收负担,只是相对地减少应纳税额,但从绝对数额上,纳税人的当年应纳税额比上年有所增加,只要应纳税额与生产经营规模的比率有所降低,便可以认为该项筹划是成功的。比如,某企业上年应纳税额为 300 万元,本年应纳税额为 400 万元,但上年的销售收入为1 000万元,而本年的销售收入为2 000万元。很显然,从比例上看,企业经过纳税筹划,税收负担有所减轻,尽管其绝对数额有所增加,但也应该说该纳税筹划是成功的。

(三)维护企业的合法权益

纳税筹划以减轻企业税收负担为己任,尽力为企业构造更为轻松、自由的纳税环境。开展纳税筹划可以维护企业的合法权益,这可以从多个角度分析:

其一,纳税筹划在一定程度上可以减轻企业的税收负担,合理节税。而这种节税效应也是建立在合法基础之上的,没有任何风险存在。

其二,纳税筹划在一定程度上挖掘了税收操作的最佳模式,探寻了合理纳税的最优方法。企业应当获得的合法权益,在纳税筹划实施过程中无疑会得到最大程度的保障。

其三,纳税筹划承担着维护企业权益的重任,所以对纳税筹划的可操作性要求很高,从法律角度维护了纳税操作的有效性和合法性。

(四)获取资金时间价值

资金是有时间价值的,纳税人通过一定的手段将当期应该缴纳的税款延缓到以后年度缴纳,以获取资金的时间价值,也是税务筹划目标体系中的有机组成部分。理论上讲,如果企业每期都能将后期的一笔费用在当期列支,每期都能将当期的一笔收入在下期计入应纳税所得,则每期都可以使一部分税款缓纳,相当于每期都获得一笔无息贷款,即每期都可以用新贷款偿还旧贷款,相当于一笔贷款永远不用清偿。

如果企业能尽量延缓税款的缴纳,就会使企业的营运资金相对宽裕,更利于企业的发展,对资金比较紧张的企业来说更是如此。更深一层地讲,延迟税款的缴纳,无偿地使用财政资金为自己企业的生产经营服务,不存在财务风险,因此,企业在税法允许的范围之内进行纳税筹划特别重要。

(五)提高自身的经济效益

纳税人从事经济活动的最终目的是企业经济效益的最大化,而不应该绝对意义上的少缴税款。如果纳税人从事经济活动的最终目的仅定位在少缴税款上,那么该纳税人最好不从事任何经济活动,应负担的税款数额就会很少,甚至没有。因此,纳税人在以获得最大的经济效益作为纳税筹划的最终目的时,要加强企业经济管理,提高管理水平;加大科技投入,改进生产技术;寻找生产规模的最佳转折点,实现规模经济;促进制度创新,获取高额利润等。提高纳税人的经济效益应该是纳税筹划目标体系中不可或缺的重要因素之一。

二、纳税筹划的风险及其防范

(一)纳税筹划的风险

纳税筹划的风险是纳税筹划活动因各种原因失败而付出的代价。具体来说,纳税筹划的风险主要包括以下四个方面:

一是决策者存在认识误区,片面认为纳税筹划是财务人员的事情,与其他部门无关,或认为只要与税务机关的关系好,有事可以通过疏通摆平等,盲目操作,很容易形成纳税风险。

二是不依法纳税的风险,即企业日常的纳税核算从表面或局部看是按规定操作的,但是由于对有关税收政策把握不到位，实质上形成偷税，从而遭受税务处罚。

三是在纳税筹划过程中对税收政策的整体性把握不够，形成纳税筹划风险，如在企业改制、兼并、分立过程中的纳税筹划涉及多种税收优惠，如果不能系统理解，就很容易出现筹划失败的风险。

四是对有关税收优惠政策的运用和执行不到位的风险，如因"四残"人员比例不足而享受了福利企业优惠，因再生资源的比例不足而享受了有关环保方面的税收优惠等。

纳税筹划风险是客观存在的，企业在进行纳税筹划时，一定要树立风险意识，认真分析各种可能导致风险的因素，及时采取有效的措施，预防和减少风险，避免落入偷税、逃税的陷阱，从而达到纳税筹划的目的。

（二）纳税筹划的风险防范

纳税筹划的复杂性是客观存在的。面对风险，筹划人应未雨绸缪，针对风险产生的原因，采取积极、有效的措施，预防和减少风险的发生。

1. 加强纳税筹划风险意识，立足于事先防范

作为纳税人本身要对纳税筹划的风险有一个正确的认识，纳税筹划只能在一定的政策条件下，并且在一定的范围内发生作用，不能对其要求过高。纳税筹划的目的在于降低税负和实现纳税零风险，两者缺一不可。降低税负不能以增大纳税风险为代价，在进行纳税筹划过程中，要注意对相关政策的理解和运用，从多方位、多视角对所筹划的项目的合法性、合理性和企业的综合效益进行充分论证，灵活运用各种纳税筹划技术和手段，掌握好纳税筹划的尺度，随时随地注意纳税筹划的风险防范。

2. 保持纳税筹划方案与税收政策导向相一致

纳税筹划应当合法，这是纳税筹划赖以生存的前提条件，也是衡量纳税筹划成功与否的重要标准。因此，在实际操作时，首先要学法、懂法和守法，准确理解和全面把握税收法律的内涵，时时关注税收政策的变化趋势，务必使纳税筹划方案不违法，这是纳税筹划成功的基本保证。其次要处理好节税筹划与避税筹划的关系，从减少税负的角度看，节税和避税有相同之处，但二者有很大的差异。节税是合法的，其合法的最主要标志就是节税筹划是利用税法中的优惠政策，而优惠政策本身并不是税法中的漏洞，它是立法者的一种政策行为，纳税人的节税行为符合立法者当初的立法精神。避税行为尽管不违法，但与立法者的意图相违背，它利用税法中的漏洞，以达到回避纳税义务的目的。世界上多数国家对此采取不主张、不接受甚至是拒绝的态度，并且大多通过单独制定法规或用特别条款加以限制，我国也不例外。因此，纳税筹划不仅不能违法，而且应该力求符合税收政策的导向性，使企业在享受有关税收优惠的同时，也顺应了国家宏观调控经济的意图，防止陷入偷、逃、骗税的境地，减少恶意避税行为与降低风险。

3. 必须保证纳税筹划目标的企业整体目标协调一致

从根本上讲，纳税筹划归结于企业财务管理的范畴。其目标是由企业财务管理的目标——企业价值最大化所决定的。纳税筹划必须围绕着总体目标进行综合策划，将其纳入企业的整体投资和经营战略中。比如，企业正积极争取上市，要保持持续性，高利润应是企业实现上市目标的首要选择，通过降低利润来实施纳税筹划的行为就要受到限制。这说明税收利益虽然是企业的一项重要的经济利益，但不是企业的全部经济利益，项目投资税收缴纳的少并不等于纳税人整体利益的增加。舍本逐末会损害企业整体、长远的发展战略。如果有多种方案可供选择，最优的方案应是整体利益最大的方案，而非税负最轻的方案。

4. 保持纳税筹划方案的适度灵活性

由于纳税人所处的经济环境千差万别，加之税收政策和纳税筹划的主观条件时刻处于变化之中，因此要求纳税筹划要根据纳税人具体的实际情况，制订税收策划方案，并保持相当的灵活性，以便随着国家有关税法相关政策的改变及预期经济活动的变化随时调整项目投资，对纳税筹划进行重新审查和评估，适时更新筹划内容，采取措施分散风险，趋利避害，保证纳税筹划目标的实现。

5. 贯彻成本效益原则

随着某一项筹划方案的实施，纳税人在取得部分税收利益的同时必然会为该筹划方案的实施付出额外的费用，以及因选择该筹划方案而放弃其他方案所损失的相应的机会利益。如原材料进项税额抵扣低于原材料资金占用，就会存在着矛盾，仅仅考虑进项税额抵扣而大量购进原材料，必然以增大原材料资金占用费用（包括占用资金机会成本、原材料仓库保管费、原材料变质损失费等）为代价。因此，纳税筹划应遵循成本效益原则，在进行纳税筹划时要进行成本效益分析，即当所选择的纳税筹划方案的筹划收益大于筹划成本时，应当开展纳税筹划；而当所选择的纳税筹划方案的筹划成本大于筹划收益时，则应当放弃纳税筹划。

6. 营造良好的纳税筹划环境

首先，领导重视和支持，营造良好的纳税筹划环境。纳税筹划的起点应是决策和战略制定环节。领导的重视和支持程度是纳税筹划成败的关键。

其次，搞好会计基础工作。规范和健全财务管理制度、培养高素质的财会人员、核算真实可靠的会计信息资料等是纳税筹划的基础和前提。

最后，加强与税务部门的联系。加强与当地税务机关的联系，充分了解当地税务征管的特点和具体要求。事实上，如果不能适应主管税务机关的管理特点，或者纳税筹划方案不能得到当地主管税务部门的认可就难以体现它应有的收益。

三、纳税筹划的基本原则

（一）法律原则

法律原则主要是纳税筹划要具有合法性、合理性及规范性。

企业纳税筹划是在不违反国家税收法律的前提下，纳税人通过对企业经营、投资和理财活动进行调整，以达到减轻企业税负、获取最大经济利益的一种企业管理行为。纳税筹划之所以有别于偷税、漏税行为，就在于它是在遵守了国家相关税收法规的前提下的合法行为。依法纳税是每个法人、自然人应尽的义务，国家法规不容许任何单位和个人践踏，各种偷漏税行为是国家法律所不允许的。

作为纳税主体的企业法人由于承担的税种较多，纳税税基、地点、期限、税率、纳税主体等各有差异，进行纳税筹划，企业的税收就可能不同，加之我们国家的税法制度不是很健全，还无法将每项应税事务规定得很死，其中不乏可通过调节业务行为来降低企业综合税负的事项。

但无论出于何种原因，企业进行纳税筹划的前提就是合法，所有的违法行为都不可能称为纳税筹划。企业要进行纳税筹划应遵循国家的相关税收法规，熟知国家的各项税收法律法规，只有在懂法、守法的基础上才能有效地进行纳税筹划。

（二）财务原则

财务原则包括财务利益最大化原则、稳健性原则与综合性原则。

1. 财务利益最大化原则

纳税筹划最主要的目的是纳税人的可支配财务利益最大化，即税后财务利益最大化。对于个人，要使个人税后财务利益最大化；对于企业，要使企业税后财务利益最大化，对于股份有限公司，称为股东财富最大化。纳税人财务利益最大化除了要考虑节减税收外，还要考虑纳税人的综合经济利益最大化、纳税人现在的财务利益及纳税人未来的财务利益；要考虑纳税人的短期利益，还要考虑纳税人的长期利益；要考虑纳税人的所得增加，还要考虑纳税人的资本增值。

【例1—3】 2018年，远洋天意有限公司计划筹资1 000万元用于一项新产品的生产，制订了甲、乙、丙三个方案。假设三个方案公司的资本结构（长期负债与权益资本比例）分别为0∶100；20∶80；60∶40。三个方案的利率都是10%，企业所得税税率均为25%。企业息税前利润预计为300万元，则企业为达到节税的目的，应选择何种方案呢？

经计算可知，扣除利息支出后三种方案下的税前利润分别为300万元、280万元、240万元；应纳税额分别为75万元、70万元、60万元；税后利润分别为225万元、210万元、180万元；税前投资利润率（权益资本）分别为30%、35%、60%；税后投资利润率（权益资本）分别为22.5%、26.25%、45%。可以看出，随着债务资本比例的加大，企业纳税额呈递减趋势，从75万元减为70万元，再减为60万元，表明债务筹资具有节税功能。仅从税收角度考虑，方案三为纳税最少的方案；从财务利益最大化原则来看，方案一的税收净利润最大；从资本增值率来看，方案三的税收净利润最大。

2. 稳健性原则

纳税筹划在追求纳税人财务利益最大化时，还必须注意筹划的稳健性原则。一般来说，纳税人的节税收益最大，风险也越大。各种节减税收的方式和方法都有一定的风险，节税收益与税制变化风险、市场风险、利率风险、债务风险、汇率风险、通货膨胀风险等是紧密联系在一起的。纳税筹划要尽量使风险最小化，在节税收益与节税风险之间进行必要的权衡，以保证能够真正取得财务利益。

3. 综合性原则

纳税筹划的综合性原则是指纳税人在进行纳税筹划时，必须站在实现纳税人整体财务管理目标的高度，综合考虑和规划纳税人整体税负水平的降低。这是因为纳税筹划是纳税人财务管理的一个重要组成部分，它与纳税人的其他财务管理活动相互影响、相互制约，一般情况下，税收负担的减轻，就意味着纳税人股东权益的增加。但是在一些特殊情况下，税负的降低并不会带来纳税人股东权益的增加。比如：由于税法规定纳税人的借款利息可以在所得税前扣除，因此纳税人利用财务杠杆原理为了追求节税效应，就要进行负债经营，当负债资金成本率低于息税前的资金利润率时，利用负债资金就可以提高所有者的权益利润率；如果息税前的全部资金利润率高于借入资金利息率，借入资金越多，所有者权益利润率就越高；反之，如果息税前的全部资金利润率低于借入资金利息率时，借入资金越多，所有者权益利润率就越低。但是利用财务杠杆是有风险的，随着负债比率的提高，纳税人的财务风险及融资成本也必然随之增加，当负债资金的利息率超过了息税前的全部资金利润率时，负债经营就会出现负的杠杆效应，这时候，所有者权益利润率会随着负债比例的升高而下降，所以，纳税人进行纳税筹划不能只以税负轻重作为选择纳税方案的唯一标准，而应该着眼于实现纳税人的综合财务管理目标。

（三）社会原则

社会原则，也叫社会责任原则。纳税人不管是个人还是企业，都是社会成员，因此都应承担一定的社会责任。如增加社会就业机会、为社会提供更多的消费品、向社会提供更多的税收等，其实纳税人的社会责任与财务利益总的来说是一致的；但纳税人的经营行为需要在无污染环境、不浪费自然资源等社会责任的前提下进行，这势必与财务利益存在着矛盾。承担过多的社会责任尽管影响纳税人的财务利益，但是，在纳税筹划时必须考虑作为一个社会成员的纳税人所应该承担的社会责任。

（四）筹划经济原则

1. 便利性原则

纳税人可选择的节税的方式和方法很多，纳税筹划中在选择各种节税方案时，选择的方案应是越容易操作越好、越简单越好，这就是纳税筹划的便利性原则。凡是能够用简单方法的，不要用复杂方法；能够就近解决的，不要舍近求远；等等。

2. 节约性原则

纳税筹划可以使纳税人获得利益，但无论是由自己内部筹划，还是由外部筹划，都要耗费一定的人力、物力和财力。比如，企业纳税筹划，不论是在企业内设立专门部门，还是聘请外部专业纳税筹划顾问，都要发生额外费用。纳税筹划要尽量使筹划成本费用降低到最低限度，使筹划效益达到最大限度。

四、进行纳税筹划的信息基础

进行纳税筹划需要了解纳税人的生产经营和理财活动的基本情况。设计纳税筹划方案需要掌握以下基本信息：

1. 纳税人的工商登记信息

掌握纳税人的行业类别、经营范围、法人代表、注册资金等基本信息。

2. 纳税人的主要经营活动及业务流程

掌握纳税人的主要经营活动情况，并关注其业务流程的概况，进一步了解业务流程图，识别其价值链与税收链。

3. 投资关系与组织结构

投资关系引起诸多的关联方关系，组织结构决定着管理体制和管理模式，这也是开展纳税筹划需要掌握的重要信息。

4. 最近三年的财务报表和纳税申报表

财务与税收是密不可分的，财务报表体现了企业的财务状况、经营成果及现金流量状况，纳税申报表清晰地揭示了企业纳税的基本情况及税负结构。

5. 纳税人的税收疑难问题及期望值

开展纳税筹划活动，一定要特别关注纳税人的税收疑难问题。同时，还要摸清纳税人的期望和要求，这对于外部纳税筹划者而言十分重要。

6. 纳税人所处的税收环境

税收环境是开展纳税筹划的外部条件，税收环境对纳税筹划的实施具有重大的影响作用。税收环境主要包括以下方面：一是纳税人经营涉及的税种，各个税种的具体规定与优惠政策，纳税人的税收利益；二是各税种之间的相关性，尤其关注企业的整体税负水平；三是税收征纳程序以及征纳双方的权利和义务；四是税务行政救济制度，如税务行政复议、税务行政诉讼和行政赔偿的相关规定。

7. 政府对纳税筹划的态度

税收分配关系中征纳双方存在着对立性和竞争性，并表现出对不同目标的追求。由于纳税人逐利心切，设计的纳税筹划方案可能符合政府的课税意图（如节税），也可能违背政府的课税意图（如避税）。所以，企业开展纳税筹划必须了解政府的态度，就政府对纳税筹划方案可能出现的行为反应做出合理的预期，以增强纳税筹划方案的现实操作性。这方面的信息包括政府对纳税筹划所持的态度；政府反避税的主要手段和措施；政府反避税的运作规程等。

8. 预期变化的信息

开展纳税筹划是以一定的税收环境为基础的，但是影响税收环境的因素（如税收法律、法规、规章及政府的反避税措施）都处于不断变化中，决定了纳税筹划必然是一个动态的过程。在纳税筹划实施过程中，企业应注意收集反馈信息，着重分析税收环境中哪些因素预期最有可能变化，哪些因素已经发生了变化，这些变化对纳税筹划方案之间的相关性，并及时对纳税筹划的具体方案作出相应的调整。

第二章　纳税筹划的基本方法及基本技术

第一节　纳税筹划的基本方法

一、纳税人筹划法

纳税人亦称纳税义务人，指税法规定的直接负有纳税义务的单位和个人，有时也称为纳税主体。纳税人可以是法人，也可以是自然人。每一种税都有关于纳税人的规定，如果纳税人不履行纳税义务，就需要承担法律责任。纳税人是税制的一个基本要素。

纳税人筹划法，实质上是进行纳税人身份的合理界定或转化，使纳税人承担的税收负担尽量减少或降低到最小限度，或者直接避免成为某税种的纳税人。纳税人筹划可以合理降低税收负担，且方法简单，易于操作。纳税人筹划技术的关键是准确把握纳税人的内涵和外延，合理确定纳税人的范围。

（一）纳税人不同类型的选择

从纳税人性质角度分析，现阶段我国有多种不同性质的纳税人：个体工商户、独资企业、合伙企业和公司制企业等。不同性质的纳税人所使用的税收政策存在很大差异，这给纳税筹划提供了极大的空间。

【例 2—1】 张某承包经营一家企业。该企业将全部资产租赁给张某使用，张某每年上缴租赁费100 000元，每年计提折旧10 000元，租赁后的经营成果全部归张某个人所有。张某年生产经营所得为200 000元。假如张某每月开支2 000元工资，请问：张某应该如何利用不同的纳税人性质合理筹划呢？

方案一：如果张某仍使用原集体企业的营业执照，按税法规定其经营所得应缴纳企业所得税，而且其税后所得还要再按承包、承租经营所得缴纳个人所得税。在不考虑其他调整因素的情况下，企业纳税情况如下：

企业所得税＝(200 000－10 000)×25%＝47 500(元)

张某承包经营所得＝200 000－100 000－47 500－10 000＝42 500(元)

张某应纳个人所得税＝(42 500－2 000×12)×10%－250＝1 600(元)

张某实际获得的税后利润＝42 500－2 000×12－1 600＝16 900(元)

方案二：如果张某将原企业的工商登记改变为个体工商户，则其承包经营所得应缴纳个人所得税。在不考虑其他调整因素的情况下，张某纳税状况如下：

张某应纳个人所得税＝(200 000－2 000×12)×30%－4 250＝48 550(元)

张某获得的税后利润=200 000－100 000－2 000×12－48 550－10 000=17 450(元)

通过比较，张某的纳税身份由私营企业主改变为个体工商户后，多获利550元(17 450－16 900)。其原因在于私营企业同时面临企业所得税和个人所得税的负担，相当于对其收益重复纳税。而个体工商户(个人独资企业、合伙企业投资者)仅缴纳个人所得税，税负相对较轻。

当然，纳税人在进行这方面的纳税筹划时，应充分考虑各方面的因素，因为选择不同性质的企业形式，其经营风险不同：个人投资企业和合伙制企业承担无限责任，风险较大，而私营企业若以有限责任公司形式出现，只承担有限责任，风险相对较小。

(二)不同纳税人之间的转化

由于不同纳税人之间存在税负差异，所以可以采取转变纳税人身份的办法合理节税。

税法规定，增值税的纳税人分为一般纳税人和小规模纳税人。这两类纳税人在征收增值税时，其计税方法和征管要求不同。一般将年应税销售额超过小规模纳税人标准的个人、非企业性单位、不经常发生应税行为的企业，视同小规模纳税人。年应税销售额未超过标准的，从事货物生产或提供劳务的小规模企业和企业性单位，账簿健全、能准确核算并提供销项税额、进项税额，并能按规定报送有关税务资料的，经企业申请，税务部门可将其认定为一般纳税人。一般纳税人实行进项税额抵扣制，而小规模纳税人必须按照适用的简易税率计算增值税，不实行进项税额抵扣制。

一般情况下，小规模纳税人的税负略重于一般纳税人，其原因在于，选择一般纳税人可以将进项税额抵扣，尤其是当应税销售额增值率较小时，一般纳税人的税负明显低于小规模纳税人。但这也不是绝对的，需要通过比较两类纳税人的应税销售额增值率与税负平衡点的关系，合理、合法地选择税负较轻的纳税人身份。

纳税人之间的转化一般存在多种情况，比如增值税一般纳税人与小规模纳税人之间的转变，可以实现筹划节税。

【例 2－2】　假设某商业批发企业主要从小规模纳税人处购入服装进行批发，年销售额为 90 万元，其中可抵扣进项增值税的购入项目金额为 60 万元，由税务机关代开的增值税专用发票上记载的增值税为 6 万元。

按照一般纳税人认定标准，该企业(从事货物批发或零售的纳税人)年销售额超过 50 万元，应被认定为一般纳税人，并缴纳 8.4(90×16%－6)万元的增值税。但如果该企业被认定为小规模纳税人，只需要缴纳 2.7(90×3%)万元的增值税。因此，该企业可以将原企业分设为两个批发企业，年销售额均控制在 50 万元以下，这样当税务机关进行年检时，两个企业将分别被重新认定为小规模纳税人，并按照 3%的征收率计算缴纳增值税。通过企业分立实现一般纳税人转化为小规模纳税人，节约税款 6.6(9.3－2.7)万元。

(三)避免成为法定纳税人

纳税人可以通过灵活运作，使得企业不符合成为某税种的纳税人的条件，从而彻底规避税收。比如，在企业内部设立的一些内部组织或附属组织，不属于纳税人；不具有独立法人资格的分公司或分支机构也不是企业所得税的纳税人，但具备独立法人资格的子公司则属于企业所得税的纳税人。

二、税基筹划法

税基就是计税依据，是计算税金的基本依据。不同税种其税基计算方法不同。

税基筹划法是指纳税人通过控制计税依据的方式来减轻税收负担的一种筹划方法。

大部分税种都采用税基与适用税率的乘积来计算应纳税额。在税率一定的情况下，应纳税额的大小与税基大小成正比，即税基越小，纳税人负担的纳税义务越轻，因此，如果能够控制税基，也就控制了应纳税额。

（一）控制或安排税基的实现时间

1. 税基推迟实现

即税基总量不变，合法推迟税基的实现时间。税基推迟可以实现递延纳税；取得资金的时间价值，相当于无息贷款。在通货膨胀环境下，税基推迟实现的效果更为明显，能够降低未来支付税款的购买力。

2. 税基均衡实现

即税基总量不变，税基在各个纳税期间均衡实现；在免征额或税前扣除定额下，可实现税前扣除额最大化；在适用累进税率的情况下，还可实现边际税率的最小化，从而大幅降低税负。

【例 2—3】 四川天意有限公司转让技术并在技术转让过程中提供有关的技术咨询、技术服务、技术培训，与 A 客户签订 3 年的协议，共收取 90 万元。税法规定，转让技术并在技术转让过程中提供有关的技术咨询、技术服务、技术培训，年净收入不超过 30 万元的，免征所得税；超过 30 万元的部分，依法缴纳所得税。

有三种方案可策划：

方案 1：与 A 客户的协议确认为每年收取 30 万元。

方案 2：与 A 客户的协议确认为第一年收取 60 万元，第二年收取 30 万元。

方案 3：与 A 客户的协议确认为第一年收取 10 万元，第二年收取 30 万元，第三年收取 50 万元。

哪种方案最优？其中就有一个应用税基均衡实现原理的筹划问题。

3. 税基提前实现

即税基总量不变，税基合法提前实现。在减免税期间，税基提前实现可以享受更多的税收减免额。

【例 2—4】 远洋公司在开业之日起享受免征 2 年所得税的待遇，预计 4 年内应纳税所得额共计 100 万元，应纳税所得额的分配有如下几个方案：

方案一：应纳税所得额第一年为 50 万元，第二年为 50 万元，第三年、第四年都为 0。

方案二：应纳税所得额第一年、第二年均为 20 万元，第三年、第四年均为 30 万元。

方案三：应纳税所得额第一年、第二年均为 0，第三年、第四年均为 50 万元。

如果远洋公司通过费用摊销等手段合法地控制应纳税额，请计算哪种方案缴纳的税额最少。

（二）分解税基，使税基最小化

税基最小化即税基总量合法降低，从而减少应纳税额或者避免多缴税。这是企业所得税、增值税等税种筹划常用的方法。

分解税基即把税基进行合理分解，实现税基从税负较重的形式转化为税负较轻的形式。

【例2—5】 远洋中央空调公司主要生产大型中央空调机，销售价格相对较高，每台售价为100万元，且销售价格中都包含5年的维护保养费用，维护保养费用占售价的20%。由于维护保养费用包含在价格中，税法规定一律视为销售额计算缴纳增值税，增值税税率为16%。纳税筹划前，远洋中央空调公司应交增值税为：100×16%=16(万元)。

如果进行纳税筹划，针对空调维护保养专门注册成立一家具有独立法人资格的“远洋中央空调维护服务公司”，主营业务为中央空调维护保养服务。这样每次销售中央空调机时，远洋中央空调公司负责签订销售合同，只收取中央空调机的机价100万元，款项汇入远洋中央空调公司所在银行的基本账户；远辉中央空调维护服务公司负责签订维修服务合同，只收取中央空调的维护服务费20万元，款项汇入远辉中央空调维护服务公司所在银行的基本账户。这样一来，各负其责，共同完成中央空调机的销售、服务业务。筹划后的纳税额计算如下：

远洋中央空调公司应交增值税=100×(1—20%)×16%=12.8(万元)

远辉中央空调维护服务公司应交增值税=20×6%=1.2(万元)

合计纳税额=12.8+1.2=14(万元)

筹划方案节税额=16—14=2(万元)

根据税法中远洋中央空调公司和远洋中央空调维护服务公司增值税税率不同，进行税基的分解，达到了纳税筹划的目的。

【例2—6】 张教授主编一本教材，参编人员4人，稿酬所得15 000元，稿酬如何分配才能使缴纳的个人所得额最少？

方案一：平均每人3 000元，个人所得税为[(3 000—800)×20%×(1—30%)×5=]1 540元。

注：税法规定，收入不超过4 000元，减除费用800元，税率为20%，应纳税减征30%；收入超过4 000元，减除20%的费用后的余额为应纳税所得额，税率为20%，应纳税减征30%。

方案二：其中4人每人800元，第5人为11 800元，个人所得税为[11 800×(1—20%)×20%×(1—30%)=]1 321.6元。

结论：选择方案二。

本例根据税收起征点进行了税基的分解，达到了纳税筹划的目的。

【例2—7】 远洋房地产开发公司实现年营业收入9 000万元，各项代收款项2 500万元[包括水电初装费、燃(煤)气费、维修基金等各种配套设施费]，代收手续费收入125万元(按代收款项的5%计算)。对于远洋房地产开发公司来说，这些配套设施费属于代收应付款项，不作为房屋的销售收入，而应作“其他应付款”处理。

根据《财政部、国家税务总局关于全面推开营业税改征增值税试点的通知》(财税[2016]36号)规定：销售额是指纳税人发生应税行为取得的全部价款和价外费用。价外费用，是指价外收取的各种性质的收费。

为了减轻价外费用的税收负担，远洋房地产开发公司成立独立的物业公司，将这部分价外费用转由物业公司收取。这样，其代收款项就不属于税法规定的“价外费用”，当然也就不再适用10%的税率缴纳增值税。

上述两个方案的纳税情况比较如下：

(1)原方案：代收款项作为价外费用。

应纳增值税销项税额＝(9 000＋2 500＋125)×10%＝1 162.5(万元)

应纳城市维护建设税及教育费附加＝1 162.5×(7%＋3%)＝11.62(万元)

应纳税费合计＝1 162.5＋116.25＝1 278.75(万元)

(2)筹划方案：各项代收款项转为物业公司收取。

远洋房地产开发公司应纳增值税＝9 000×10%＝900(万元)

应纳城市维护建设税及教育费附加＝900×(7%＋3%)＝90(万元)

物业公司应纳增值税＝(2 500＋125)×6%＝157.5(万元)

物业公司应纳城市维护建设税及教育费附加＝157.5×(7%＋3%)＝15.75(万元)

两个公司应纳税费合计＝900＋90＋157.5＋15.75＝1 163.25(万元)

采取筹划方案比原方案节约税费总额＝1 278.75－1 163.25＝115.5(万元)

本例也是根据税法中不同行业税率不同，进行纳税筹划，使税基最小化，达到减轻税负的目的。

三、税率筹划法

税率筹划法是指纳税人通过降低适用税率的方式来减轻税收负担的一种筹划方法。税率是重要的税制要素之一，也是决定纳税人税负高低的主要因素。在计税依据一定的情况下，纳税额与税率呈正向关系，即降低税率就等于降低了税收负担，这就是税率筹划的基本原理。一般情况下，税率低，应纳税额少，税后利润就多。但是，税率低，不能保证税后利润一定实现最大化。

各种不同的税种适用不同的税率，纳税人可以利用课税对象界定上的含糊性进行筹划。即使是同一税种，适用的税率也会因税基或其他假设条件不同而发生相应的变化，纳税人可以通过改变税基分布调整适用的税率，从而达到降低税收负担的目的。

(一)比例税率筹划法

同一税种对不同征税对象实行不同的税率政策，分析其产生差距的原因及对税后利润的影响，可以寻找实现税后利润最大化的最低税负点或最佳税负点。例如，我国增值税有16%的基本税率，还有10%的低税率，以及6%和零税率；对小规模纳税人规定的征收率为3%、5%。对上述比例税率进行筹划，可以寻找最低税负点或最佳税负点。

政策导读：2018年5月1日起执行新的税率

表2—1 征收率一览表

小规模纳税人以及允许选择按简易计税方式计税的一般纳税人	
征收率	应税项目
3%	小规模纳税人销售货物、劳务；销售应税服务(除不动产租赁服务)；销售无形资产
	一般纳税人提供教育辅助服务，选择简易计税方法的
	一般纳税人跨县(市)提供建筑服务，选择适用简易计税方法
	公路经营企业中的一般纳税人收取试点前开工的高速公路的车辆通行费，选择适用简易计税方法的
	特殊情况： 小规模纳税人(不含其他个人)以及符合规定情形的一般纳税人销售自己使用过的固定资产；纳税人销售旧货，可依3%的征收率减按2%征收增值税

续表

<table>
<tr><td colspan="2">小规模纳税人以及允许选择按简易计税方式计税的一般纳税人</td></tr>
<tr><td rowspan="9">5%</td><td>销售不动产、不动产租赁服务</td></tr>
<tr><td>个人转让其购买的住房</td></tr>
<tr><td>转让营改增前取得的土地使用权</td></tr>
<tr><td>一级、二级公路、桥、闸通行费</td></tr>
<tr><td>一般纳税人和小规模纳税人提供劳务派遣服务选择差额纳税的</td></tr>
<tr><td>房地产开发企业中一般纳税人销售自行开发的房地产老项目，选择适用简易计税方法的</td></tr>
<tr><td>一般纳税人提供安全保护服务差额纳税以及提供人力资源外包服务，选择简易计税方法的</td></tr>
<tr><td>一般纳税人出租、转让其2016年4月30日前取得的不动产，选择简易计税方法的</td></tr>
<tr><td>特殊情况：
(1)个体工商户销售购买的住房免征增值税
(2)个体出租住房，按照5%的征收率减按1.5%计算应纳税额</td></tr>
</table>

表2—2　　　　税率一览表

<table>
<tr><td colspan="3">一般纳税人</td></tr>
<tr><td rowspan="6">6%</td><td>金融服务</td><td>贷款服务、直接收费金融服务、保险服务、金融商品转让</td></tr>
<tr><td>现代服务</td><td>研发和技术服务、信息技术服务、文化创意服务、物流辅助服务、鉴证咨询服务、广播影视服务、商务辅助服务、其他现代服务</td></tr>
<tr><td>生活服务</td><td>文化体育、教育医疗、旅游娱乐、餐饮住宿、居民日常服务和其他生活服务</td></tr>
<tr><td colspan="2">增值电信服务</td></tr>
<tr><td colspan="2">销售无形资产</td></tr>
<tr><td colspan="2">特殊情况：现代服务中的租赁服务适用其他税率</td></tr>
<tr><td rowspan="8">10%</td><td colspan="2">销售或进口：(1)粮食等农产品、食用植物油、食用盐；(2)自来水、暖气、冷气、热水、煤气、石油液化气、天然气、二甲醚、沼气、居民用煤炭制品；(3)图书、报纸、杂志、音像制品、电子出版物；(4)饲料、化肥、农药、农机、农膜；(5)国务院规定的其他货物</td></tr>
<tr><td>交通运输服务</td><td>陆路运输服务、水路运输服务、航空运输服务、管道运输服务</td></tr>
<tr><td>邮政服务</td><td>邮政普遍服务、邮政特殊服务、其他邮政服务</td></tr>
<tr><td>建筑服务</td><td>工程服务、安装服务、修缮服务、装饰服务和其他建筑服务</td></tr>
<tr><td colspan="2">基础电信</td></tr>
<tr><td colspan="2">不动产租赁服务</td></tr>
<tr><td colspan="2">销售不动产</td></tr>
<tr><td colspan="2">转让土地使用权</td></tr>
<tr><td rowspan="3">16%</td><td colspan="2">销售或者进口货物</td></tr>
<tr><td colspan="2">销售劳务</td></tr>
<tr><td colspan="2">有形动产租赁服务</td></tr>
</table>

表 2—3 **扣除率一览表**

一般纳税人	
扣除率	应税项目
10%	购进农产品，原适用 11%扣除率的
12%	购进用于生产销售或委托加工 16%税率货物的农产品

表 2—4 **免税、零税率一览表**

纳税人零税率、免税		
零税率	出口货物(国务院另有规定的除外)	
	国际运输服务、航天运输服务	
	向境外单位提供的完全在境外消费的服务	研发服务、合同能源管理服务、设计服务、广播影视节目(作品)的制作和发行服务、软件服务、电路设计及测试服务、信息系统服务、业务流程管理服务、离岸
	财政部和国家税务总局规定的其他服务	
免税	销售货物、劳务，提供的境内、跨境应税服务，符合免税条件的	

表 2—5 **出口退税率一览表**

一般纳税人		
退税率	16%	原适用 17%税率且出口退税率为 17%的出口货物
	10%	原适用 11%税率且出口退税率为 11%的出口货物、跨境应税行为
特殊情况	外贸企业 2018 年 7 月 31 日前出口的货物、销售的跨境应税行为，购进时已被调整前税率征收增值税的，执行调整前的出口退税率；购进时已按调整后税率征收增值税的，执行调整后的出口退税率。 5 月 1 日起，原适用 17%税率且出口退税率为 17%的出口货物，出口退税率调整至 16%。原适用 11%税率且出口退税率为 11%的出口货物、跨境应税行为，出口退税率调整至 10%。生产企业 2018 年 7 月 31 日前出口的该条款内容中所涉货物、销售的该条款内容中所涉跨境应税行为，执行调整前的出口退税率。	

表 2—6 **预征率一览表**

税　目	预征率	
	一般计税	简易计税
销售建筑服务	2%	3%
销售自行开发房地产	3%	3%
不动产经营租赁	3%	5%
销售不动产	5%	5%

此外，消费税、个人所得税、企业所得税等税种都存在多种不同的比例税率，可以进一步筹划比例税率，尽量适用较低的税率，以节约税金。

（二）累进税率筹划法

各种形式的累进税率都存在一定的筹划空间，筹划累进税率的主要目标是防止税率爬升。其中，适用超额累进税率的纳税人对防止税率爬升的欲望程度较弱；适用全额累进税率的纳税人对防止税率爬升的欲望程度较强；适用超率累进税率的纳税人防止税率爬升的欲望程度与超额累进税率相同。

我国个人所得税中的“工资、薪金所得”、“劳务报酬所得”等多个项目的所得分别适用不同的超额累进税率，其中工资、薪金所得适用的税率如表2—7所示。对个人所得税来说，采用税率筹划方法可以取得较好的筹划效果。

表2—7　个人所得税税率表（综合所得适用）

级数	全月应纳税所得额	税率（%）	速算扣除数
1	不超过18 000元的	3	0
2	超过18 000元至54 000元的部分	10	1 260
3	超过54 000元至108 000元的部分	20	6 660
4	超过108 000元至420 000元的部分	25	12 060
5	超过420 000元至660 000元的部分	30	33 060
6	超过660 000元至960 000元的部分	35	66 060
7	超过960 000元的部分	45	162 060

注：2019年起将采用累计预扣法预扣预缴税款。

政策导读：新修改的《中华人民共和国个人所得税法》（以下简称新《个人所得税法》），根据新《个人所得税法》第十一条“预扣预缴办法由国务院税务主管部门制定”，经大量测算以及征求纳税人、扣缴义务人、专家学者和基层税务机关意见，确定了工资、薪金所得，劳务报酬所得，稿酬所得，特许权使用费所得的个人所得税扣缴计算方法，将于2019年1月1日正式实施。

（一）居民个人的预扣预缴方法

明确了居民个人的工资、薪金所得个人所得税，日常采取累计预扣法进行预扣预缴；劳务报酬所得、稿酬所得、特许权使用费所得个人所得税，采取基本平移现行规定的做法预扣预缴；非居民个人则依照税法规定计算并扣缴个人所得税。因综合所得预扣预缴个人所得税额与居民个人年度综合所得应纳税额的计算方法存在一定差异，同时明确居民个人预缴税额与年度应纳税额之间的差额，年度终了后可通过综合所得汇算清缴申报，税款多退少补。具体预扣预缴税款方法为：

1. 工资、薪金所得

(1)个人所得税预扣预缴计算方法

扣缴义务人向居民个人支付工资、薪金所得时，应当按照累计预扣法计算预扣税款，并按月办理全员全额扣缴申报。具体计算公式如下：

本期应预扣预缴税额＝（累计预扣预缴应纳税所得额×预扣率－速算扣除数）－累计减免税额－累计已预扣预缴税额

累计预扣预缴应纳税所得额=累计收入一累计免税收入一累计减除费用一累计专项扣除一累计专项附加扣除一累计依法确定的其他扣除

其中:累计减除费用,按照5 000元/月乘以纳税人当年截至本月在本单位的任职受雇月份数计算。

上述公式中,计算居民个人工资、薪金所得预扣预缴税额的预扣率、速算扣除数,按个人所得税预扣率一览表(居民个人工资、薪金所得预扣预缴适用)执行。

(2)采用累计预扣法的考虑

累计预扣法主要是通过各月累计收入减去对应扣除,对照综合所得税率表计算累计应缴税额,再减去已缴税额,确定本期应缴税额的一种方法。这种方法,一方面对于大部分只有一处工资、薪金所得的纳税人,纳税年度终了时预扣预缴的税款基本上等于年度应纳税款,因此无须再办理自行纳税申报、汇算清缴;另一方面,对需要补退税的纳税人,预扣预缴的税款与年度应纳税款差额相对较小,不会占用纳税人过多的资金。

2. 劳务报酬、稿酬、特许权使用费所得

(1)个人所得税预扣预缴计算方法

扣缴义务人向居民个人支付劳务报酬所得、稿酬所得、特许权使用费所得时,按次或者按月预扣预缴个人所得税。具体预扣预缴税款计算方法为:

劳务报酬所得、稿酬所得、特许权使用费所得以每次收入减除费用后的余额为收入额,稿酬所得的收入额减按70%计算。

减除费用:劳务报酬所得、稿酬所得、特许权使用费所得预扣预缴税款时,每次收入不超过4 000元的,减除费用按800元计算;每次收入4 000元以上的,减除费用按20%计算。

应纳税所得额:劳务报酬所得、稿酬所得、特许权使用费所得,以每次收入额为预扣预缴应纳税所得额。劳务报酬所得适用20%至40%的超额累进预扣率,稿酬所得、特许权使用费所得适用20%的比例预扣率。

劳务报酬所得应预扣预缴税额=预扣预缴应纳税所得额×预扣率一速算扣除数

稿酬所得、特许权使用费所得应预扣预缴税额=预扣预缴应纳税所得额×20%

(2)预扣预缴方法的考虑

居民个人劳务报酬所得、稿酬所得、特许权使用费所得个人所得税的预扣预缴方法,基本平移了现行税法的扣缴方法,特别是平移了对每次收入不超过4 000元、费用按800元计算的规定。这种预扣预缴方法对扣缴义务人和纳税人来讲既容易理解,也简便易行,方便扣缴义务人和纳税人操作。

(二)非居民个人的扣缴方法

根据新《个人所得税法》第六条“非居民个人的工资、薪金所得,以每月收入额减除费用5 000元后的余额为应纳税所得额;劳务报酬所得、稿酬所得、特许权使用费所得,以每次收入额为应纳税所得额”,以及第十一条“非居民个人取得工资、薪金所得,劳务报酬所得,稿酬所得和特许权使用费所得,有扣缴义务人的,由扣缴义务人按月或者按次代扣代缴税款,不办理汇算清缴”的规定,扣缴义务人向非居民个人支付工资、薪金所得,劳务报酬所得,稿酬所得和特许权使用费所得时,个人所得税按以下方法按月或者按次代扣代缴:

非居民个人的工资、薪金所得,以每月收入额减除费用5 000元后的余额为应纳税所得额;

劳务报酬所得、稿酬所得、特许权使用费所得，以每次收入额为应纳税所得额。其中，劳务报酬所得、稿酬所得、特许权使用费所得以收入减除20%的费用后的余额为收入额。稿酬所得的收入额减按70%计算。

上述四项所得的应纳税额＝应纳税所得额×税率－速算扣除数

税率表为按月换算后的综合所得税率表。

【例2—8】 某工程设计人员利用业余时间为某项工程设计图纸，同时担任该项工程的顾问，设计图纸花费时间1个月，获取报酬30 000元。如果该设计人员要求建筑单位在其担任工程顾问的期间，将该报酬分10个月支付，每月支付3 000元，试分析该工程设计人员的税负变化情况。

方案一：一次性支付30 000元。

劳务报酬收入按次征税，若应纳税所得额在20 000～50 000元的部分，计算应纳税额后再按照应纳税额加征五成，那么，该设计人员应交个人所得税计算如下：

应纳税所得额＝30 000×(1－20%)＝24 000(元)

应纳税额＝20 000×20%＋4 000×30%＝5 200(元)

或 应纳税额＝30 000×(1－20%)×30%－2 000＝5 200(元)

方案二：分月支付。

应纳税额＝(3 000－800)×20%＝440(元)

10个月共负担税款＝440×10＝4 400(元)

按照分月支付报酬方式，该设计人员的节税额为：5 200－4 400＝800(元)。

在【例2—8】中，分次纳税可以降低税负，其原因在于：把纳税人的一次收入分多次支付，既多扣费用，又免除一次收入畸高的加成征收，从而减轻了税收负担。

新税法规定：劳务报酬所得、稿酬所得、特许权使用费所得，以每次收入额为预扣预缴应纳税所得额。劳务报酬所得适用20%～40%的超额累进税率，稿酬所得、特许权使用费所得适用20%的比例税率。

劳务报酬所得应预扣预缴税额＝预扣预缴应纳税所得额×预扣率－速算扣除数

居民个人劳务报酬所得、稿酬所得、特许权使用费所得个人所得税的预扣预缴方法，基本平移了现行税法的扣缴方法，特别是平移了对每次收入不超过4 000元、费用按800元计算的规定。

四、税收优惠筹划法

(一)税收优惠的形式

税收优惠是指国家为了支持某个行业或针对某一特殊时期，出台一些包括减免税在内的优惠性规定或条款。税收优惠是一定时期国家的税收导向，纳税人可以充分利用这些税收优惠政策，依法节税。税收优惠主要有以下形式：

1. 免税

免税是国家对特定的地区、行业、企业或特定的纳税人、应税项目等所给予纳税人完全免税的照顾或奖励措施。免税属于国家的税收照顾方式，同时也是国家出于政策需要的一种税收奖励方式，它是贯彻国家政治、经济和社会政策的重要手段。我国对从事农、林、牧、渔业生产经营的企业给予免税待遇，就属于一种行业性照顾或激励。各国税法中的免税鼓励规定随处可见，它是各国税收制度的组成部分，是采用免税政策依法节税的法律依据。

对于免税优惠，纳税人应考虑以下操作技巧：第一，在合法、合理的前提下，尽量多争取免税待遇。与缴纳税收相比，免征的税收就是节减的税收，免征的税收越多，节减的税收也越多。第二，在合法、合理的情况下，尽量使免税期最长。许多免税项目都有期限规定，免税期越长，节减税收越多。

2. 减税

减税是对某些纳税人或课税对象给予鼓励或照顾的一种特殊措施。减税与免税类似，实质上也相当于一种财政补贴。政府主要给予纳税人两类减税办法：一类是出于税收照顾目的的减税。比如，国家对遭受自然灾害地区的企业、残疾人企业等的减税，这类减税是一种税收照顾，是国家对纳税人因各种不可抗力造成的损失进行财政补偿。另一类是出于税收奖励目的的减税。比如，对产品出口企业、高科技企业、环境保护项目等的减税，这类减税是一种税收奖励，是政府对纳税人贯彻国家政策的财政奖励。

3. 免征额

免征额亦称扣除额，是指在征税对象全部数额中免予征税的数额。它是按照一定的标准，从征税对象全部数额中预先扣除的数额。免征额部分不征税，只对超过免征额的部分征税，如工资、薪金所得允许每月扣除的免征额为5 000元。

4. 起征点

起征点亦称征税起点，是根据征税对象的数量，规定一个标准，达到这个标准的，征税；未达到这个标准的，不征税。

5. 退税

退税是指可以直接减轻纳税人税收负担的税款。在国际贸易中，退税是鼓励出口的一种有效措施。

6. 优惠税率

对符合条件的产业、企业或项目课以较低的税率。优惠税率有利于吸引外部投资，加快该产业的发展。

7. 税收抵免

在对纳税人的境内、境外全部所得计征所得税时，准予在税法规定的限度内用在国外已纳税款抵减应纳税款，以避免重复课税。

（二）优惠政策筹划法

优惠政策属于一种特殊性政策，这种特殊性体现着国家对某些产业或某些领域的税收照顾。优惠政策的筹划可以使纳税人轻松地享受低税负待遇。优惠政策的筹划关键是寻找合适的优惠政策并把它运用在纳税实践中，创造条件去享受优惠政策，以减轻税收负担。

优惠性政策条款多表现为行业性、区域性的优惠政策或特定行为、特殊时期的优惠政策，如福利企业减免税政策、软件企业税收优惠政策、环保和节能节水项目的税收优惠政策、鼓励科技发展的税收优惠政策等。

《企业所得税法》第二十七条规定，企业的下列所得，可以免征、减征企业所得税：(1)从事农、林、牧、渔业项目的所得；(2)从事国家重点扶持的公共基础设施项目投资经营的所得；(3)从事符合条件的环境保护、节能节水项目的所得；(4)符合条件的技术转让所得。

【例2—9】 远洋建设集团公司是一家以建筑施工为主的工程施工企业，自2015年起，从传统的商品房建筑装修逐渐转向从事国家重点扶持的公共基础设施项目的建设施工，主要是港口码头、机场、铁路、公路、水利等项目的工程施工。

按照《中华人民共和国企业所得税法实施条例》第八十七条规定，企业从事国家重点扶持的公共基础设施项目的投资经营的所得，自项目取得第一笔生产经营收入所属纳税年度起，第一年至第三年免征企业所得税，第四年至第六年减半征收企业所得税(该政策自2008年起全面执行)。

按照上述税收政策，远洋建设集团公司2015年起所从事的公共基础设施的建设施工业务所获得的收入，就可以享受企业所得税"三免三减半"优惠政策，即2015年、2016年、2017年享受所得税免征，2018年、2019年、2020年享受减半征收企业所得税的优惠。

五、会计政策筹划法

会计政策是会计核算时所遵循的基本原则以及所采纳的具体处理方法和程序。不同的会计政策必然会形成不同的财务处理结果，也必然会导致不同的税收负担。

会计政策在形式上表现为会计过程的一种技术规范，但其本质上是一项社会经济和政治利益的博弈规则和制度安排。企业选择不同的会计政策会导致不同的财务结果和纳税结果，同时也会对利益相关者产生不同的影响。会计政策是会计的生命，因为企业存在对会计政策选择的空间，才使企业的涉税活动变幻无穷、丰富多彩。当企业存在多种可供选择的会计政策时，选择有利于税后收益最大化的会计政策也是纳税筹划的基本方法。

(一)分摊筹划法

对于一项费用，如果涉及多个分摊对象，分摊依据的不同会造成分摊结果的不同；对于一项拟摊销的费用，如果摊销期限和摊销方法不同，摊销结果也就不同。分摊的处理会影响企业损益计量和资产计价，进而影响企业的实际税负。

分摊筹划法涉及的主要会计事项有：无形资产摊销、待摊费用摊销、固定资产折旧、存货计价方法选择以及间接费用的分配等。

例如，存货计价方法会对企业纳税造成影响。在会计实务中，存货计价方法主要有先进先出法、月末一次加权平均法、移动加权平均法、个别计价法等。根据不同的纳税形式，企业应根据存货市场价格的变动趋势合理选择存货计价方法。表2—8给出了不同情况下选择存货计价方法的基本规律。

表2—8　存货发出计价方法的选择

项　目	比例税率			累进税率
价格变动趋势	物价上涨	物价下跌	物价波动	物价波动
存货计价方法	加权平均法	先进先出法	加权平均法	加权平均法

续表

项　目	比例税率			累进税率
选择理由	多计发出存货成本，少计期末存货成本，减少当期所得税支出	提高本期发出存货成本，减少当期收益，减轻所得税负担	避免各期利润忽高忽低及企业各期应纳所得税上下波动，利于企业资金安排与管理	使计入成本的存货价格比较均衡，进而使各期利润比较均衡，避免适用较高的税率而加重税负

（二）会计估计筹划法

由于企业生产经营中存在诸多不确定因素，一些项目不能精确计量，而只能加以估计，因此，在会计核算中，对尚在延续中、结果尚未确定的交易或事项需要估计入账。这种会计估计会影响计入特定会计期间的收益或费用的数额，进而影响企业的税收负担。

会计估计筹划法涉及的主要会计事项有：坏账估计、存货跌价估计、折旧年限估计、固定资产净残值估计、无形资产受益期限估计等。

【例 2—10】 远洋公司是一家生产和销售天然矿泉水的生产商，该公司为了鼓励代理商，给予优惠折扣政策如下：年销售矿泉水在 100 万瓶以下的，每瓶享受 0.2 元的折扣；年销售矿泉水在 100 万～500 万瓶的，每瓶享受 0.25 元的折扣；年销售矿泉水在 500 万瓶以上的，享受 0.30 元的折扣。但是，在代理期间，由于远洋公司不知道也不可能知道每家代理商到年底究竟能销售多少瓶矿泉水，也就不能确定每家代理商应享受的折扣率。因此，远洋公司通常采用下列做法：等到年底或次年年初，一次性结算应给代理商的折扣总额，单独开具红字发票，但这种折扣在计税时不允许冲减销售收入，造成每年多缴纳一部分税款。那么，有没有筹划办法改变这一现状呢？

远洋公司通过纳税筹划，采取预估折扣率的办法来解决折扣问题，具体操作模式如下：每年年初，远洋公司按最低折扣率或根据上年每家经销代理商的实际销量初步确定一个折扣率，在每次销售时预扣一个折扣率和折扣额来确定销售收入，即在代理期间每一份销售发票上都预扣一个折扣率和折扣额，这样公司就可以理所当然地将折扣额扣除后的收入确认为“主营业务收入”，从而抵减税收支出。等到年底或次年年初每家代理商的销售数量和销售折扣率确定后，只要稍作调整即可。如果属于调增折扣额，虽不能再冲减销售收入，但绝大部分的销售折扣已经在平时的销售中直接冲减了销售收入，减少了税款支出。当然，也可以根据历史数据将预估折扣率测算得更准确，以减少结算时的折扣调整额。

六、税负转嫁筹划法

在市场经济环境下，受利益的驱动，纳税人会通过种种途径和方式将税负部分或全部转移给他人，因此，税负转嫁行为可以视为市场主体之间的一种博弈行为。

税负转嫁是一种纳税技巧，在悄无声息中实现税负降低。税负转嫁筹划的操作平台是价格，其基本操作原理是利用价格浮动、价格分解来转移或规避税收负担。税负转嫁筹划能否通过价格浮动实现，关键取决于商品的供给弹性与需求弹性的大小，而价格分解的手法不拘一格，则更为巧妙。

税负转嫁应注意以下几点：第一，税负转嫁问题和商品价格是有直接联系的，与价格无关的因素是不能纳入税负转嫁的范畴的；第二，税负转嫁是一个客观过程，没有税收价值的转移过程不能算税负转嫁；第三，税负转嫁应该理解为纳税人的主动行为，与纳税人主动行为无关的价格再分配性质的价值转移不能算税负转嫁。

税负转嫁意味着税负的实际承担者不是直接缴纳税款的人，而是背后的隐匿者或潜在的替代者。税款的直接纳税人通过转嫁税负给他人，自己并不承担纳税义务，仅仅是充当了税务部门与实际纳税人之间的中介桥梁。由于税负转嫁没有伤害国家利益，也不违法，因此，税负转嫁筹划受到纳税人的普遍青睐，利用税负转嫁筹划减轻纳税人税收负担，已成为普遍的经济现象。

（一）税负前转筹划法

税负前转筹划法也称税负顺转法，是纳税人将其所负担的税款，通过提高商品或生产要素价格的方式，转移给购买者或最终消费者承担，这是最为典型、最具普遍意义的税负转嫁形式。比如，在生产环节课征的税收，生产企业就可以通过提高商品出厂价格而把税负转嫁给批发商，批发商再以类似的方式转嫁给零售商，零售商最终将税负转嫁给最终消费者。税负顺转法一般适用于市场紧俏的生产要素或知名品牌商品。

税负前转筹划法的基础是价格平台，如果将税负顺转法与转让定价策略及集团经济结合起来，会显示出更大的威力。税负顺转法运作灵巧，能够起到“四两拨千金”的奇妙效果。

税负前转筹划法很难将企业所有税负都实现转嫁。从实际情况来看，能够进行前转的，主要是难以查定税源的商品，即那些征税时无法确定其最终负担者的税种。比如，对香烟缴纳的消费税，香烟的消费者实际上是香烟消费税的承担者，但由于预先并不能确定每包香烟的消费者（或购买者），因而只能以香烟为标准，以其制造者和贩卖者为纳税人，由制造者和贩卖者将税负转移给消费者或购买者。类似消费税的还有关税，它们的共同点是税款可以加在商品价格上，通过提高产品售价的方法将税负转移给消费者，实现税负转移。

企业之间的购销交易也可以实现税负转嫁。比如，一些情况下，购买方在没有付款给销售方时，要求销售方先开增值税专用发票，然后根据资金周转的安排情况再付款给销售方，其中就会出现税负转嫁的情况，也就是购买方在没有付款的情况下，却取得增值税专用发票，在当期可以申请抵扣进项税额，而销售方把增值税专用发票开给上游企业或购买方以后，就必须计提销项税额，确认收入，缴纳增值税。如果遇上所得税申报期，销售方还要计算应缴纳企业的所得税。所以，购买方在取得增值税专用发票而没有支付价款的情况下，会实现税负转嫁。销售方却因此承担了购买方转嫁带来的税收负担。

当然，作为销售方也可以采取一定的措施进行反转嫁，具体措施有：其一，销售方可以控制增值税专用发票的开具时间，在收到购买方的货款之前，不给购买方开具增值税专用发票；其二，销售方与购买方就购销活动签订合同，通过一些条款来限制增值税发票和货款的支付。比如，销售方根据收到的货款金额开具相应的发票，对于没有实际收到的款项，不予开具发票。以上措施，合理规避了购买方的税负转嫁行为。

【例 2—11】 我国南方一些竹木产区生产竹木地板，这种地板的特点是清凉、透气、加工制造简单。但是与革制地板、化纤地毯相比，显得不够美观、漂亮。生产厂商将竹木地板的定价确定为80元/平方米。由于竹木地板只适用于南方潮湿地区，北方多数地区无法使用(竹木地板易裂，怕干燥)，市场需求量不大，结果造成竹木地板生产厂商只能简单维持企业运转。

后来日本人发现了这种竹木地板，经他们分析测定，具有很高的医学价值，对维持人体内微量元素的平衡起很大作用。因此，日本及东南亚国家纷纷到我国南方订货，原来80元/平方米的竹木地板一下变成80美元/平方米。这样，竹木地板的生产厂商大幅提高了利润水平，其所承担的税负通过提高售价顺利实现了转嫁。

(二)税负后转筹划法

税负后转筹划法是纳税人通过降低生产要素购进价格、压低工资或其他转嫁方式，将其负担的税收转移给提供生产要素的企业。这种方法多与商品流转有关。在这种情况下，纳税人已纳税款因种种原因不能转嫁给购买者和消费者，而是转嫁给货物的供给者和生产者。比如，一个批发商纳税后，因为商品价格下降，已纳税款难以加在商品价格上转移给零售商，于是批发商就要求厂家退货或要求厂家承担全部或部分已纳税款，这时就会发生税负后转。税负后转筹划方法一般适用于生产要素或商品积压时的买方市场。

在现实经济生活中，税负转嫁法的运用非常灵活。比如，白酒厂商生产的白酒产品是一种特殊的消费品，需要缴纳消费税。白酒厂商为了保持适当的税后利润率，通常的做法是相应提高出厂价，但这样做一方面会影响市场，另一方面也会导致从价定率消费税与增值税的提升。下面举例分析酒厂利用税负转嫁原理进行纳税筹划的方法及筹划思路：

(1)设立独立的销售公司。酒厂都在政策调整后设立独立的销售公司，利用增加流通环节的办法转嫁税负。由于酒类产品的消费税仅在出厂环节计征，即按产品销售给经销商的价格计征消费税，后续的分销、零售等环节不再缴纳。在这种情况下，通过引入独立的销售公司，便可以采取“前低后高”的价格转移策略，先以相对较低的价格卖给自己的销售公司，然后再由销售公司以合理的高价进行层层分销，这样便可在确保总体销售收入的同时减少消费税。

(2)市场营销费、广告费的转嫁。酒厂将市场营销费、广告费等合理转嫁给经销商负担，但酒厂要对经销商做出一定的价格让步，以弥补经销商负担的相关市场营销费、广告费等。这种费用的转嫁方式，降低了酒类产品的出厂价，直接转嫁了增值税，降低了消费税。对于经销商来说，在销售及其他因素维持不变的情况下，由于进价的降低会导致可以抵扣的进项税额减少，相当于经销商负担了酒厂的一部分增值税，而酒厂的一部分消费税却在转嫁中悄然消失了。对于经销商多负担的转嫁来的增值税，会因为经销商增加营销费、广告费等，从而降低其企业所得税而得到补偿，当然补偿程度会因为营销费、广告费的开支以及酒厂价格让利程度的不同而不同。

七、递延纳税筹划法

递延纳税筹划法是延缓纳税的一种筹划方法。通过筹划可以获取资金的货币时间价值，等于获得了一笔无息贷款，给纳税人带来的好处是不言而喻的。递延纳税有利于资金周转，节省利息支出，以及由于通货膨胀的影响，延期以后缴纳的税款币值下降，从而降低了实际纳税额。

递延纳税筹划法的关键是纳税环节、抵扣环节、纳税时间、纳税地点。纳税人可以通过合同控制、交易控制及流程控制延缓纳税时间，也可以合理安排进项税额抵扣时间和企业所得税预缴、汇算清缴的时间及额度，合理推迟纳税。

税收的重点是流转税和所得税，而流转税的计税依据是收入，所得税的计税依据是应纳税所得额，即纳税人的收入减去费用后的余额。所以，递延纳税的本质是推迟收入或应纳税所得额的确认时间，所采用的筹划方法很多，主要有两个：一是推迟收入的确认；二是费用应当尽早确认。

税法对不同销售行为的纳税义务时间作出了明确的法律规定。纳税人采取不同的收款方式，纳税义务时间有很大差别。如果纳税人合理利用这些具体规定，就可以签订对自己有利的销售合同。

采取委托代销方式，委托方先将商品交付给受托方，受托方根据合同要求，将商品出售后给委托方开具销货清单。此时，委托方才确认销售收入的实现。按照这一原理，如果企业的产品销售对象是商业企业，并且产品采用先销售后付款的结算方式销售，则可以采用委托代销结算方式，根据实际收到的货款分期计算销项税额，从而延缓纳税时间。

【例 2—12】 远洋造纸厂 7 月份向汇文文具商店销售白板纸 117 万元（含税价格），货款结算采用销后付款的方式，汇文文具商店 10 月份只汇来货款 35.1 万元。对此类销售业务，该造纸厂应如何进行筹划呢？

此笔业务，由于购货企业是商业企业，并且货款结算采用销售后付款的方式，因此可以选择委托代销货物的形式，按委托代销结算方式进行税务处理：该造纸厂 7 月份可以不计算销项税额，10 月份按收到代销单位的销货清单后确认销售额，并计提销项税额[35.1÷(1+16%)×16%]4.8（万元）。对尚未收到销货清单的货款，可以暂缓申报、计算销项税额。如果不按委托代销结算方式处理，则应计提销项税额[117÷(1+16%)×16%]16.1（万元）。因此，对于此类销售业务，选择委托代销结算方式可以实现递延纳税。

八、规避平台筹划法

在纳税筹划中，常常把税法规定的若干临界点称为规避平台。规避平台建立的基础是临界点，因为临界点会由于"量"的积累而引起"质"的突破，是一个关键点。当在临界点以下时，由于所适用的税率降低或优惠增多，从而获得税收利益，这便是规避平台筹划方法的基本原理。

规避平台筹划法的着眼点在于寻找临界点，利用临界点控制税负。

（一）税基临界点筹划法

税基临界点筹划法主要是寻找关键点税基，税基临界点主要有起征点、扣除限额、税率跳跃临界点。由于税基相对于临界点的变化会引起税负的巨大差别，即临界点的边际税率出现递增或递减的变化态势。

纳税筹划的聚焦点在于临界点，要关注临界点、把握临界点、利用临界点。诸如个人所得税的起征点、个人所得税的税率跳跃临界点、企业所得税的税前扣除限额等，都是典型的税基临界点，对其进行合理筹划，可以降低税负。

公益性捐赠支出、业务招待费、广告费及业务宣传费等扣除项目都有税前扣除额，都属于税基临界点。企业所得税法及其实施条例规定，企业发生的公益性捐赠支出，在年度利润总额12%以内的部分，准予在计算应纳税所得额时扣除；企业发生的业务招待费，按照实际发生额的60%扣除，最高不超过营业额（销售额）的5‰；企业发生的广告费和业务宣传费，在不超过营业额（销售额）15%的范围内扣除。

（二）优惠临界点筹划法

优惠临界点筹划法主要着眼于优惠政策所适用的前提条件，只有在满足前提条件的基础上才能适用于税收优惠政策。一般优惠临界点包括以下三种情况：一是绝对数额临界点；二是相对比例临界点；三是时间期限临界点。

由于规避平台利用的是临界点量变引起质的突破，但如果距离优惠临界点太远，那么要突破它，就得有足够的量变，这其中可能会损耗一些成本。所以，在利用优惠临界点筹划法时应避免舍本逐末、本末倒置的做法。

【例2—13】 李先生在天津市拥有一套住房，已经居住满4年10个月，这时他在北京找到一份薪水很高的工作，需要出售该住房，李先生应该如何筹划呢？

《中华人民共和国土地增值税暂行条例实施细则》规定：凡居住满5年或5年以上的，按规定免征土地增值税；居住满3年未满5年的，减半缴纳土地增值税；居住未满3年的，按规定计征土地增值税。很显然，如果李先生再等两个月出售该住房，便可以适用居住满5年享受土地增值税免征待遇，而如果现在马上出售，只能享受减半缴纳土地增值税的优惠。合乎理性的做法便是将住房于两个月后再转让而不是马上转让。

当然，如果这时遇到合适的买主，也可以出售，可以利用时间期限临界点筹划，即和买主签订两份合同：一份是远期合同（2个月后正式交割房产）；另一份是为期两个月的租赁合同。只要租金和售价之和等于买主理想中的价位，这种交易很容易成功。这样买主可以马上住进去，房主可以享受免税待遇。

但也有这样的情况，即房产所有人由于工作需要，要转让使用年限较短的住房，比如仅使用一年，用上面的筹划方法进行筹划便不具备可操作性。这种情况下可以转变思路，采取换房模式解决该问题，即寻找一个愿意和自己交换住房，而且对方住房又合乎自己要求的当事人。《土地增值税暂行条例实施细则》规定：个人之间互换自有居住用房地产的，经当地税务机关批准，可以免征土地增值税。

九、资产重组筹划法

（一）合并筹划法

企业合并是实现资源流动和有效配置的重要方式，在企业合并过程中不可避免地涉及企业的税收负担及筹划节税问题。企业合并筹划是指企业利用并购及资产重组手段，改变其组织形式及股权关系，实现税负降低的筹划方法。

合并筹划法一般应用于以下五个方面：

(1)合并重组后的企业可以进入新的领域、新的行业，享受新领域、新行业的税收优惠政策；

(2)并购有大量亏损的企业,可以盈亏抵补,实现低成本扩张;

(3)企业合并可以实现关联性企业或上下游企业流通环节的减少,合理规避流转税和印花税;

(4)企业合并可以改变纳税主体性质,譬如,企业可能因为合并而由小规模纳税人变为一般纳税人,或由内资企业变为中外合资企业;

(5)企业合并可以利用免税重组优惠政策,规避资产转移过程中的税收负担。

(二)分立筹划法

分立,是指一家企业(以下称为被分立企业)将部分或全部资产分离转让给现存或分立的企业(以下称为分立企业),被分立企业股东换取分立企业的股权或非股权支付,实现企业的依法分立。分立有利于企业更好地适应环境和利用税收政策获得税收方面的利益。

分立筹划法利用分拆手段,可以有效地改变企业规模和组织形式,降低企业整体税负。分立筹划法一般应用于以下方面:

(1)企业分立为多个纳税主体,可以形成有关联关系的企业群,实施集团化管理和系统化筹划;

(2)企业分立可以将兼营或混合销售中的低税率或零税率业务独立出来,单独计税,降低税负;

(3)企业分立使适用累进税率的纳税主体分化成两个或多个适用低税率的纳税主体,税负自然降低;

(4)企业分立可以增加一道流通环节,有利于流转税抵扣及转让定价策略的运用。

【例2—14】 远洋奥立电梯公司主要生产销售电梯并负责电梯的安装、维修及保养。8月份,奥立电梯公司税收收入3 510万元,其中安装费约占总收入的30%,保养费、维修费约占总收入的10%,假设本月购进的进项税额为240万元。

混合销售行为和兼营的非应税劳务应当按从高税率缴纳增值税,其销售额分别为货物与非应税劳务的销售额的合计,货物或者应税劳务与非应税劳务的销售额的合计。奥立电梯公司既生产销售电梯又负责安装、维修及保养的行为属于典型的混合销售行为。按照税法规定,8月份奥立电梯公司应纳税额计算如下:

应纳增值税=销项税额—进项税额=3 510÷(1+16%)×16%—240=244.14(万元)

如果远洋奥立电梯公司投资设立一家独立核算的安装公司,奥立电梯公司只负责生产销售电梯,而安装公司专门负责电梯的安装、保养和维修,那么,奥立电梯和安装公司分别就销售电梯收入、安装维修收入开具发票,对购货方而言作为固定资产或在建工程入账,进项税额均可抵扣,而奥立电梯公司设立电梯安装公司后,涉税情况会发生变化。对企业销售电梯(自产或购进)收入,缴纳16%的增值税;对不从事电梯生产销售,只从事电梯保养和维修的专业公司对安装运行后的电梯进行的保养、维修取得的收入缴纳6%的增值税,电梯安装缴纳10%的增值税。

奥立电梯公司应纳增值税=销项税额—进项税额=3 510×(1—40%)/(1+16%)×16%—240=50.48(万元)

安装公司应纳税额=3 510×30%×10%÷(1+10%)+3 510×10%×6%/(1+6%)=

115.60(万元)

分立出安装公司后可以节省税收=270－50.48－115.60=103.92(万元)

【例2—14】中的分立筹划方法一般适用于电梯、机电设备等大型设备生产企业。对于这类企业,还可根据需要再分立出独立核算的运输公司或物流公司。

分立筹划法在实际操作中应注意:

(1)要进行成本—收益衡量。设立安装公司所增加的分立成本或纳税筹划成本费用应小于节税收益。

(2)注意定价的合理性。由于涉及货物销售价格与劳务价格的剥离,不要为了节税而故意抬高劳务价格,因为生产销售企业与提供劳务企业存在关联关系,如果定价不合理,税务机关有权调整货物及劳务定价。

十、业务转化筹划法

业务转化筹划法可以寻找更大的节税空间,其手段灵活多变。诸如购买、销售、运输、建房等业务可以合理转化为代购、代销、代运、代建等业务,无形资产转让可以合理转化为投资或合营业务,工程招标中介可以合理转化为转包人,甚至还有企业雇员与非雇员之间的相互转化……而这些转化使得企业享受的税收待遇存在天壤之别,出现了纳税筹划空间。

【例2—15】 科研人员张某发明了一种新技术,该技术获得了国家专利,专利权属其个人所有。由于该专利实用性极强,许多企业拟出高价购买。其中,甲公司开出了100万元的最高价。这种情况下,张某是否应该转让其技术专利呢?

根据增值税的有关规定,转让专利权属于转让无形资产,适用税率为6%,张某则应纳增值税为:

100×6%=6(万元)

根据个人所得税法的有关规定,转让专利使用权属于特许权使用费收入,以个人每次取得的收入不超过4 000元的,减除费用800元;4 000元以上的部分,减除费用的20%,其缴纳的个人所得税为:

100×(1－20%)×20%=16(万元)

张某的税后所得为:

100－16=84(万元)

如果采用业务转化筹划技巧,张某不转让专利权,而是将技术专利进一步开发,以技术服务的形式将专利技术应用于甲公司的生产经营活动。按甲公司的经营状况测算,张某每年预计可从甲公司获取技术服务收入不低于10万元。若张某愿意采取投资形式,则其所负担的税收大大下降:(1)按照增值税有关规定,纳税人提供技术开发和与之相关的技术服务免征增值税。(2)按照个人所得税法规定,个人取得的技术咨询、技术服务所得,应按照20%的比例税率缴纳个人所得税。所以,张某每年应纳个人所得税为:

10×20%=2(万元)

若采用技术服务形式,张某当年仅需负担2万元的税款,且税款还实现了递延。如果每年都可获取股息收入10万元,只要经营10年,张某就可以获得100万元收入。

第二节　纳税筹划的基本技术

一、针对税制要素的纳税筹划技术

（一）减免税技术

1. 减免税的概念

减免税是指国家为了照顾国民经济中某些特殊情况，运用税收调节职能，对某些纳税人或征税对象给予的减轻或解除税收负担的一种鼓励或照顾措施。按照具体内容划分，减免税可以分为政策性减免税和照顾困难减免税。

2. 纳税筹划的减免税技术

纳税筹划的减免税技术是在不违法和合理的情况下，使纳税人成为免税人，或使纳税人从事免税活动，或使征税对象成为免税对象而免纳税收的税务筹划技术。

纳税筹划的减免税技术具有适用范围较窄、技术简单的特点，其技术要点包括：

(1)尽量争取更多的减免税待遇；

(2)尽量使减免税期最长化；

(3)减免税必须有法律、法规的明确规定；

(4)企业所得税中规定的减免税优惠措施，对一个企业可能会有减免税政策交叉的情况，在具体执行时，可选择使用其中一项最优惠的政策，但不能两项或者几项优惠政策累加执行。

（二）分割技术

1. 分割的概念

分割是指一个纳税人的应税所得分成多个纳税人的应税所得，或者把一个纳税人的应税所得分割成适用不同税种、不同税率和减免税政策的多个部分的应税所得。

2. 纳税筹划的分割技术

纳税筹划的分割技术是指一个纳税人的应税所得分成多个纳税人的应税所得，或者把一个纳税人的应税所得分割成适用不同税种、不同税率和减免税政策的多个部分的纳税筹划技术。

纳税筹划分割技术具有适用范围狭窄、技术较为复杂的特点，它的技术要点包括：分割合理化、分割不违法、收益最大化。

（三）扣除技术

1. 扣除的概念

扣除是从应税收入中减去各种准予扣除项目的金额以求出应纳税所得额。企业的应纳税所得额为纳税人每一纳税年度的收入总额减去准予扣除项目金额后的余额。

2. 纳税筹划的扣除技术

纳税筹划的扣除技术是在不违法和合理的情况下，使扣除额增加而直接节减税额，或调整扣除额在各个应税期的分布而相对节减税额的纳税筹划技术。

纳税筹划的扣除技术具有技术较为复杂、适用范围较大的特点，它的技术要点包括：扣除项目最多化、扣除金额最大化、扣除最早化。

(四)税率差异技术

1. 税率差异的概念

税率差异是指对不同征税对象适用的税率不同，或者相同的征税对象适用的税率不同。

2. 纳税筹划的税率差异技术

纳税筹划的税率差异技术是在不违法和合理的情况下，利用税率的差异而直接节减税款的纳税筹划技术。税率越低，节减的税额越多。

税率差异技术具有技术较为复杂、适应范围较大、相对确定的特点，它的技术要点包括：尽量寻求税率最低化，与企业的经营活动有机地结合起来。

(五)抵免技术

1. 税收抵免的概念

税收抵免是从应纳税额中扣除税收抵免额，包括避免双重征税的税收抵免和作为税收优惠或奖励的税收抵免。

2. 纳税筹划的抵免技术

纳税筹划的抵免技术是在不违法和合理的情况下，使税收抵免额增加的纳税筹划技术。税收抵免额越大，冲抵应纳税额的数额就越大，应纳税额则越少，从而节减的税额就越多。

纳税筹划的抵免技术具有技术较为简单、适应范围较宽的特点，它的技术要点包括：抵免项目最多化、抵免金额最大化、抵免时间尽早化。

(六)退税技术

1. 退税的概念

退税是税务机关按规定对纳税人已纳税款的退还。

2. 纳税筹划的退税技术

纳税筹划的退税技术是在不违法和合理的情况下，税务机关退还纳税人已纳税款的纳税筹划技术。

纳税筹划的退税技术具有技术有难有易、适用范围较小的特点，其技术要点包括：尽量争取退税项目最多化，尽量使退税额最大化。

(七)延期纳税技术

1. 延期纳税的概念

延期纳税是指纳税人按照国家有关延期纳税规定延缓一定时期后再缴纳税收。

2. 纳税筹划的延期纳税技术

纳税筹划的延期纳税技术是在不违法和合理的情况下，使纳税人延期缴纳税收而取得相对收益的纳税筹划技术。

纳税筹划的延期纳税技术具有技术复杂、适应范围广的特点，其技术要点包括：延期纳税项目最多化、延长期最长化。

二、针对会计政策选择的纳税筹划技术

（一）会计政策的概念

会计政策是企业在会计核算时所遵循的具体原则以及企业所采纳的具体会计处理方法。

（二）纳税筹划的会计政策选择技术

纳税筹划的会计政策选择技术是在不违法和合理的情况下，采用适当的会计政策以减轻税负或延缓纳税的纳税筹划技术，包括存货计价、折旧计提、费用列支、营业收入的确认等。

纳税筹划的会计政策选择技术具有技术复杂、适用范围较广、受其他因素影响较大的特点。会计政策选择技术的要点包括：

（1）注意会计利润和应税利润的差异。

（2）注意税法规定对会计政策选择的限制。

复习思考题

1. 纳税筹划方案设计的目标是什么？
2. 如何利用经济运行中的税负点寻找纳税筹划方案的切入点？
3. 纳税筹划方案设计有哪些关键时期和关键切入点？
4. 主要有哪些常见的纳税筹划方案设计方法及筹划技术？
5. 合并筹划法与分立筹划法分别适用于哪些情形？

案例分析题

案例一

假定某房地产开发企业建造并出售普通标准住宅，预计销售收入为2 000万元，除“与转让房地产有关的税金”以外的扣除项目金额合计为1 400万元。适用增值税税率为10%，城市维护建设税税率为7%，教育费附加为3%，印花税税率为0.05%，契税税率为3%，土地增值税税率如表2—9所示。

表2—9　　土地增值税税率表

级次	级　距	税率	速算扣除系数
1	增值额未超过扣除项目金额50%的部分	30%	0
2	增值额超过扣除项目金额50%，未超过100%的部分	40%	5%

续表

级次	级 距	税率	速算扣除系数
3	增值额超过扣除项目金额100%,未超过200%的部分	50%	15%
4	增值额超过扣除项目金额200%的部分	60%	35%

思考:

(1)请计算该房地产开发企业应缴纳的各项税金。

(2)如果进行纳税筹划,先对这些普通标准住宅进行装修,预计发生装修费用500万元,然后再对外出售,售价为2 500万元(假定装修费按成本价计算)。请计算在这种情况下,该房地产开发企业缴纳的各项税金。

(3)请比较房地产企业在纳税筹划前后税收负担的差异。

案例二

某文艺公司准备从事文艺演出项目,如果在歌舞厅等娱乐场所从事文艺演出,每年营业额大约为1 200万元,成本费用为600万元。如果在文化馆(或剧场)等文化场所从事文艺演出,每年营业额大约为800万元,成本费用大约为350万元。

思考:从纳税筹划角度出发,该公司应选择在哪里进行文艺演出?

案例三

某电器商场某品牌空调的售价为4 000元(含税),并负责免费安装服务。但安装空调的是另外一家安装公司,商场付给安装公司每台200元安装费。也就是说,商场每台空调开具4 000元发票给顾客,安装公司也开具200元发票给商场。

思考:请对每台空调的税负进行分析,并进行筹划。

案例四

某工厂目前累计亏损3 000万元,主要原因是企业生产设备落后,产品技术含量低,销路不畅。现企业筹资2 000万元,有两种方案可供选择:

方案一:用1 200万元购买设备,800万元用于技术研发;

方案二:投资新办高新技术企业,所得税税率为15%,并实行两年的免税政策。

假设两种方案的投资收益相同,该企业的所得税税率为25%,第一到第五年的情况如下:第一年200万元;第二年300万元;第三年800万元;第四年1 200万元;第五年1 500万元。

思考:该选择哪种方案呢?

案例五

甲饲料销售企业现为增值税小规模纳税人,年应税销售额为100万元(不含增值税),会计核算制度比较健全,符合转化为增值税一般纳税人的条件,适用10%的增值税税率。该企业从生产饲料的增值税一般纳税人处购入饲料70万元(不含增值税)。

思考:该选择何种纳税筹划方案?

第三章　企业设立的纳税筹划

第一节　居民企业与非居民企业

一、居民企业的设立与筹划

（一）居民企业的界定

居民企业是指依法在中国境内成立，或者依照外国（地区）法律成立但实际管理机构在中国境内的企业。

居民企业如果是依照外国法律成立的，必须具备其实际管理机构在中国境内这一条件。所谓的"实际管理机构"，是指对企业的生产经营、人员、账务、财产等实施实质性全面管理和控制的机构。我国借鉴国际惯例，对"实际管理机构"作出了明确的界定：

第一，对企业有实质性管理和控制的机构。实际管理机构与名誉上的企业行政中心不同，属于企业真实的管理中心所在。一个企业在利用资源和取得收入方面往往与其经营活动的管理中心联系密切。国际税法对法人所在地的判断标准，通常采取"最密切联系地"的标准，也符合实质重于形式的原则。税法将实质性管理和控制作为认定实际管理机构的标准之一，有利于防止外国企业逃避税收征管，从而保障我国的税收主权。

第二，对企业实行全面的管理和控制的机构。如果该机构只是对该企业的一部分或并不关键的生产经营活动进行影响和控制，比如只是对在中国境内的某一个生产车间进行管理，则不被认定为实际管理机构。只有对企业的整体或者主要的生产经营活动有实际管理控制，对本企业的生产经营活动负有总体责任的管理控制机构才符合实际管理机构标准。

第三，管理和控制的内容是企业的生产经营、人员、账务、财产等。这是界定实际管理机构的关键标准，尤其在控制时特别强调人事权和财务权的控制。比如，到中国投资的许多外国企业，如果其设在中国的管理机构冠以"亚太区总部""亚洲区总部"等字样，一般都被认定为"实际管理机构"，即对企业具有实质性管理和控制的权力。比如，在我国注册成立的通用汽车（中国）公司，就是我国的居民企业；在英国、美国等国家和地区注册的企业，实际管理机构在我国境内的，也是我国的居民企业。

（二）居民企业的税收政策

居民企业负担全面的纳税义务。居民企业应当就其来源于中国境内、境外的所得缴纳企业所得税。所得，包括销售货物所得、提供劳务所得、转让财产所得、股息红利等权益性投资所得、利息所得、租金所得、特许权使用费所得、接受捐赠所得和其他所得。

(三)属于居民企业的公司制企业的税收政策

公司制企业属于法人实体,有独立的法人财产,享有法人财产权。公司以其全部财产对公司的债务承担有限责任。公司制企业一般分为有限责任公司和股份有限公司两大类。《中华人民共和国公司法》还规定了两种特殊形式的有限责任公司:一人有限公司和国有独资公司。

无论是有限责任公司还是股份有限公司,作为法人实体,我国税法均作了统一规定,即公司制企业应对其实现的利润总额作相应的纳税调整后缴纳企业所得税,如果向自然人投资者分配股息或红利,还要代扣投资者20%的个人所得税。对于投资国内(沪市和深市)上市公司的自然人股东,对其所获得的股息红利所得,减按10%的税率征收个人所得税。

目前,中国处于社会转型期,国有独资公司还享受一些税收优惠政策。比如,国有独资公司之间划拨土地、房产等各类资产,以及国有独资公司改制时,免征资产交易过程中的契税和企业所得税等。

就税收负担而言,公司形式应该是以股份有限公司为佳,其原因有:第一,世界各国税法中鼓励投资的有关税收减免条款一般针对股份有限公司;第二,有利于股东降低税收。《国家税务总局关于股份制企业转增资本和派发红股征免个人所得税的通知》(国税发[1997]198号)规定:股份制企业用资本公积金转增股本不属于股息、红利性质的分配,对个人取得的转增股本数额,不作为个人所得,不征收个人所得税。《国家税务总局关于股权奖励和转增股本个人所得税征管问题的公告》(国家税务总局公告2015年第80号)规定:未上市及未在全国中小企业股份转让系统挂牌的中小高科技企业以未分配利润、盈余公积、资本公积向个人股东转增资本的,纳税人可分期缴纳个人所得税;非上市及未在全国中小企业股份转让系统挂牌的其他企业转增股本的,应及时代扣代缴个人所得税。上市公司或在全国中小企业股份转让系统挂牌的企业转增资本(不含以股票发行溢价形成的资本公积转增股本),按现行有关股息红利差别化政策执行。

二、非居民企业的设立与筹划

(一)非居民企业的界定

非居民企业,是指依照外国(地区)法律成立且实际管理机构不在中国境内,但在中国境内设立机构、场所的,或者在中国境内未设立机构、场所,但有来源于中国境内所得的企业。

机构、场所,是指在中国境内从事生产经营活动的机构、场所,包括以下情形:

第一,管理机构、营业机构、办事机构。管理机构是指对企业生产经营活动进行决策的机构;营业机构是指企业开展日常生产经营活动的固定场所,如商场等;办事机构是指企业在当地设立的从事联络和宣传等活动的机构,如外国企业在中国设立的代表处,往往为开拓中国市场进行调查和宣传等工作,为企业到中国开展经营活动打下基础。

第二,工厂、农场、开采自然资源的场所。这三类属于企业开展生产经营活动的场所。工厂是工业企业,如制造业的生产厂房、车间所在地;农场是农业、牧业等生产经营的场所;开采自然资源的场所主要是采掘业的生产经营活动场所,如矿山、油田等。

第三，提供劳务的场所。提供劳务的场所包括从事交通运输、仓储租赁、咨询、科学研究、技术服务、教育培训、餐饮住宿、中介代理、旅游、娱乐、加工以及其他劳务服务活动的场所。

第四，从事建筑、安装、装配、修理、勘探等工程作业的场所，包括建筑工地、港口码头、地质勘探场地等工程作业场所。

第五，其他从事生产经营活动的机构、场所。

第六，非居民企业委托营业代理人在中国境内从事生产经营活动的，包括委托单位和个人经常代其签订合同，或者储存、交付货物等，该营业代理人视为非居民企业在中国境内设立的机构、场所。

(二)非居民企业的税收政策

第一，非居民企业在中国境内设立机构、场所的，应当就其所设机构、场所取得的来源于中国境内的所得，以及发生在中国境外但与其所设机构、场所有实际联系的所得，缴纳企业所得税。这里所说的实际联系，是指非居民企业在中国境内设立的机构、场所拥有据以取得所得的股权、债权，以及拥有、管理、控制据以取得所得的财产等。

第二，非居民企业在中国境内未设立机构、场所的，或者虽设立机构、场所但取得的所得与其所设机构、场所没有实际联系的，应当就其来源于中国境内的所得缴纳企业所得税。

居民企业和非居民企业都属于企业所得税的纳税人，我国之所以对居民企业与非居民企业进行合理划分，关键是为了区分纳税义务，这将会对不同纳税主体的税收活动产生深远影响。

第二节　分支机构的设立与纳税筹划

一、分支机构的设立与税收政策

分支机构的所得税缴纳有两种方式：一种是分支机构独立申报纳税；另一种是分支机构集中到总公司汇总纳税。采用何种方式纳税，关键取决于分支机构的性质是否为独立纳税人。同时，受分支机构的盈亏状况、所处地区的税率及资金控制等因素影响，不同的纳税方式会使企业当期及未来各期的税负水平产生显著差异。由于受分支机构可能存在的盈亏不均、地区税率差异及资金控制等因素影响，不同组织形式的分支机构其税收待遇是不同的，甚至在当期和未来期间还会产生较大的税负差异。

(一)子公司的设立及税收政策

《中华人民共和国公司法》第十四条规定：子公司具有法人资格，依法独立承担民事责任；分公司不具有法人资格，其民事责任由公司承担。

子公司是对应母公司而言的，是指被另一家公司(母公司)有效控制的下属公司或者是母公司直接或间接控制的一系列公司中的一家公司。子公司因其具有独立的法人资格，而被所在国视为居民企业，通常要履行与该国其他居民企业一样的全面纳税义务，同时也能享受所在国为新设公司提供的免税期或其他税收优惠政策。但建立子公司一般需要复杂的手续，财务制度较为严格，必须独立开设账簿，并需要复杂的审计和证明，经营亏损不能冲抵母公司利润，与母公司的交易往往是税务机关反避税审查的重点内容。

子公司属于独立的法人企业，拥有独立的财产权，一般独立对外开展经营活动，与母公司之间没有连带责任。母公司作为子公司的控股公司，仅在控股权基础上对子公司行使权利，享有对子公司重大事务的决定权。设立子公司进行纳税筹划，一是子公司可以独立享受所在区域或行业的税收优惠政策；二是子公司的利润分配形式灵活，并且不受母公司的干涉；三是子公司的税务风险责任不会给母公司造成影响，即母公司没有风险连带责任。

（二）分公司的设立及税收政策

分公司是指公司独立核算的、进行全部或部分经营业务的分支机构，如分厂、分店等。分公司是企业的组成部分，没有独立的财产权，不具有独立的法人资格，其经营活动的所有后果均由总公司承担。

《企业所得税法》第五十条规定：居民企业在中国境内设立不具有法人资格的营业机构的，应当汇总计算并缴纳企业所得税。汇总纳税是指一个企业总机构和其分支机构的经营所得，通过汇总纳税申报的办法实现所得税的汇总计算和缴纳。我国实行法人所得税制度，不仅是引入和借鉴国际惯例的结果，也是实现所得税调节功能的必然选择。法人所得税制要求总、分公司汇总计算缴纳企业所得税。因此，设立分支机构，使其不具有法人资格，就可由总公司汇总缴纳所得税。这样可以实现总、分公司之间盈亏互抵，合理减轻税收负担。

《跨地区经营汇总纳税企业所得税征收管理办法》（国家税务总局公告 2012 年第 57 号）规定：汇总纳税企业实行“统一计算、分级管理、就地预缴、汇总清算财政调库”的企业所得税征收管理办法。该管理办法的基本内容是：总机构统一计算包括企业所属各个不具有法人资格分支机构在内的全部应纳税所得额、应纳税额。但总机构、分支机构所在地的主管税务机关都有对当地机构进行企业所得税管理的责任，总机构和分支机构应分别接受机构所在地主管税务机关的管理。在每个纳税期间，总机构、分支机构应分月或分季分别向所在地主管税务机关申报预缴企业所得税。待年度终了后，总机构负责进行企业所得税的年度汇算清缴，统一计算企业的年度应纳所得税额，抵减总机构、分支机构当年已就地分期预缴的企业所得税款后，多退少补税款。

需要注意的是，税法还规定了以下二级分支机构不需要就地分摊缴纳企业所得税：

（1）不具有主体生产经营职能，且在当地不缴纳增值税的产品售后服务、内部研发、仓储等企业内部辅助性的二级及以下分支机构，不就地预缴企业所得税。

（2）上年度认定为小型微利企业的，其二级分支机构不就地预缴企业所得税。

（3）新设立的二级分支机构，设立当年不就地分摊缴纳企业所得税。

（4）当年撤销的二级分支机构，自办理注销税务登记之日所属企业所得税预缴期间起，不就地分摊缴纳企业所得税。

（5）汇总纳税企业在中国境外设立的、不具有法人资格的营业机构，不就地分摊缴纳企业所得税。

总之，设立分公司进行纳税筹划，一是分公司与总公司之间的资本转移因不涉及所有权变动，不必纳税；二是分公司交付给总公司的利润不必纳税；三是经营初期分公司的经营亏损可以冲抵总公司的利润，减轻税收负担。

二、选择分支机构形式的纳税筹划

根据分公司及子公司的不同税收特征，由于我国存在多层面的税收优惠政策，企业所得税存在25%、20%、15%多种税率，所以在设立分公司与子公司的选择筹划中，还要考虑分支机构所处的区域优势及其享受税收优惠政策的情况。若分支机构单独运作，其所享受的税收优惠优于母公司时，分支机构应采用子公司形式；反之，采用分公司形式。还要考虑到分支机构初期的经营情况，由于开办费、市场风险等因素的存在很容易导致分支机构出现亏损，所以在分支机构组建初期，最好采用分公司形式，当分公司开始盈利后，可以再把分公司设法转变为子公司，这样可能会收到较好的税收效果。

【例3—1】 深圳新营养技术生产公司为了扩大生产经营范围，准备在内地兴建一家芦笋种植加工企业，在选择芦笋加工企业组织形式时，该公司进行了如下分析：

芦笋是一种根基植物，在新的种植区域播种，达到初次具有商品价值的收获期需要4～5年，企业在开办初期将面临很大的亏损，但亏损会逐渐减少。经估计，此芦笋种植加工公司第一年的亏损额为200万元，第二年的亏损额为150万元，第三年的亏损额为100万元，第四年的亏损额为50万元，第五年开始盈利，盈利额为300万元。

该公司总部设在深圳，属于国家重点扶持的高新技术公司，适用的公司所得税率为15%。该公司除在深圳设有总部外，在内地还有一子公司H，适用的税率为25%。经预测，未来五年内，新营养技术生产公司总部的应税所得均为1 000万元，H子公司的应税所得分别为300万元、200万元、100万元、0万元、－150万元。

经分析，现有三种组织形式方案可供选择：

方案一：将芦笋种植加工企业建成具有独立法人资格的M子公司。

因子公司具有独立的法人资格，属于企业所得税的纳税人。按其应纳税所得额独立计算缴纳企业所得税。

在这种情况下，该新营养技术生产公司包括三个独立的纳税主体：深圳新营养技术公司、H子公司和M子公司。在这种组织形式下，因芦笋种植企业——M子公司是独立的法人实体，不能和深圳新营养技术公司或H子公司合并纳税，所以，其所形成的亏损不能抵消深圳新营养技术公司总部的利润，只能在其以后年度实现的利润中抵扣。

在前四年里，深圳新营养技术生产公司总部及其子公司的税额分别为225万元（1 000×15%＋300×25%）、200万元（1 000×15%＋200×25%）、175万元（1 000×15%＋100×25%）、150万元（1 000×15%），四年间缴纳的企业所得总额为750万元。

方案二：将芦笋种植加工企业建成非独立核算的分公司。

因分公司不同于子公司，它不具备独立的法人资格，不独立建立账簿，只作为分支机构存在。按税法规定，分支机构利润与其总部实现的利润合并纳税。深圳新营养技术生产公司仅有两个独立的纳税主体：深圳新营养技术生产公司总部和H子公司。

在这种组织形式下，因芦笋种植企业作为非独立核算的分公司，其亏损可由深圳新营养技术生产公司用其利润弥补，降低了深圳新营养技术生产公司第一年至第四年的应纳税所得额，使深圳新营养技术生产公司的应纳所得税得以延缓。

在前四年里，深圳新营养技术生产公司总部、子公司及分公司的纳税总额分别为195万元（1 000×15%－200×15%＋300×25%）、177.5万元（1 000×15%－150×15%＋200×25%）、160万元（1 000×15%－100×15%＋100×25%）、142.5万元（1 000×15%－50×15%），四年间缴纳的企业所得税总额为675万元。

方案三：将芦笋种植加工企业建成内地H子公司的分公司。在这种情况下，芦笋种植加工企业和H子公司合并纳税。此时深圳新营养技术公司有两个独立的纳税主体：深圳新营养技术生产公司总部和H子公司。在这种组织形式下，因芦笋种植加工企业作为H子公司的分公司，与H子公司合并纳税，其前四年的亏损可用H子公司的当年利润弥补，降低了H子公司第一年至第四年的应纳税所得额，不仅使H子公司的应纳所得税得以延缓，而且使得整体税负下降。

在前四年里，深圳新营养技术生产公司总部、子公司及分公司的纳税总额分别为175万元（1 000×15%＋300×25%－200×25%）、162.5万元（1 000×15%＋200×25%－150×25%）、150万元（1 000×15%＋100×25%－100×25%）、150万元（1 000×15%），四年间缴纳的企业所得税总额为637.5万元。

通过对上述三种方案的比较，应该选择第三种组织形式，将芦笋种植企业建成内地H子公司的分公司，可以使整体税负最低。

【例3—2】 云锦服装有限公司（以下简称“云锦服装”）是位于经济技术开发区的一家从事专业设计、生产和销售云锦牌服装的股份制企业。云锦品牌国内驰名，在中国东部和南部分别拥有专业制造云锦牌服装的大型生产基地。云锦服装以适应中国市场的独特营销方式构建了超过1 000个市场销售网络，总销售公司雇用许多销售人员及市场调查人员，在全国各大中城市均设有销售网点（或专卖店），通过这些销售网点将服装直接销售给消费者或供应给批发商、零售商。

云锦服装快速发展，销售量增长较快，广告费、市场营销费投入较多，产品毛利率约为48%，销售网点的增值率为21%，但在此过程中也逐渐暴露出企业经营管理中的一些问题。据统计，服装行业的税收占销售收入的比例为20%～25%，而云锦服装却达到了30%，存在着明显的税负偏高问题。

云锦服装公司不断对外扩张，可以在异地设立一些分支销售机构。云锦服装公司对不同情况，分别采取不同的纳税筹划策略。

方案一：在外地设立销售子公司。

云锦服装公司在外地设立的分支销售机构，凡是属于子公司的，则它们之间的业务往来都属于正常的购销行为，不仅要单独结算价款，而且其关联价格要合理，否则税务机关有权予以调整。

站在纳税筹划的角度，对于异地的销售子公司，云锦服装公司应尽量采取赊销、分期收款销售或委托代销方式，以达到递延纳税的目的。对于销售方式的选用，务必签订完善的购销合同，清晰界定销售方式。因为不同销售方式下增值税的纳税义务时间不同，具体政策如下：

（1）采取直接收款方式销售的，不论货物是否发出，均为在收到销售额或者取得销售额凭据的当天。

（2）采取托收承付和委托银行收款方式销售货物，为发出货物并办妥托收手续的当天。

(3)采取赊销和分期收款方式销售货物,为书面合同约定的收款日期的当天;无书面合同的,为货物发出的当天。

(4)采取预收货款方式销售货物,为货物发出的当天,但生产销售生产工期超过12个月的大型机械设备、船舶、飞机等货物的,为收到预收款或者书面合同约定的收款日期的当天。

(5)委托其他纳税人代销货物,为收到代销单位的代销清单或者收到全部或者部分货款的当天。未收到代销清单及货款的,为发出代销货物满180天的当天。

对于企业所得税来说,其纳税义务时间与增值税有所区别。依据企业所得税相关政策,不同销售方式下收入确认时间是不同的,具体政策如下:

(1)销售商品采用托收承付方式的,在办妥托收手续时确认收入。

(2)销售商品采取预收款方式的,在发出商品时确认收入。

(3)销售商品需要安装和检验的,在购买方接受商品以及安装和检验完毕时确认收入。如果安装程序比较简单,可在发出商品时确认收入。

(4)销售商品采用支付手续费方式委托代销的,在收到代销清单时确认收入。

(5)采用售后回购方式销售商品的,销售的商品按售价确认收入,回购的商品作为购进商品处理。有证据表明不符合销售收入确认条件的,如以销售商品方式进行融资,收到的款项应确认为负债。回购价格大于原售价的,差额应在回购期间确认为利息费用。

(6)销售商品以旧换新的,销售商品应当按照销售商品收入确认条件确认收入,回收的商品作为购进商品处理。

(7)企业为促进商品销售而在商品价格上给予的价格扣除属于商业折扣。商品销售涉及商业折扣的,应当按照扣除商业折扣后的金额确定销售商品收入金额。

(8)债权人为鼓励债务人在规定的期限内付款而向债务人提供的债务扣除属于现金折扣。销售商品涉及现金折扣的,应当按扣除现金折扣前的金额确定销售商品收入金额,现金折扣在实际发生时作为财务费用扣除。

(9)企业因售出商品的质量不合格等原因而在售价上给予减让属于销售折让;企业因售出商品质量、品种不符合要求等原因而发生的退货属于销售退回。企业已经确认销售收入的售出商品发生销售折让和销售退回时,应当在发生当期冲减当期销售商品收入。

方案二:在外地设立销售分公司。

云锦服装公司在外地设立的分支销售机构,属于分公司性质的,若该销售分公司实行独立核算,则这种情况下增值税等流转税操作应比照子公司情况处理,即按照正常的购销业务处理。若销售分公司不实行独立核算,则应按照以下原则处理:

(1)如果分公司对外销售时,负责向购货方开具发票或向购货方收取货款,则在货物移送时向所在地税务机关缴纳增值税;否则,应由总机构统一缴纳增值税(详见国税发[1998]137号文件)。

(2)纳税人以总机构的名义在各地开立账户,通过资金结算网络在各地向购货方收取销货款,由总机构直接向购货方开具发票的行为,其取得的应税收入应当在总机构所在地缴纳增值税(详见国税函[2002]802号文件)。

因此,云锦服装公司从增值税筹划角度考虑,尽量避免在总公司、分公司之间货物转移时被认定为视同销售缴纳增值税;站在企业所得税筹划角度考虑,应尽量实现所得税的汇总缴纳。

通过以上分析我们可以得出以下结论：

(1)从一般纳税人与小规模纳税人税负均衡点计算入手，衡量企业增值率，选择最合适的企业组织与业务形式。

(2)处理企业所得税时，通过“费用移位法”将税前项目的扣除额控制在规定的扣除限额内。处理个人所得税时，相同数额的工资、薪金所得与劳务报酬所得所适用的税率不同，在计算工资与劳动报酬均衡点的基础上，通过工资、薪金所得与劳务报酬两者之间的互相转化实现节税目的。

(3)公司可以通过向服装代理商或批发商实施押金融资策略、向银行或关联方实施借贷融资策略，合理利用资金，降低企业所得税。

(4)可从成立异地销售子公司与异地销售分公司两个角度分析进行纳税筹划。一般来说，当企业设立分支机构时，由于设立初期分支机构面临高昂的成本支出，所以亏损的概率较高，通常采用分公司的形式较为合适，可以享受和总部收益盈亏互抵的好处。经过两三年的经营，分公司开始转亏为盈时，再把分公司变更注册为子公司，这样可以减少分支机构对总机构的法律影响。

第三节　经济组织的选择与纳税筹划

一、公司制企业与非公司制企业选择的纳税筹划

按照我国法律规定，企业有公司制企业和非公司制企业之分。非公司制企业主要指个人独资企业与合伙企业，公司制企业主要指有限责任公司和股份有限公司。

公司制企业属于企业法人，有独立的法人财产，享有法人财产权。无论是有限责任公司还是股份有限公司，公司制企业应对其利润总额作相应的纳税调整后缴纳企业所得税。如果向自然人投资者分配股息或红利，还要代扣投资者税率为20%的个人所得税。

由于我国税法对于个人独资企业、合伙企业只征收个人所得税，而对于公司制企业，既要征收企业所得税，又要征收个人所得税，这通常被称为“双重征税”。但由于存在股息红利和资本利得之间转化的可能，以及资本利得税率偏低甚至免征的优惠待遇，公司制企业的“双重征税”下的总税负并不多于个人独资企业或合伙企业。因此，在组织形式选择决策中，存在个人独资企业、合伙企业与公司之间的选择与筹划。

公司制企业晚于个人独资企业、合伙企业的出现，公司制企业相对较为进步，这不仅体现在公司较低的运作风险方面，而且体现为公司在税收方面的独特优势：公司在冲抵损失时不限于当期利润，损失甚至可以延续冲抵未来的利润；公司能够在合理范围内税前列支有利于雇员的金额相当可观的年金支出；公司还能够在所得税扣除方面税前列支更多的成本费用项目。这些都是个人独资企业或合伙企业所不可比拟的。

二、个人独资企业、合伙企业的设立与筹划

从2000年1月1日起，我国对个人独资企业、合伙企业比照个体工商户的生产经营所得，

适用五级超额累进税率，仅征收个人所得税。而公司制企业需要缴纳企业所得税。如果向个人投资者分配股息、红利的，还要代扣其个人所得税（投资个人分回的股息、红利，税法规定适用20%的比例税率）。

一般来说，企业设立时应合理选择纳税主体的身份，选择的思路如下：

从总体税负角度考虑，个人独资企业、合伙企业一般要低于公司制企业，因为前者不存在重复征税问题，而后者一般涉及双重征税问题。

在个人独资企业、合伙企业与公司制企业的决策中，要充分考虑税基税率和税收优惠政策等多种因素，最终税负的高低是多种因素作用的结果，不能只考虑一种因素。

在个人独资企业、合伙企业与公司制企业的决策中，还要充分考虑可能出现的各种风险。

【例3—3】 李先生投资兴办一家企业，年应纳税所得额为100万元。该企业如果注册登记为个人独资企业，应按照个体工商户生产经营所得缴纳税收，所得税负担为：

1 000 000×25%－14 750＝235 250（元）

税后利润为：

1 000 000－235 250＝764 750（元）

但如果该企业注册为有限责任公司，则应首先以法人身份计算缴纳企业所得税，然后，其税后利润还应按照股息、红利所得计缴个人所得税，所得税负担为：

1 000 000×25%＋1 000 000×（1－25%）×20%＝400 000（元）

税后利润为：

1 000 000－400 000＝600 000（元）

可见，有限责任公司比个体工商户多缴所得税164 750元。

另外，如果投资成立的是合伙企业，虽然也仅需要缴纳个人所得税，但由于现行税制规定每一个合伙人单独按照其所获得的收益计缴个人所得税，因此，使投资人有更多机会按照相对较低的税率计税，其总体税负会比个人独资企业更低。

如果李先生与三位朋友共同兴办一家合伙企业，每人投资均为总额的25%，年应纳税所得额为100万元，则其所得税负担为：

[（1 000 000÷4）×35%－14 750]×4＝291 000（元）

比个人独资企业少缴所得税金额为：

235 250－291 000＝55 750（元）

公司制企业所得税税率采用25%的比例税率，这意味着无论企业应纳税所得额规模多大，其税收负担率是不变的（小型微利企业税率为20%）；而个人所得税对生产经营性收入采用五级超额累进税率，这意味着应纳税所得额越大，其税收负担率越高。从个人所得税生产经营所得适用的五级超额累进税率表可以看出，个体工商户的应税所得额在3万元时，适用的边际税率为20%，由于超额累进税率计税时应将以前级次适用低税率部分的差额减除，因此其实际税率为7.5%[（30 000×20%－3 750）÷30 000×100%]。应税所得额在6万元时，适用的边际税率为30%，其实际税率是13.75%[（60 000×30%－9 750）÷60 000×100%]。应税所得额为10万元时，适用的边际税率为35%，其实际税率是20.25%[（100 000×35%－14 750）÷100 000×100%]。随着应税所得的增加，个体工商户的实际税率还会逐渐增加。

因此，如果单纯比较企业所得税与个人所得税生产经营收入的负担率，会出现应纳税所得额较少时，企业所得税负担率高于个人所得税生产经营收入负担率；而应纳税所得额较多时，企业所得税负担率低于个人所得税生产经营收入负担率的情况。

当应纳税所得额为 3 万元时，如按企业所得税计算，应纳税额为：

30 000×20%＝6 000(元)

如按个人所得税生产经营所得计算，应纳税额为：

30 000×10%－750＝2 250(元)

按企业所得税计税比按个人所得税计税多缴税 3 750(6 000－2 250)元。

而当应纳税所得额为 200 万元时，如按企业所得税计算，应纳税额为：

2 000 000×25%＝500 000(元)

如按个人所得税生产经营所得计算，应纳税额为：

2000 000×35%－14 750＝685 250(元)

企业所得税计税比按个人所得税计税反而少缴税 185 250 元(685 250－500 000)。

三、私营企业、个体工商户的选择与筹划

私营企业亦称“私有企业”，是由私人投资经营的企业，有资本家私人企业、劳动者私人企业等类型。其生产资料和产品属私人所有，经营活动由自己或雇用管理人员管理，资金来源有私人独自集资或债券集资、贷款投资、发行股票等。我国现阶段允许私有企业的存在和发展，鼓励外国资本家依法在中国投资建立各种形式的私人联合企业。

个体工商户又称个体户，是个体经济单位，它以劳动者个人及其家庭成员为主体，用自有的劳动工具及生产资料、资金，经向国家有关部门登记，独立地从事生产经营活动，主要存在于各种小型手工业、零售商业、饮食业、服务业、运输业等生产、劳务部门。

按照现行税法规定，私营企业适用《企业所得税法》，其税率是 25%。而个体工商户则适用《个人所得税法》，税率如表 3－1 所示。

表 3－1　　个体工商户适用的个人所得税税率

级数	含税级距	税率	速算扣除数
1	不超过15 000元的	5%	0
2	超过15 000元至30 000元的部分	10%	750
3	超过30 000元至60 000元的部分	20%	3 750
4	超过60 000元至100 000元的部分	30%	9 750
5	超过100 000元的部分	35%	14 750

注：表中所列含税级距为按照税法规定减除有关费用后的所得额；含税级距适用于个体工商户的生产经营所得和由纳税人负责税款的承包经营、承租经营所得。

第四节　增值税纳税人身份的纳税筹划

现行增值税的征管体制是增值税的纳税人具有选定性，作为企业是申请做一般纳税人，还

是小规模纳税人，已成为纳税筹划的一个重要内容。

一、增值税纳税人身份的认定标准

纳税人分为一般纳税人和小规模纳税人。

应税行为的年应征增值税销售额(以下称应税销售额)超过财政部和国家税务总局规定标准的纳税人为一般纳税人，未超过规定标准的纳税人为小规模纳税人。

年应税销售额超过规定标准的其他个人不属于一般纳税人。年应税销售额超过规定标准但不经常发生应税行为的单位和个体工商户可选择按照小规模纳税人纳税。

二、小规模纳税人转一般纳税人条件

根据相关政策规定，需要转为一般纳税人的标准有：

(1)从事货物生产或者提供应税劳务的纳税人或以该业务为主的，年应征增值税销售额超过 50 万元；

(2)年应税服务销售额超过 500 万元的纳税人；

(3)其他行业年应税销售额超过 80 万元。

年应税销售额未超过规定标准的纳税人，会计核算健全，能够提供准确的税务资料的，可以向主管税务机关办理一般纳税人资格登记，成为一般纳税人。

会计核算健全，是指能够按照国家统一的会计制度规定设置账簿，根据合法、有效的凭证核算。

因此，未超过小规模纳税人标准，但会计核算健全，能够提供准确的税务资料的，也可以申请成为一般纳税人。

根据《国家税务总局增值税一般纳税人资格认定管理办法》(国家税务总局令第 22 号)第三条规定：本办法所称年应税销售额，是指纳税人在连续不超过 12 个月的经营期内累计应征增值税销售额，包括免税销售额。

因此，连续不超过 12 个月的经营期内不是指会计年度，可跨年度累计。比如 2011 年 4 月 1 日至 2012 年 3 月 31 日，这连续 12 个月就是一个经营期。

三、一般纳税人能否转回小规模纳税人

《关于全面推开营业税改征增值税试点的通知》财税〔2016〕36 号附件——《营业税改征增值税试点实施办法》第四条规定：符合一般纳税人条件的纳税人应当向主管税务机关办理一般纳税人资格登记。具体登记办法由国家税务总局制定。

除国家税务总局另有规定外，一经登记为一般纳税人后，不得转为小规模纳税人。

四、小规模纳税人能否强转为一般纳税人

根据《国家税务总局关于调整增值税一般纳税人管理有关事项的公告》(国家税务总局公告 2015 年第 18 号)第三条规定：纳税人年应税销售额超过财政部、国家税务总局规定标准(以下简称规定标准)，且符合有关政策规定，选择按小规模纳税人纳税的，应当向主管税务机关提交书面说明。

个体工商户以外的其他个人年应税销售额超过规定标准的，不需要向主管税务机关提交书面说明。

第四条规定：纳税人年应税销售额超过规定标准的，在申报期结束后20个工作日内按照本公告第二条或第三条的规定办理相关手续；未按规定时限办理的，主管税务机关应当在规定期限结束后10个工作日内制作《税务事项通知书》，告知纳税人应当在10个工作日内向主管税务机关办理相关手续。

所以当超过小规模纳税人标准后，应及时办理增值税一般纳税人相关手续。税法规定，纳税人年应税销售额超过规定标准应办理一般纳税人资格登记手续而未办理的，经税务机关下达税务事项通知书后，逾期仍不办理的，将按销售额依照增值税适用税率计算应纳税额，不得抵扣进项税额，也不得使用增值税专用发票，简称为强转。

纳税人年应税销售额超过规定标准应办理一般纳税人资格登记手续而逾期未办理的，则会被强转。强转纳税人不登记一般纳税人资格，而是调整税种，由小规模的3%调整至适用税率，申报时暂时使用小规模申报表，只是税率按照一般纳税人标准，但不得抵扣进项税额，不得使用增值税专用发票。强转后，纳税申报期限由按季申报相应改为按月申报，而且无法在网厅申报，需携带小规模申报表（按一般纳税人税率计税）到办税服务厅手工申报。

强转纳税人按规定登记为一般纳税人后，纳税人就可以使用一般纳税人申报表，抵扣进项税额，使用增值税专用发票。

五、小规模纳税人超标如何保留

根据《财政部 国家税务总局关于全面推开营业税改征增值税试点的通知》财税〔2016〕36号附件——《营业税改征增值税试点实施办法》第三条规定：年应税销售额超过规定标准的其他个人不属于一般纳税人。年应税销售额超过规定标准但不经常发生应税行为的单位和个体工商户可选择按照小规模纳税人纳税。

因此，(1)其他个人也就是我们常说的个体工商户以外的自然人，不属于增值税一般纳税人；(2)不经常发生应税行为，主要是指很少涉及或缴纳增值税，只是偶尔一次或两次的销售行为超过了小规模纳税人标准，这样的单位和个体工商户可以选择小规模纳税人。

单位或个人超过小规模纳税人标准后，除自然人外，其他单位或个体工商户如果需要继续成为小规模纳税人的，需要提交申请说明，由于其判定需要税务机关进行，所以到办税服务厅提交不登记为一般纳税人的申请。

小规模纳税人认定后应注意点：请在一般纳税人资格生效后再申请增值税专用发票票种。（网厅一般纳税人申请操作请在本公众号对话框直接回复关键字“一般纳税人资格”查看）由于小规模为按季申报，一般纳税人应为按月申报，所以一定要注意申报衔接。建议纳税人尽量在季度初申请登记成为一般纳税人。

六、纳税人身份选择的纳税筹划

增值税是普遍开征的税种，涉及的纳税人比较广泛，而纳税人的经营规模和管理水平有千差万别。企业如何选择纳税人对自己有利，要根据具体情况来分析、筹划。增值率的大小对纳税人的税负起着重要作用。

所谓"增值率"，是增值额与应税销售额的比率，增值额则为销售额减去购进货物价款(或销项税额－进项税额)，即：

增值率＝(销售额－购进项目金额)/销售额＝(销项税额－进项税额)/销项税额

一般纳税人应纳税额＝销售额×税率×增值率

小规模纳税人应纳税额＝销售额×征收率

如果两种纳税人的税负相同，且一般纳税人的税率为16%。

销售额×增值率×税率＝销售额×征收率

增值率＝征收率/税率＝3%/16%×100%＝18.75%

可见，当增值率低于18.75%时，小规模纳税人的税负重于一般纳税人；当增值率高于18.75%时，一般纳税人的税负重于小规模纳税人。

用增值率方法对纳税人筹划，要掌握好一个"度"。除此之外还应具体情况具体分析，切不可因一般纳税人可抵扣进项税额而忽视作为小规模纳税人的好处，也不可因为小规模纳税人有些优势及账务处理"可以不健全"而不思进取或做出违法违纪的行为，应该仔细分析，权衡利弊，力求达到风险与收益的最佳统一。

【例3－4】 承【例3－2】，云锦服装有限公司(以下简称"云锦服装")是位于经济技术开发区的一家从事专业设计、生产和销售云锦牌服装的股份制企业。云锦品牌国内驰名，在中国东部和南部分别拥有专业制造云锦牌服装的大型生产基地。云锦服装以适应中国市场的独特营销方式构建了超过1 000个市场销售网络，总销售公司雇用许多销售人员及市场调查人员，在全国各大中城市均设有销售网点(或专卖店)，通过这些销售网点将服装直接销售给消费者或供应给批发商、零售商。

云锦服装快速发展，销售量增长较快，广告费、市场营销费投入较多，产品毛利率约为48%，销售网点的增值率为21%，但在此过程中也逐渐暴露出企业经营管理中的一些问题。据统计，服装行业的税收占销售收入的比例为20%～25%，而云锦服装却达到了30%，存在着明显的税负偏高问题。

请问：云锦公司在纳税主体方面选择小规模纳税人还是一般纳税人来减轻企业的税负？

经计算，增值率如表3－2所示。

表3－2　　一般纳税人与小规模纳税人税负平衡点的增值率

一般纳税人税率	小规模纳税人征收率	不含税平衡点增值率	含税平衡点增值率
16%	3%	18.75%	20.05%
10%	3%	30%	25.32%
10%	3%	30%	29.39%
6%	3%	50%	51.46%

筹划思路如下：

云锦服装有许多销售网点直接面向市场，如果各市场销售网点作为小规模纳税人，其增值税征收率为3%。根据表3－2可知，当服装毛利率等于18.75%时，一般纳税人与小规模纳税人税负相同；当毛利率大于18.75%时，一般纳税人税负大于小规模纳税人税负；当毛利率小于

18.75%时，一般纳税人税负小于小规模纳税人税负。

云锦服装的产品毛利率较高，约为48%，而销售网点的增值率为21%。根据这一情况，云锦服装按照节税的内在要求可以改造其组织结构和业务流程：云锦服装公司定位为服装生产商，然后把原隶属于公司的内部销售部门分立出来单独成立一家服装总销售公司——云锦总销售公司，再把销售网点全部改造为小规模纳税人。

通过筹划，可以把销售网点的销售利润率（增值率）提高到45%，相应降低云锦服装公司的增值率至10%，控制云锦销售总公司的增值率在14%以内，即整体纳税筹划效果是云锦服装公司以较低的价格将服装销售给云锦总销售公司，然后由云锦总销售公司再将这些产品销售给最终的销售网点，实现高额附加值由云锦服装公司和云锦销售总公司转移到终端的各销售网点。这样，利用一般纳税人与小规模纳税人的税负均衡点规律，在税法许可的范围内，合理地减轻产品流通中的增值税负担。

同时，在商业实践中，对毛利率不同的服装产品组合起来成套销售，可以使成套服装产品的整体毛利率水平趋于均衡，合理减轻税收负担。

结论：从一般纳税人与小规模纳税人税负均衡点计算入手，衡量企业增值率，选择最合适的企业组织与业务形式。

复习思考题

1. 居民企业与非居民企业的税收政策有何差异？
2. 子公司与分公司的税收政策有何差异？
3. 非公司制企业有哪些类型？公司制企业与非公司制企业的税收政策有何差异？如何利用企业性质的差异进行纳税筹划？

案例分析题

案例一

孙某想经营一家税务师事务所，预计年盈利20万元。该所如果采取合伙企业组织形式，则要按合伙人课征个人所得税；如果采取公司制企业组织形式，则先要征收企业所得税，税后利润作股息分配时再征收个人所得税。

思考：

如果采取合伙企业组织形式，孙某要承担多少税负？

如果采取公司制企业组织形式，孙某要承担多少税负？

比较两种组织形式，孙某采取哪种形式税负较轻？

案例二

青力环保设备有限公司（以下简称“青力环保”）坐落于青岛胶州市台湾工业园，始建于

1958年，1999年由国营企业改制为民营股份制企业。现总占地123亩，主要产品为冲天炉、浇注设备、除尘设备、电控设备，产品现已出口至越南、泰国、荷兰等国。2010年获得国家级高新技术企业的认定，目前已获得国家专利42项、国家发明专利2项、3个国家级重点新产品，有着广阔的发展前景。

青力环保在尚未确认为高新技术企业之前，由于所属行业的性质，其生产周期较长、固定资产的处理不当等原因，所承担的企业所得税税负较高，企业的扩张受到制约。

思考：请为青力环保设备有限公司从企业组织形式和企业设立厂址两方面进行纳税筹划。

第四章　投资决策和筹资决策的纳税筹划

第一节　投资地点选择的纳税筹划

一、境内投资地点的选择

（一）利用西部大开发税收优惠政策投资西部地区

重庆市、四川省、贵州省、云南省、西藏自治区、陕西省、甘肃省、宁夏回族自治区、青海省、新疆维吾尔自治区、新疆生产建设兵团、内蒙古自治区和广西壮族自治区，以及湖南省湘西土家族苗族自治州、湖北省恩施土家族苗族自治州、吉林省延边朝鲜族自治州，自 2011 年 1 月 1 日至 2020 年 12 月 31 日，对设在上述地区的鼓励类产业的企业减按 15%的税率征收企业所得税。

（二）在新疆困难地区投资新办企业

为支持新疆经济发展，2010 年 1 月 1 日至 2020 年 12 月 31 日，政府对在新疆困难地区新办的属于《新疆困难地区重点鼓励发展产业企业所得税优惠目录》范围内的企业，自取得第一笔生产经营收入所属纳税年度起，第 1～2 年免征企业所得税，第 3～5 年减半征收企业所得税。

因此，企业完全能够而且有必要在投资之前充分考虑基础设施、金融环境等外部因素，选择整体税收负担相对较轻的地点进行投资，以获得最大的税收利益。一般做法是：在低税区创办企业，即利用低税区的各种优惠政策，其业务活动自然也可以扩大到非低税区；或在低税区设置关联机构，将更多利润留在低税区，以降低总体税负。但是企业一旦选择了在“老、少、边、穷”地区投资，必须考虑这些地区的硬件环境、软件环境及需求状况，以免为了节税影响企业盈利，得不偿失，这是企业投资前应当慎重考虑的。

二、跨国投资地点的选择

如果进行跨国投资，仅从税收角度出发，要考虑以下几点：一是宏观税负的高低；二是所涉及的主要税种及其税负的高低；三是税收结构；四是居住国与投资地所在国关于避免双重征税的政策规定。

从国外的情况看，有的国家或地区不征收所得税，有的国家的所得税率高于或者低于我国。因此，投资地点不同，税收负担会有所差别，最终影响到投资收益。对于跨国投资者，还应考虑有关国家同时实行居民管辖权和收入来源地管辖权而导致对同一项所得的双重征税，以及为避免国际双重征税的双边税收协定有关税收抵免的具体规定，以进行投资国别或地区的选择。

公司所得税(即企业所得税)是世界上开征相当普遍的一个税种。根据对220个国家和地区的跟踪检索，截至2010年上半年，世界各国公司所得税的基本状况是：普遍征收公司所得税的国家和地区有203个，没有开征公司所得税或者对普通企业征收所得税时适用零税率的国家和地区仅为17个。

公司所得税以比例税率为主，实行累进税率的国家和地区日趋减少。2010年，实行不同形式的累进税率的国家和地区只有13个：波利尼西亚(按成本利润率累进)；利比亚(15%～40%六级超额累进)；列支敦士登(按资本利润率累进)；中国澳门(0%～12%三级超额累进)；缅甸(外币所得5%～40%十五级超额累进)；叙利亚(10%～28%五级超额累进)；塔吉克斯坦(按销售利润率25%、13%、8%三级超额累退)；委内瑞拉(15%～34%三级超额累进)；美属萨摩亚，美属维尔京群岛、关岛、北马里亚纳群岛，它们与美国实行相同的15%～39%八级超额累进累退混合税率；北马里亚纳群岛征收的毛收入税实行1.5%～5%六级超额累进税率。另有一些国家和地区对中小企业在规定的所得限额内实行优惠税率，实质上形成两级或多级超额累进税率，主要有亚美尼亚、比利时、马尔维纳斯群岛、匈牙利、日本、基里巴斯、韩国、立陶宛、马来西亚、蒙古、荷兰、新喀里多尼亚、葡萄牙、塞舌尔、南非、西班牙、泰国和英国等。此外，波多黎各虽然对普通公司所得税按20%的税率征收，但开征的附加税实行5%～19%六级超额累进税率。

公司所得税综合税率存在持续下降的趋势。2010年，降低公司所得税税率的国家和地区有21个。自从美国1986年实行以降低税率、拓宽税基为基调的税制改革以来，世界上公司所得税税率普遍呈下降趋势，而且近几年公司所得税税率的这种下降趋势并没有减弱，甚至有加强的迹象。从220个国家和地区公司所得税综合税率(未开征公司所得税的国家和地区按零税率计算)的初步计算看，2006～2013年综合平均税率分别为26.9%、26.5%、25.6%、25.1%和24.6%，5年内下降了2.3个百分点，平均每年下降0.46个百分点。

公司所得税综合税率除普通公司所得税率外，还包括公司缴纳的附加税、特别所得税、地方所得税等其他各项所得税的税率。在计算综合税率时，进行了统一的技术处理：如与公司所得税具有替代性质的最低税、只对部分企业征收的所得税等不予考虑；实行累进税率的，按最高有效税率或最高边际税率计算；征收毛收入税的，统一按15%的毛利率折算；对于所得附加税、特别所得税、地方所得税，虽然其税基与公司应纳税所得额不一致，但是允许在普通公司税前扣除的部分在计算时予以调整。

此外，不少国家的地方所得税税率不一样，如美国、日本、德国、瑞士、意大利等，有的差别还比较大，对此按以下方式处理：有全国平均税率的，按平均税率计算；没有平均税率，但有多数地方采用主流税率的，按主流税率计算，否则根据地方税率的两极计算其平均值。研究发现，达到30%但不超过35%这一税率段的国家和地区最多，有56个，其中税率为30%的国家和地区有37个；达到25%但不超过30%这一税率段的国家和地区次之，有48个，其中税率为25%的国家和地区有31个，两者相加有104个，占203个国家和地区的一半还多。2010年，提高公司所得税税率的国家只有3个，它们是冰岛(从15%提高到18%)、洪都拉斯(附加税性质的团结税税率从5%提高到7%)、墨西哥(从28%临时提高到30%,2014年恢复到28%)。

企业进行投资时应充分利用不同地区的税制差别或区域性税收倾斜政策,选择整体税负较轻的地区进行投资,以提高投资收益率。

表4—1给出了亚太地区主要国家(或地区)公司所得税税率。

表4—1　　亚太地区主要国家(或地区)公司所得税税率一览表

国家或地区	税　率	备　注
日本	法人税税率30%,居民税税率6.21%,企业地方税税率7.56%,其法定税率达到43.77%	有效税率降至40.69%
印度	国内公司:33.66%(包括附加税);外国公司:41.82%	另有最低替代税率:国内公司为11.22%;外国公司为10.455%
韩国	14.3%(对第一个1亿韩元应税所得)、27.5%(超过1亿韩元,包括10%的居民附加税)	
菲律宾	35%(主业务净所得),从经营的第四年起,毛所得适用2%的最低公司所得税	
新加坡	20%	2008年降至18%
泰国	30%(符合特定条件可以降低税率)	
印度尼西亚	10%～30%	
斯里兰卡	当地注册的企业适用15%的公司所得税税率,没有在当地注册的企业适用35%的公司所得税税率	15%的低税率,适用于非传统出口、农业、旅游推广、建筑业等
澳大利亚	30%	
越南	28%	
马来西亚	28%	
新西兰	33%	
中国香港	16.5%	税率较低,体现国际避税地的优势

注:我国《企业所得税法》所规定的25%的税率在亚太地区是有较强的竞争力的,但是,国际上出现的减税趋势对我国也可能造成较大的影响和冲击,例如,新加坡自2008年起税率从20%降为18%。中国香港作为国际税收优惠地区,其所得税税率仅为16.5%。

第二节　投资行业选择的纳税筹划

一、流转税的行业税负差异

流转税主要通过对企业现金流量的影响约束企业的投资决策。在一定时期内企业缴纳的流转税越多,企业在该时期的现金流量就越少,从而抑制了企业的投资;反之,企业的现金流量增加会刺激企业的投资。

我国现行税法规定,流转税是根据企业所属行业及经营业务内容分别按不同税种征收,即工业企业、商业企业提供加工、修理修配劳务、交通运输业、邮政电信业、现代服务业以及货物销售所获得的收入应缴纳增值税,其中,特定产品(如烟、酒、化妆品等共十四大类)在缴纳增值税的同时还须缴纳消费税。

企业在选择行业进行投资时应首先考虑未来经营收入应缴流转税产生的差异。尽管从经济学角度考虑，流转税可以转嫁他人负担，但实际能否转嫁、转嫁程度如何都会对企业的税收负担及税后利润总额造成不同影响，具体影响因素有以下几个方面：

1. 适用税种差异

不同行业营业收入适用的税种不同，实际税负也不相同。工商企业销售收入缴纳增值税，名义税率较高，为16%或10%，但以增值额为计税依据，购进项目可作进项抵扣，税基较小。提供各类劳务及服务性企业"营改增"后，名义税率为6%。

2. 适用税种数量差异

生产销售产品的工业企业，大部分商品销售收入只缴纳增值税；而生产消费税应税产品的企业要缴纳增值税和消费税两种流转税，由于消费税是价内税，增值税与消费税计税价格相同，消费税税率高低直接影响消费税应缴税款的多少，又影响增值税应缴税款的多少。

3. 适用税目差异

同样缴纳增值税、消费税，税目不同，适用税率不尽相同，税负轻重也不相同。不同类商品或劳务适用的税率不同，同类商品也会有税率高低的差别，如消费税。另外，还需考虑免税项目、出口退税率差别、进口征税时关税对增值税及消费税的影响等问题。

4. 其他差异

在混合销售、兼营（包括兼营不同税率、不同税种问题）时，实际适用税率税种差异也会造成应缴税款的差别。

二、所得税的行业税负差异

所得税对企业投资决策的影响主要体现在其直接影响企业的税后利润水平，进而影响企业的投资收益和投资决策。虽然我国企业所得税对各行各业采用统一比例税率，但各种优惠政策仍然为企业选择投资的行业提供了空间。

（1）利用公共基础设施项目的企业税收优惠政策。从事国家重点扶持的公共基础设施项目投资经营的所得；企业从事的国家重点扶持的公共基础设施项目的投资经营的所得，自项目取得第一笔生产经营收入所属纳税年度起，第1～3年免征企业所得税，第4～6年减半征收企业所得税。

（2）利用农、林、牧、渔业项目的企业税收优惠政策。企业从事农、林、牧、渔业项目的所得，可以免征、减征企业所得税。企业从事花卉、茶以及其他饮料作物和香料作物的种植，海水养殖、内陆养殖所得，减半征收企业所得税。

（3）利用环境保护、节能节水项目的企业税收优惠政策。企业从事环境保护、节能节水项目，包括公共污水处理、公共垃圾处理、沼气综合开发利用、节能减排技术改造、海水淡化等，自项目取得第一笔生产经营收入所属纳税年度起，第1～3年免征企业所得税，第4～6年减半征收企业所得税。

（4）利用高新技术的企业税收优惠政策。国家需要重点扶持的高新技术企业，减按15%的税率征收企业所得税。

（5）利用创业投资的企业税收优惠政策。创业投资企业采取股权投资方式投资于未上市的中小高新技术企业2年以上的，可以按照其投资额的70%在股权持有满2年的当年抵扣该创业投资企业的应纳税所得额；当年不足抵扣的，可以在以后纳税年度结转抵扣。

(6)利用综合资源的企业税收优惠政策。企业以《资源综合利用企业所得税优惠目录》规定的资源作为主要原材料，生产国家非限制和禁止并符合国家和行业相关标准的产品取得的收入，减按90%计入收入总额。

(7)利用国家扶持动漫产业发展的税收优惠政策。经认定的动漫企业自主开发生产动漫产品，可申请享受国家现行鼓励软件产业发展的所得税优惠政策。另外，经国务院有关部门认定的动漫企业自主开发、生产动漫直接产品，确需进口的商品可享受免征进口关税和进口环节增值税的优惠政策。

(8)利用鼓励软件生产产业的税收优惠政策。软件生产企业实行增值税即征即退政策，所退还的税款，由企业用于研究开发软件产品和扩大再生产，不作为企业所得税应税收入，不予征收企业所得税；我国境内新办软件生产企业经认定后，自获利年度起，第1～2年免征企业所得税，第3～5年减半征收企业所得税；国家规划布局内的重点软件生产企业，如当年未享受免税优惠的，减按10%的税率征收企业所得税；软件生产企业的职工培训费用，可按实际发生额在计算应纳税所得额时扣除。

【例4—1】 M公司现有3 000万元，准备寻找一个投资项目进行长期投资。经多方考察，现有三个备选方案。

方案一：投资兴办一个中型机械加工厂，年销售额3 200万元，购进原料2 400万元均为含税价。人工及各项管理费用260万元。

方案二：投资兴办一个大型仓库从事仓储服务，年营业额为3 100万元，原料成本2 100万元，人工及各项管理费用为230万元。

方案三：投资兴建一个花卉种植农场(以种植为主，经过繁育种子、幼苗等过程，培育出成品花卉销售)，年花卉销售收入2 600万元，种子、农药、化肥等购进金额1 000万元，人工及各项管理费用200万元。

解析：由于三个方案的投资行业不同，相关税种及行业性税收优惠不尽相同，税后收益的差别十分明显。

方案一：

应交增值税＝3 200/(1＋16%)×16%－2 400/(1＋16%)×16%＝110.35(万元)

应交城市维护建设税及教育费附加＝110.35×(7%＋3%)＝11.04(万元)

企业利润＝3 200/(1＋16%)－2 400/(1＋16%)－11.04－260＝418.61(万元)

应交企业所得税＝418.61×25%＝104.65(万元)

企业税后利润＝418.61－104.65＝313.96(万元)

年投资利润率＝313.96÷3 000×100%＝10.47%

方案二：

应交增值税＝3 100×6%＝186(万元)

应交城市维护建设税及教育费附加＝186×(7%＋3%)＝18.6(万元)

企业利润＝3 100－18.6－2 100－230＝751.4(万元)

应交企业所得税＝751.4×25%＝187.85(万元)

企业税后利润＝751.4－187.85＝563.55(万元)

年投资利润率＝563.55÷3 000×100％＝18.79％

方案三：

其生产经营内容属于《增值税暂行条例》第十五条所列免税项目的第一项所称的农业生产者销售的自产农业产品，投资后经申请获得免征增值税待遇。《企业所得税法》及其实施条例规定：企业从事花卉、茶以及其他饮料作物和香料作物的种植取得的所得，减半征收企业所得税。

应交企业所得税＝(2 600－1 000－200)×25％×1/2＝175(万元)

企业税后利润＝2 600－1 000－200－175＝1 225(万元)

年投资利润率＝1 225÷3 000×100％＝40.83％

对三个方案进行比较分析，不难看出，税收政策对不同行业投资税后利润影响十分明显。

第三节　投资方式选择的纳税筹划

一、直接投资方式

直接投资主要是指投资者用于开办企业、购置设备、收购和兼并其他企业等的投资行为，其主要特征是投资者能有效地控制各类投资资金的使用，并能实施全过程的管理。直接投资的形式多种多样，如投资开办一家新公司，以较高比例股份参与其他企业经营，对外扩张设立子公司或分公司，收购或兼并外部企业，开办中外合资公司，等等。

企业直接投资是一个长期的、极其复杂的事项，在投资过程中的涉税问题也同样错综复杂。但无论怎样复杂，涉税事项无非是税收成本的增减。企业选择投资项目，主要判断标准就是以最少的投入获得最大的收益。而税收成本的增加是一种现金净流出，税收成本的节减与现金流入具有同样的意义。

1. 项目之间的不同税收处理

国家税收有多种差异性条款，企业投资于不同项目，由于所适用的条款不同，导致税前收益与税后收益有很大差别。

【例4－2】　A公司现有一笔资金准备投资兴建一个项目，有甲、乙两个备选项目。其中甲项目预计年收入1 000万元，成本费用620万元，计算企业所得税时，由于部分费用超过税法规定准予税前扣除的标准，故税前可扣除项目金额仅为500万元。乙项目预计年收入960万元，收入中有200万元可以按90％比例减计收入，成本费用600万元，均符合税法规定准予税前扣除的标准，可在税前全额扣除。两项目所得税税率均为20％。税收成本计算分析过程如表4－2所示。

表4－2　　甲、乙两个项目的税收成本比较　　单位：万元

项　目	甲项目	乙项目
应纳税收入	1 000	760＋200×90％＝940
成本费用	620	600

续表

项　目	甲项目	乙项目
税前现金流	380	360
可扣除项目金额	500	600
所得税成本	(1 000－500)×20%＝100	(940－600)×20%＝68
税后现金流	380－100＝280	360－68＝292

如果不考虑税收对不同项目的影响，甲项目(税前现金流 380 万元)收益优于乙项目(税前现金流 360 万元)，但当考虑了税收对不同项目的影响后，则乙项目(税后现金流 292 万元)优于甲项目(税后现金流 280 万元)。

2. 税率的影响

企业投资项目在不同年度适用的边际税率不一定相等。所谓边际税率，是指当纳税人再增加一单位应纳税所得额时所适用的税率。在这种情况下，当纳税人某年收入较少时，其所适用的边际税率就比较低；但当纳税人某年收入较多时，其所适用的边际税率就比较高。虽然所得税规定的是比例税率，但对于可以享受定期税收优惠的企业来说，实际上不同年度所适用的边际税率是不同的。

我国《企业所得税法实施条例》规定：企业从事国家重点扶持的公共基础设施项目的投资经营所得，从项目取得第一笔生产经营收入所属纳税年度起，第 1～3 年免征企业所得税，第 4～6年减半征收企业所得税。由此可见，适用这项优惠政策的企业第 1～3 年适用的边际税率为 0，第 4～6 年适用的边际税率为 12.5%，第 7 年及以后年度适用的边际税率为 25%，实际上是一种不同年度间的累进税率。或者说，当企业获得同样数量的应税所得(如 100 万元)，如在第 1 年获得，不需缴纳企业所得税；如在第 4 年获得，则需要缴纳企业所得税 12.5 万元；如在第 7 年获得，则需缴纳企业所得税 25 万元。

【例 4—3】 B 公司实行超额累进税率的企业所得税，相关税收政策规定，年应纳税所得额在 60 万元以下的，适用税率 20%；年应纳税所得超过 60 万元的，部分适用税率 30%。2015 年，B 公司原应纳税所得额为 40 万元，2016 年预计年应纳税所得额为 80 万元。2015 年拟再投资一个项目，有甲、乙两种方案可供选择，两种方案均可获得 30 万元应纳税所得额。甲方案收益可在 2015 年实现，而乙方案收益在 2016 年实现。甲、乙两个方案的投资比较分析如表 4—3所示。

表 4—3　　项目的投资比较分析　　单位：万元

	2015 年	2016 年	两年合计
若追加投资选择甲项目			
应纳税所得额	40＋30＝70	80	150
应交所得税	60×20%＋10×30%＝15	60×20%＋20×30%＝18	33
税后利润	70－15＝55	80－18＝62	117

续表

	2015 年	2016 年	两年合计
若追加投资选择乙项目			
应纳税所得额	40	80+30=110	150
应交所得税	40×20%=8	60×20%+50×30%=27	35
税后利润	40−8=32	110−27=83	115

从甲、乙两个方案的比较可以看出，同样数额的应税所得，由于适用的边际税率不同，缴税数额和投资项目的税后收益也不相同。投资于甲方案所获得的 30 万元应税所得由于是在原收入较少年度实现的，其中的 20 万元实际适用税率 20%，只有 10 万元适用较高边际税率 30%。而投资于乙方案所获得的 30 万元应税所得是在原收入较高年度实现的，全部适用 30%的较高的边际税率，故比甲方案收益多缴 2 万元企业所得税，导致整体税后收益降低。

3. 现值的影响

企业投资是一项长期行为，故在投资决策中须考虑投资收益的货币时间价值，应用净现值法可以对不同时期的投资收益的折现值进行比较。运用净现值法分析，税款缴纳时间的早晚会导致分析结果的变化。

【例 4—4】 C 公司投资有甲、乙两个方案可供选择，两年中各年的收入均为 100 万元。甲方案第一年的成本费用为 55 万元，第二年的成本费用为 65 万元。乙方案第一年的成本费用为 70 万元，第二年的成本费用为 50 万元。每年年终计算缴纳企业所得税。假设税率为 30%，第一年的复利现值系数为 0.909，第二年的复利现值系数为 0.826。

计算甲、乙两个方案的应纳税现值如表 4—4 所示。

表 4—4　应纳税额现值比较分析　单位：万元

项　目		甲方案	乙方案
第 1 年	应纳税所得	100−55=45	100−70=30
	应纳所得税	45×30%=13.5	30×30%=9
	折现值	13.5×0.909=12.271 5	9×0.909=8.181
第 2 年	应纳税所得	100−65=35	100−50=50
	应纳所得税	35×30%=10.5	50×30%=15
	折现值	10.5×0.826=8.673	15×0.826=12.39
两年应纳税合计		13.5+10.5=24	9+15=24
两年应纳税现值合计		12.271 5+8.673=20.944 5	8.181+12.39=20.571

如果单纯从账面价值看，甲、乙两方案两年缴纳的企业所得税总额是一样的，都是 24 万元。但考虑折现因素后，乙方案第一年的成本费用比甲方案数额大，应纳税所得额较少，缴纳所得税额较少；第二年的成本费用比甲方案数额小，应纳税所得额较多，缴纳所得税额较大。实际上是一部分税款递延了缴纳时间，所以减少了所缴纳税款的折现值。

二、间接投资方式

间接投资主要是指投资者购买金融资产的投资行为。依据具体投资对象的不同，间接投资可分为股票投资、债券投资及其他金融资产投资，并可依据所投资证券的具体种类作进一步的划分。例如，债券投资，又可细分为国库券投资、金融债券投资、公司债券投资等。间接投资的特点是投资者在资本市场上可以灵活地购入各种有价证券和期货、期权等，并能随时进行调整和转移，有利于避免各类风险，但投资者一般不能直接干预和有效控制其投资资金的使用状况。

1. 债券投资的纳税筹划

《企业所得税法》规定，企业取得的国债利息收入免征企业所得税，而购买其他债券所取得的利息收入需要缴纳企业所得税。所以，企业在进行间接投资时，除要考虑投资风险和投资收益等因素外，还必须考虑相关税收规定的差别，以便全面权衡和合理决策。

国库券投资收益少，但无风险，国家对国库券利息收入免征所得税。对个人而言，在没有时间和精力经营股票的情况下，购买国库券可以取得稳定的投资收益。

【例4－5】 有两种长期债券：一种为企业债券，年利率为5%；另一种为国债，年利率为4.2%。请分析企业应该投资于哪一种债券。

解析：表面上看，企业债券的利率要高于国债利率，但是由于前者要被征收25%的企业所得税，而后者不用缴纳企业所得税，实际的税后收益应该通过计算来评价和比较。

5%×(1－25%)＝3.75%＜4.2%

也就是说，企业债券的税后收益要低于国债的税后收益，所以进行国债投资更为合算。事实上，只有当其他债券利率大于5.6%[4.2%/(1－25%)]时，其税后收益才大于利率为4.2%的国债收益。

【例4－6】 某企业有1 000万元的闲置资金，打算进行投资。其面临两种选择：一种选择是投资国债，已知国债年利率为4%；另一种选择是投资金融债券，已知金融债券年利率为5%，企业所得税税率为25%。请问从税务角度分析哪种方案更合适？

解析：

方案1：若企业投资国债，则

投资收益＝1 000×4%＝40(万元)

根据税法规定，国债的利息收入免交所得税，则税后收益为40万元。

方案2：若企业投资金融债券，则

投资收益＝1 000×5%＝50(万元)

税后收益＝50×(1－25%)＝37.5(万元)

所以从税务角度分析，选择国债投资对企业更有利。

2. 股票投资的纳税筹划

纳税人投资股票取得的投资收益应区别不同情况处理：首先，对于企业在股票市场上低价买入、高价卖出股票获得的价差收益要并入企业收入总额计算缴纳企业所得税。其次，对于企业购买并持有上市公司股票获得的股息、红利需根据情况确定：(1)居民企业或非居民企业连续持有居民企业公开发行并上市流通的股票超过12个月取得的投资收益，免征企业所得税；

(2)居民企业或非居民企业连续持有居民企业公开发行并上市流通的股票不超过12个月取得的投资收益应并入企业所得税应税收入，即应当依法征收企业所得税；(3)居民企业或非居民企业持有非居民企业公开发行并上市流通的股票取得的投资收益，一律并入企业所得税应税收入计算缴纳企业所得税。

另外，《企业所得税法》规定，在中国境内设有机构、场所的非居民企业应就其来源于中国境内的所得，包括股息、红利所得等，按照10%的税率缴纳企业所得税。

企业在进行股票投资时可通过适当延长股票的持有时间，或选择居民企业公开发行的股票等方式，获得股息、红利的免税利益。

买卖股票一般征收交易税(印花税)、资本利得税，股票投资收益征收所得税。对企业的股息收益在征收企业所得税时都有税前扣除等避免经济性双重征税的规定。如对企业的股息所得，通常在税前扣除其所得的70%；应税公司股份比例达到20%～80%的，税前扣除股息所得的80%；超过80%的股份，税前扣除股息的100%。

股票投资风险大，但在收益高的情况下，企业通过股票投资，可以利用较少的投资实现较大规模的扩张经营，但税负一般不会有明显的变化；对于个人而言，在有时间和精力经营股票的情况下，可选择股票方式进行投资，以取得较多的税后利润。

3. 基金投资的纳税筹划

《财政部、国家税务总局关于企业所得税若干优惠政策的通知》(财税[2008]1号)规定，对投资者从证券投资基金分配中取得的收入，暂不征收企业所得税。因此，企业在证券基金现金分红中获得的收益是免税的。但应当注意的是，有些证券投资基金会采用拆分基金份额的方式向投资者"分红"。在这种"分红"方式中投资者获得了更多基金份额，降低了单位基金成本，待赎回时获得的价差收益是需要缴纳企业所得税的。

证券投资基金采用不同的分红方式，投资者的税后利益是不同的。当然，采用何种方式分红是由基金公司决定的，投资企业并没有决策权，但企业可以选择有较大税收分红利益的基金进行投资。

【例4—7】 2017年1月，A企业以500万元投资购买单位净值为1元的证券投资基金份额500万份。2017年年末，基金净值升为1.6元。基金公司决定将升值部分全部向投资者分配。A企业在2018年5月基金净值又升为1.3元时将基金赎回。

如果基金公司采用现金分红，则A企业全部税后收益为：

(1.6－1)×500＋(1.3－1)×500×(1－25%)＝412.5(万元)

如果基金公司采用拆分方式，则原来的500万份拆分后变为800万份，单位净值将为0.625元。赎回时，价差收益应缴纳所得税：

(1.3－0.625)×800×25%＝135(万元)

A企业的税后净收益为：

[(1.3－0.625)×800]－135＝405(万元)

可以看出，现金分红方式下A企业节税7.5万元，增加了基金投资的收益。企业在进行基金投资决策时，如果预计分红水平相等，则应更倾向于选择投资现金分红基金。

另外，由于现金分红与基金赎回收益税收待遇上存在差异，投资企业在确定基金赎回时间时应考虑税收因素。

【例 4—8】 2017 年 2 月，B 企业投资 800 万元申购面值 1 元的 Y 基金 800 万份。到 2018 年 2 月，Y 基金净值为 1.5 元，Y 基金公司决定采取大比例分红方案，每基金份额现金分红 0.45 元。B 企业对这笔基金投资赎回的时间有两种选择：一是在 Y 基金分红之前赎回；二是在 Y 基金实施分红方案（除权日）后再赎回。

计算两种方案下 B 企业的投资收益：

方案一：B 企业的投资收益为：

(1.5−1)×800×(1−25%)＝300（万元）

方案二：B 企业的投资收益为：

0.45×800＋(1.5−1.45)×800×(1−25%)＝390（万元）

显然，在方案二中，投资者在基金分红时先获得分红现金收益，享受了免税待遇；分红后，基金净值大幅下降，赎回时，赎回收益很少，应缴税款明显减少，投资收益也相应增加。

当然，企业投资者还必须考虑到基金投资中的税收风险问题。根据《企业所得税法》第四十七条规定，企业实施不具有合理商业目的的安排而减少其应纳税收入或所得额的，税务机关有权按合理的方法调整。当企业购买基金数额较大，超过合理的投资比例，有可能被税务机关认定为是以减少、免除或推迟税款缴纳为目的的不合理安排，从而对其进行调整。

第四节 投资方法选择的纳税筹划

固定资产投资具有耗资多、时间长、风险大等特点，其纳税筹划主要考虑以下方法：企业购置机器设备，进行固定资产投资可以采用多种方法，既可以完全自行出资，直接购置所需设备；也可以借助他人资金，采用分期付款赊购或者融资租赁方式。前者须考虑完全由自己支付资金所形成的机会成本的增加；后者则需考虑借用他人资金所需承担的融资成本，无论哪一种方式，在预测中都必须考虑税收因素。

【例 4—9】 某企业欲扩大生产规模，需购置一台大型设备，设备使用年限为 5 年。有两个投资方案可供选择：

方案一：企业直接出资购入设备。设备购置款为 2 000 万元。

方案二：采用融资租赁方式从某租赁公司租入设备。首期付款 400 万元，每年年末支付租金 350 万元，租期为 5 年。双方约定租期结束，设备所有权转让给承租方。预计租期结束设备剩余残值 40 万元。

设备采用平均年限法计提折旧，折旧抵税视同现金流入。折现率为 10%（1 年期、2 年期、3 年期、4 年期、5 年期利率的 10% 的复利现值系数分别为 0.909、0.826、0.751、0.683 和 0.621）。

方案一：

购置设备现金流出：2 000 万元

折旧抵税（视同现金流入）

第一年：(400×25%)×0.909＝90.9（万元）

第二年：(400×25%)×0.826＝82.6（万元）

第三年：(400×25%)×0.751＝75.1（万元）

第四年：(400×25%)×0.683=68.3(万元)

第五年：(400×25%)×0.621=62.1(万元)

折旧抵税折现值=90.9+82.6+75.1+68.3+62.1=379(万元)

现金净流出：2 000−379=1 621(万元)

方案二：

交付首期款现金流出：400 万元

每年支付租金现金流出

第一年：350×0.909=318.15(万元)

第二年：350×0.826=289.1(万元)

第三年：350×0.751=262.85(万元)

第四年：350×0.683=239.05(万元)

第五年：350×0.621=217.35(万元)

现金流出=400+318.15+289.1+262.85+239.05+217.35=1 726.5(万元)

折旧抵税

年折旧额=(400+350×5)÷5=430(万元)

第一年：(430×25%)×0.909=97.72(万元)

第二年：(430×25%)×0.826=88.80(万元)

第三年：(430×25%)×0.751=80.73(万元)

第四年：(430×25%)×0.683=73.42(万元)

第五年：(430×25%)×0.621=66.76(万元)

折旧抵税折现值=97.72+88.80+80.73+73.42+66.76=407.43(万元)

现金净流出=1 726.5−407.43−40×0.621=1 294.23(万元)

采用融资租赁方式进行设备投资，表面上看比直接购置设备多支付设备款 150 万元[(400+350×5)−2 000]，但从长期投资的折现角度看，融资租赁方式的投资不仅使设备购置方减轻了初期支付大额现金的压力，而且获得了低成本融资的额外利益。最后，从折旧抵税的角度看，增加的设备使用成本也扩大了抵减企业所得税的效应。

哪一种投资方式能为投资者带来更大的税后收益并没有绝对的标准。影响投资税后收益的因素是多种多样的，每一项因素的变化都可能使不同投资方案的比较结果发生变化。通过分析【例 4−9】可知，当预计融资租赁所支付首期付款和年租金水平比较低时，方案二优于方案一。如果预计融资租赁所支付的首期付款和年租金水平比较高，尽管较高的设备使用成本可以增加折旧抵税效应，但仍可能由于现金流出量的加大，使方案二的现金净流出大于方案一，从而失去其优势。

第五节 筹资的纳税筹划

筹资，也称资金筹措或融资，是企业根据生产经营、对内外投资和调整资本结构的需要，通过各种渠道和方式经济、有效地筹措资金的行为。筹资作为一个相对独立的行为，是企业资金运动的起点，对企业经营理财业绩及资金成本的变动发挥作用，同时也是决定企业资金规模和生产经营规模的基本因素。筹资包括短期筹资和长期筹资两部分。

一、短期筹资纳税筹划

短期筹资具有筹资速度快，容易取得、筹资富有弹性、筹资成本较低及筹资风险高等特点，因此，在纳税筹划中，应着重考虑影响筹划的两个因素：一是考虑资金成本的变动对企业税负及业绩的影响；二是对企业资金或资本结构合理配置的影响。

商业信用是在商品交易中由于延期付款或预收贷款所形成的企业间的借贷关系。商业信用在短期负债筹资中占有相当大的比重。商业信用筹资最大的优点是容易取得。对于大多数企业来说，商业信用是一种持续性的信贷形式，无需办理正式的筹资手续；其次，如果没有现金折扣或使用不带息票据，商业信用筹资不负担成本。由于短期筹资期限较短，在放弃现金折扣时所付出的成本较高。

商业信用的具体形式有应付账款、应付票据、预收账款等。

税法规定，企业向金融机构借款的利息支出可以在所得税前扣除，企业向非金融机构借款的利息支出，不高于同期同类金融机构借款利率的部分可以税前扣除，因此，实际借款成本要低于或等于利息费用支出。企业面对相同的利率，由于适用不同的所得税税率，其短期借款的成本是不同的，因此，可以对此进行合理的筹划。

【例 4—10】 甲、乙两企业为关联企业，假设年应税所得额均为 100 万元，甲适用税率为 25%，乙适用税率为 15%。现甲由于经营需要向乙借款 100 万元，借款年利率为 8%（与银行同期贷款利率相同），分析借款前和借款后甲、乙的税负情况。

未发生借款前双方纳税情况：

甲应纳所得税 25 万元（100×25%），乙应纳所得税 15 万元（100×15%），合计税收负担为 40 万元。

借款后双方纳税情况：

甲利息支出 8 万元可在税前扣除，应纳税所得额为 92 万元，应纳所得税 23 万元（92×25%），乙利息收入 8 万元，应纳营业税 0.4 万元（8×5%），应纳所得税 16.14 万元（[100+(8−0.4)]×15%）。合计税收负担为 39.14 万元。

纳税分析：借款后甲、乙双方的总体税负比借款前减少了 8 000 元（400 000—392 000），这是由于甲、乙使用的所得税税率不同引起的。

二、长期筹资纳税筹划

企业长期资金的筹划方法很多，根据资金来源的权益性质，企业的长期筹资方法可分为债务筹资和权益筹资两类。债务筹资主要有长期借款和发行债券两种方式。

（一）长期借款的纳税筹划

长期借款是指企业向金融机构或非金融机构借入的使用期超过 1 年的借款，主要用于固定资产的购置与建造，或用于满足长期流动资金占用的需要。企业通过长期借款取得的资金要按照双方的约定使用，到期偿还，而且要支付利息，因此存在一定的财务风险。企业为长期借款所支付的利息费用，符合条件的可在所得税前扣除，从而降低企业的税前计税利润。如果企业利用资金的效率高于所支付给债权人的利息率，通过借款筹资则可以提高股东的权益收益率。

（二）发行债券的纳税筹划

债券是发行者为筹集资金，向债权人发行的在约定时间支付一定比例的利息，并到期偿还本金的一种有价证券。与其他筹划形式相比，债券筹资突出的优点是集资对象广、市场大，但不利的一面是筹资成本高、风险大、限制条件多。目前我国对发行公司债券控制得比较严格，其发行主体仅限于股份有限公司、国有独资公司和两个以上的国有企业或其他两个以上的国有投资主体设立的有限责任公司。

企业在发行债券时，可以平价发行，也可以折价发行或溢价发行。

债券平价发行：全部利息费用＝所付的现金利息

债券折价发行：全部利息费用＝所付的现金利息＋折价

债券溢价发行：全部利息费用＝所付的现金利息－溢价

1. 债券折价发行时的纳税筹划

【例 4－11】 某公司于 2013 年 1 月 1 日发行面值 2 000 000 元的债券，票面利率为 9%，期限为 4 年，每年付息一次。债券发行时的市场利率为 10%，债券发行价格为 193 500 元，折价额为 6 500 元，分析采用直线法和实际利率法两种不同的折价摊销方法对企业税负的影响。

采用直线法摊销：因该公司每年付息一次，则每年的摊销额为1 625元，每年的利息费用为19 625元（200 000×9%＋1 625），具体运算如下（见表 4－5）：

表 4－5　　**债券折扣摊销直线法计算表**　　单位：元

付息日期	实付利息	折价摊销	利息费用	未摊销折价	企业债券账面价值
	①＝面值×9%	②	③＝①＋②	④＝前期－②	⑤＝前期⑤＋②
2013 年 1 月 1 日	—	—	—	6 500	193 500
2013 年 12 月 31 日	18 000	1 625	19 625	4 875	195 125
2014 年 12 月 31 日	18 000	1 625	19 625	3 250	196 750
2015 年 12 月 31 日	18 000	1 625	19 625	1 620	198 375
2016 年 12 月 31 日	18 000	1 625	19 625	0	200 000
合　计	72 000	6 500	78 500	—	—

债券折价摊销方法不同，不影响利息费用总和，两种方法 4 年内摊销的利息费用总和相等。但在直线法下，每期摊销额相等（1 625 元）；实际利率法下，前期摊销得少，后期摊销得多，因而前几年的利息费用少于直线法下的利息费用。因此，考虑货币的时间价值，对债券折价的摊销方法应选择直线法。

2. 债券溢价发行时的纳税筹划

承【例 4－11】直线法和实际利率法，两种方法在摊销年度内摊销的利息费用总和相等。相反，直线法下，每期摊销额相等，实际利率法少，因而前几年的利息费用大于直线法下的利息费用。考虑货币的时间价值，对债券溢价的摊销方法应选择实际利率法。

复习思考题

1. 如何利用投资地点的差异进行纳税筹划?
2. 请分析农、林、牧、渔类企业有哪些税收优惠政策。
3. 请论述直接投资时不同投资形式存在的税收差异。
4. 投资出资形式对税收负担有什么影响?
5. 如何利用不同的融资方式进行纳税筹划?
6. 列举几种常见的融资渠道,并分析其资金成本。

案例分析题

案例一　如何合作开发房地产项目

四川一家房地产开发企业A以5 000万元竞拍到位于本市商业区的一块土地使用权共21亩,这块土地如果按照规划书要求(商住)开发4幢商业楼10万平方米,市场能接受的销售价格为每平方米4 000元,但由于A公司资金不足,银行借贷也十分困难,于是努力从外界寻找资金进行合作开发。北京一家律师事务所由于近几年业务开展得很好,这家合伙制的事务所积累了大量的闲置资金,经过中间人的介绍,拟斥资5 100万元与这家房地产公司进行合作开发。

思考:对于这项合作开发房地产项目应如何进行纳税筹划(暂不考虑增值税以外的其他税种)?

案例二　投资出资方式的选择

广州市某合资企业准备与某外国企业联合投资设立中外合资经营企业,投资总额为800万元,注册资本为5 000万元。其中:中方2 000万元,占40%;外方3 000万元,占60%。中方准备用使用过的机器设备400万元和房屋、建筑物1 600万元作为注册资本投入,投入的方式有两种:一种是以机器设备作价400万元作为注册资本投入,而房屋建筑物作价1 600万元作为其他投入;另一种是以房屋、建筑物作价1 600万元作为注册资本投入,而机器设备作价400万元作为其他投入。试对这两种不同投入方式做出综合税负分析,并提出合理化的纳税建议。

案例三　投资方式选择的纳税筹划

湖北省某市属橡胶集团拥有固定资产7亿元,员工4 000人,主要生产橡胶轮胎,也生产各种橡胶管和橡胶汽配件。该集团位于某市A村,在生产橡胶制品的过程中,每天产生近30吨废煤渣。为了妥善处理废煤渣,使其不造成污染,该集团尝试过多种办法,如与村民协商用于乡村公路的铺设、维护和保养;与有关学校、企业联系用于简易球场、操场的修建等,但效果并不理想。废煤渣的排放未能达标，使周边乡村的水质受到不同程度的污染，该集团也因污染问题受到环保部门的多次警告和罚款，最高一次罚款达10万元。该集团要想维持正常的生产经营，就必须治污。所以其根据建议，拟定了以下两个方案：

方案一：把废煤渣的排放处理全权委托给A村村委会，每年支付该村村委会40万元的运输费用，以保证该集团生产经营的正常进行。此举可缓解该集团同当地村民的紧张关系，但每年40万元的费用是一笔不小的支出。

方案二：将准备支付给A村的40万元的煤渣运输费用改为投资兴建墙体材料厂，利用该集团每天排放的废煤渣生产免烧空心砖，这种砖有较好的销路。

思考：从税收角度分析，集团应选择哪个方案？

案例四

出售与租赁的税负比较

兴华集团有两家子公司：振兴公司与振华公司。振兴公司拟将一闲置生产线转让给振华公司，该生产线的年经营利润为100万元(扣除折扣)，现有两种方案可供选择：其一是以售价500万元出售；其二是以年租金50万元的租赁形式出租。假设两子公司的所得税税率均为25%。

思考：试比较两种方案对兴华集团税负的影响。

案例五

抵债的税收筹划

山东省一家水泥厂以每吨200元(含税价)的价格销售给一家建筑公司5 000吨水泥，价款共计100万元。因该家建筑公司资金紧张，无力支付货款，建筑公司表示愿用其闲置的一幢办公楼(市场价格为100万元)抵顶所欠水泥厂的货款。水泥厂为不受损失，初步同意接受该抵顶方案，并欲将该办公楼以市场价对外销售，以此收回建筑公司所欠的货款。

思考：该水泥厂应如何进行纳税筹划？

第五章　供应过程的纳税筹划

第一节　采购发票及进项税额抵扣的纳税筹划

一、索取采购发票

许多企业采购时为了获得一些价格让利，往往同意供货方不开发票。采用不开发票的办法采购真能节省采购成本吗？供货方的这种行为真的能为采购方节省采购成本吗？先撇开这种行为的违法性不谈，从财务角度分析，采购方没有发票就意味着采购成本不能入账，就不能实现税前扣除，因此，采购方要为没有取得发票而多承担25%的企业所得税；若未取得发票或者取得的发票不是增值税专用发票，则采购方不能抵扣增值税进项税额。因此，企业在采购过程中一定要索取合法的发票。会计准则和财务会计制度对不同情况下取得采购发票作出了如下规定：

(1)一般纳税人购进货物、加工修理修配劳务、服务、无形资产或不动产等。支付款项时，应当向收款方索取符合规定的发票，不符合规定的发票，不得作为财务凭证入账。

(2)特殊情况下由收款方向付款方开具发票时，必须按号码顺序填开，填写项目齐全、内容真实、字迹清楚，全部联次一次复写、打印，内容完全一致，并在有关联次加盖财务印章或者发票专用章；采购物资时必须严格遵守《发票管理办法》及税法关于增值税专用发票管理的有关规定。

(3)收购免税农产品应按规定填开《农产品收购凭证》。根据《财政部、国家税务总局关于增值税一般纳税人向小规模纳税人购进农产品进项税抵扣率问题的通知》(财税[2002]105号)的规定：增值税一般纳税人向小规模纳税人购买农产品，可按照《财政部、国家税务总局关于提高农产品进项税抵扣率的通知》(财税[2002]12号)的规定依10%的抵扣率抵扣进项税额。

二、规避采购合同的税收陷阱

采购合同至关重要，在采购活动中一定要注意采购合同的税收陷阱。对于采购方来说，在采购合同中要避免出现如下条款：采购方全部款项付完后，由供货方开具发票。这一条款意味着只有采购方全额付款后才能拿到发票。在实际工作中，由于产品质量、货物标准、供货时间等方面的原因，采购方往往不会支付全款，而根据合同条款采购方可能无法取得发票。因此，采购方要把采购合同条款改为“根据采购方实际支付金额，由供货方开具发票”，这样就不会出现不能取得发票的问题了，规避了采购合同的陷阱，达到了减轻税负的目的。

此外，购销双方在签订合同时应该在合同条款中明确结算价格、税款等关键条件。譬如，小规模纳税人不能开具增值税专用发票(按规定由税务机关代开除外),从小规模纳税人处购进货物无法抵扣增值税进项税额。在这种情况下,可以通过谈判压低从小规模纳税人处购进货物的价格,以补偿无法取得发票带来的税收损失,也达到了降低税负的目的。

三、增值税进项税额的筹划

在日常的财务工作中,除了要特别在增值税专用发票的识别上多加留意外,更重要的是要了解进项税抵扣究竟有哪些规定,抵扣时容易出现哪些问题,以便按照税法的规定去做采购交易。

(一)进项税额的抵扣

1. 准予从销项税额中抵扣的进项税额

根据税法规定,下列进项税额准予从销项税额中抵扣:

(1)从销售方取得的增值税专用发票(含税控机动车销售统一发票)上注明的增值税额。

(2)从海关取得的海关进口增值税专用缴款书上注明的增值税额。

(3)购进农产品,除取得增值税专用发票或者海关进口增值税专用缴款书外,按照农产品收购发票或者销售发票上注明的农产品买价和10%的扣除率计算的进项税额。进项税额的计算公式为:

$$进项税额=买价\times扣除率$$

买价,是指纳税人购进农产品在农产品收购发票或者销售发票上注明的价款和按照规定缴纳的烟叶税。购进农产品,按照《农产品增值税进项税额核定扣除试点实施办法》抵扣进项税额的除外。

(4)从境外单位或者个人购进服务、无形资产或者不动产,自税务机关或者扣缴义务人取得解缴税款的完税凭证上注明的增值税额。

(5)采购等业务进项税额允许抵扣的账务处理。一般纳税人购进货物、加工修理修配劳务、服务、无形资产或不动产,按应计入相关成本费用或资产的金额,借记“在途物资”或“原材料”、“库存商品”、“生产成本”、“无形资产”、“固定资产”、“管理费用”等科目,按当月已认证的可抵扣增值税额,借记“应交税费——应交增值税(进项税额)”科目,按当月未认证的可抵扣增值税额,借记“应交税费——待认证进项税额”科目,按应付或实际支付的金额,贷记“应付账款”、“应付票据”、“银行存款”等科目。发生退货的,如原增值税专用发票已做认证,应根据税务机关开具的红字增值税专用发票做相反的会计分录;如原增值税专用发票未做认证,应将发票退回并做相反的会计分录。

(6)购进不动产或不动产在建工程按规定进项税额分年抵扣的账务处理。一般纳税人自2016年5月1日后取得并按固定资产核算的不动产或者2016年5月1日后取得的不动产在建工程,其进项税额按现行增值税制度规定自取得之日起分两年从销项税额中抵扣的,应当按取得成本,借记“固定资产”、“在建工程”等科目,按当期可抵扣的增值税额,借记“应交税费——应交增值税(进项税额)”科目,按以后期间可抵扣的增值税额,借记“应交税费——待抵扣进项税额”科目,按应付或实际支付的金额,贷记“应付账款”、“应付票据”、“银行存款”等科目。尚未抵扣的进项税额待以后期间允许抵扣时,按允许抵扣的金额,借记“应交税费——应交增值税(进项税额)”科目,贷记“应交税费——待抵扣进项税额”科目。

(7)货物等已验收入库但尚未取得增值税扣税凭证的账务处理。一般纳税人购进的货物等已到达并验收入库，但尚未收到增值税扣税凭证并未付款的，应在月末按货物清单或相关合同协议上的价格暂估入账，不需要将增值税的进项税额暂估入账。下月初，用红字冲销原暂估入账金额，待取得相关增值税扣税凭证并经认证后，按应计入相关成本费用或资产的金额，借记“原材料”、“库存商品”、“固定资产”、“无形资产”等科目，按可抵扣的增值税额，借记“应交税费——应交增值税(进项税额)”科目，按应付金额，贷记“应付账款”等科目。

(8)小规模纳税人采购等业务的账务处理。小规模纳税人购买物资、服务、无形资产或不动产，取得增值税专用发票上注明的增值税应计入相关成本费用或资产，不通过“应交税费——应交增值税”科目核算。

(9)购买方作为扣缴义务人的账务处理。按照现行增值税制度规定，境外单位或个人在境内发生应税行为，在境内未设有经营机构的，以购买方为增值税扣缴义务人。境内一般纳税人购进服务、无形资产或不动产，按应计入相关成本费用或资产的金额，借记“生产成本”、“无形资产”、“固定资产”、“管理费用”等科目，按可抵扣的增值税额，借记“应交税费——进项税额”科目(小规模纳税人应借记相关成本费用或资产科目)，按应付或实际支付的金额，贷记“应付账款”等科目，按应代扣代缴的增值税额，贷记“应交税费——代扣代交增值税”科目。实际缴纳代扣代缴增值税时，按代扣代缴的增值税额，借记“应交税费——代扣代交增值税”科目，贷记“银行存款”科目。上述进项税额扣除的具体处理如表5－1所示。

表5－1 进项税额扣除分析表

涉及事项	扣税凭证	取得来源	进项税额
购进货物、接受应税劳务或应税服务	增值税专用发票	一般纳税人	凭证注明金额
接受货物运输服务	货物运输业增值税专用发票	一般纳税人	
进口货物	海关进口增值税专用缴款书	海关	
购进农产品	农产品销售发票 农产品收购发票	销售自产农产品的农业生产者 零散经营的农户	买价×扣除率(10%)
接受货物运输服务	增值税专用发票	一般纳税人	凭证注明金额(适用10%的税率)
接受境外单位或者个人提供的应税服务	通用缴款书	税务机关或者扣缴义务人	凭证注明的增值税额

2. 不得从销项税额中抵扣的进项税额

(1)用于适用简易计税方法的计税项目、免征增值税项目、集体福利或者个人消费的购进货物、加工修理修配劳务、服务、无形资产和不动产。其中涉及的固定资产、无形资产、不动产，仅指专用于上述项目的固定资产、无形资产(不包括其他权益性无形资产)、不动产。纳税人的交际应酬消费属于个人消费。

(2)非正常损失的购进货物，以及相关的加工修理修配劳务和交通运输业服务。

(3)非正常损失的在产品、产成品所耗用的购进货物(不包括固定资产)、加工修理修配劳务和交通运输服务。

(4)非正常损失的不动产，以及该不动产所耗用的购进货物、设计服务和建筑服务。

(5)非正常损失的不动产在建工程所耗用的购进货物、设计服务和建筑服务，纳税人新建、改建、扩建、修缮、装饰的不动产，均属于不动产在建工程。

(6)购进的旅客运输服务、贷款服务、餐饮服务、居民日常服务和娱乐服务。

(7)财政部和国家税务总局规定的其他情形。

有下列情形之一者，应当按照销售额和增值税税率计算应纳税额，不得抵扣进项税额，也不得使用增值税专用发票。

①一般纳税人会计核算不健全，或者不能够提供准确的税务资料的。

②应当申请办理一般纳税人资格认定而未申请的。

(8)纳税人取得的增值税扣税凭证不符合法律、行政法规或者国家税务总局有关规定的，其进项税额不得从销项税额中抵扣：

①增值税扣税凭证，是指增值税专用发票、海关进口增值税专用缴款书、农产品收购发票、农产品销售发票和通用缴款书。

②纳税人凭通用缴款书抵扣进项税额的，应当具备书面合同、付款证明和境外单位的对账单或者发票。资料不全的，其进项税额不得从销项税额中抵扣。

(9)采购等业务进项税额不得抵扣的账务处理。一般纳税人购进货物、加工修理修配劳务、服务、无形资产或不动产，用于简易计税方法计税项目、免征增值税项目、集体福利或个人消费等，其进项税额按照现行增值税制度规定不得从销项税额中抵扣的，取得增值税专用发票时，应借记相关成本费用或资产科目，借记“应交税费——待认证进项税额”科目，贷记“银行存款”、“应付账款”等科目，经税务机关认证后，应借记相关成本费用或资产科目，贷记“应交税费——应交增值税(进项税额转出)”科目。

3. 进项税额扣除的特殊规定

(1)适用一般计税方法的纳税人，兼营简易计税方法计税项目、非增值税应税劳务、免征增值税项目而无法划分不得抵扣的进项税额，按照下列公式计算不得抵扣的进项税额：

不得抵扣的进项税额＝当期无法划分的全部进项税额×(当期简易计税方法计税项目销售额＋非增值税应税劳务营业额＋免征增值税项目销售额)÷(当期全部销售额＋当期全部营业额)

主管税务机关可以按照上述公式依据年度数据对不得抵扣的进项税额进行清算。

(2)已抵扣进项税额的购进货物、接受加工修理修配劳务或者应税服务，发生不得抵扣进项税额情形(简易计税方法计税项目、非增值税应税劳务、免征增值税项目除外)的，应当将该进项税额从当期进项税额中扣减；无法确定该进项税额的，按照当期实际成本计算应扣减的进项税额。

【例5—1】 上海市某运输企业于2017年1月份购入一辆汽车作为企业的运输业务工具，车辆购入时不含税价格为40万元，取得的增值税专用发票上注明增值税税款为6.4万元，当月该企业对增值税专用发票进行了认证抵扣。2018年1月，为了增进员工福利，将该车辆转作为接送员工上下班的工具。车辆折旧期为4年，采用直线法计提折旧。请问该运输企业应如何扣减已抵扣的进项税额(增值税税率为16%)？

解析：(1)由于需扣减的进项税额无法确定，应按照当期实际成本计算应扣减的进项税额，即应扣减的进项税额为:6.4÷4×3=4.8(万元)。

(2)该进项税额应从当期的进项税额中扣减。假设该运输企业2017年1月可抵扣的进项税额为100万元,则实际可抵扣的进项税额为:100-4.8=95.2(万元)。

(二)特殊情况下增值税进项税额的抵扣

1. 增值税发票丢失的处理

根据国税发[2002]10号文件规定,一般纳税人丢失增值税专用发票,如果该发票丢失前已通过认证,购货单位可凭销货单位出具的丢失发票存根联复印件及销货方所在地主管税务机关出具的“已抄税证明单”,经购货单位主管税务机关批准后,可作为进项税额抵扣的合法凭证。如果该发票丢失前未通过认证,购货单位可凭销货单位出具的丢失发票存根联复印件进行认证,凭存根联复印件及销货方所在地主管税务机关出具的“已抄税证明单”,经购货单位主管税务机关批准后,作为进项税额抵扣的合法凭证。

2. 企业停产、倒闭、破产留抵的进项税额的处理

《国家税务总局关于企业破产、倒闭、解散、停业后增值税留抵税额处理问题的批复》(国税函[1998]429号)规定:对因破产、倒闭、解散、停业而注销税务登记的企业,其原有的留抵税额处理问题,《国家税务总局关于印发〈增值税问题解答之一〉的通知》(国税函[1995]288号)已明确规定,纳税人破产、倒闭、解散、停业后,其初期存货中尚未抵扣的已征税款,以及征税后出现的进项税额大于销项税额后不足抵扣部分(即留抵税额),税务机关不再退税。

3. 处理积压物资进项税额转出的处理

《关于企业改制中资产评估减值发生的流动资产损失进项税额抵扣问题的批复》(国税函[2002]1103号)规定:对于企业由于资产评估减值而发生流动资产损失,如果流动资产未丢失或损坏,只是由于市场发生变化,导致价格降低,价值量减少,则不属于《增值税暂行条例实施细则》中规定的非正常损失,不作进项税额转出处理。

第二节　采购控制的纳税筹划

一、采购时间选择的纳税筹划

1. 利用商品供求关系进行纳税筹划

企业应在不影响正常生产的情况下选择供大于求、出现过剩时的物资进行采购。因为在所需采购物品供大于求时,采购方往往可以降低购买价格,容易使企业自身实现逆转型税负转嫁。

2. 利用税制变化进行纳税筹划

税制的稳定性决定了税制改革往往采取过渡的方式,过渡措施的存在为利用税制变化进行纳税筹划提供了空间。对负有纳税义务的企业来讲,及时掌握各类商品税收政策的变化,包括征税范围、税率等的变化,就可以在购货时间上做相应的筹划安排,从而减轻税负。

3. 安排购进材料的涉税处理

增值税一般纳税人购进材料主要用于增值税应税项目,但是也有一部分用于非应税项目、集体福利或者个人消费。《增值税暂行条例》第十条规定:用于非应税项目的购进货物或者应税劳务、用于免税项目的购进货物或者应税劳务、用于集体福利或者个人消费的购进货物或者应税劳务的进项税额不得从销项税额中抵扣。于是，不少企业在进行财务核算时为避免在进项税额上出现差错，便将用于上述项目的外购材料单独设立“工程物资”“其他材料”等科目入账，同时将取得的进项税额直接计入材料成本。

其中《增值税暂行条例》第十条规定的进项税额不得从销项税额中抵扣，仅指“用于”，也就是在领用的时候要转出进项税额，不“用于”时无须转出。一般情况下，材料在购进和领用环节会存在一个时间差，企业往往最容易忽视这个时间差的重要性。如果能充分利用材料购进和领用的时间差，也可以减轻企业税收负担，获得颇为可观的经济效益。

【例5—2】 一家大型煤炭生产企业，下属有医院、食堂、宾馆、浴池、学校、幼儿园、托儿所、工会、物业管理等常设非独立核算的单位和部门，另外还有一些在建工程项目和日常维修项目。这些单位、部门及项目耗用的外购材料金额也是相当巨大的，为了保证正常的生产经营，必须不间断地购进材料以补充被领用的部分，保持一个相对平衡的余额。

假设企业购买的这部分材料平均金额为1 170万元，如果单独成立“原材料”科目记账，将取得的进项税额直接计入材料成本，那么就不存在进项税的问题，从而简化了财务核算。但是，如果所有购进的材料都不单独记账，而是准备作为用于增值税应税项目，在取得进项税时就可以申报从销项税额中抵扣，领用时作进项税额转出，虽然核算复杂了一些，但是企业在生产经营期间可以少缴税款。

这里不妨算一笔账，该企业将上述单位、部门及项目的材料不间断地购进、领用，再购进、再领用，并形成一个滚动链，始终保持1 170万元的余额。企业就可以申报抵扣进项税额161.38万元，少缴增值税161.38万元、城建税11.30万元、教育费附加4.84万元。如果没有这部分税金及附加可占用，在流动资金不足的情况下，需向金融机构贷款。假设以贷款年利率6%计算，则节约的财务费用为(161.38+11.3+4.84)×6%=10.65(万元)，企业多获得的利润为10.65−10.65×25%=7.99(万元)。

由此可见，企业对材料采购进行纳税筹划，不仅节省税款，而且节约利息支出，一举两得。

二、供应商选择的纳税筹划

作为一般纳税人，由于所购买的货物的进项税额可以抵扣，因此，购买方应该到一般纳税人企业采购，取得增值税专用发票，抵扣税款。但是，在现实生活中，购买的货物有时可以在一般纳税人与小规模纳税人之间选择，有时可能因为质量、采购量、距离远近等因素的制约，只能向小规模纳税人采购。因此，企业采购货物时应从实际情况出发，从进项税额能否抵扣、价格、质量、何时何地、何种方式付款(考虑资金时间价值)等多方面因素综合考虑。

【例5—3】 远洋公司为一般纳税人，假如当月拟购进某件商品，每件进价20 000元(不含税)，销售价为22 000元(不含税)。在选择进货渠道时，可作出三种方案选择：增值税一般纳税人；能开具增值税专用发票的小规模纳税人；开具普通发票的小规模纳税人。分析这三种供货渠道方案，税收负担有什么不同(增值税税率为16%)。

方案一：以一般纳税人为供应商，经计算可知，增值税应纳税额为320元，当期净现金流量为2 000元。

方案二：以可以开具增值税专用发票的小规模纳税人为供应商，经计算可知，增值税应纳税额为2 540元，当期净现金流量为2 000元。

方案三：以只能开具普通发票的小规模纳税人为供应商，经计算可知，增值税应纳税额为3 740元，当期净现金流量为2 000元。

从以上分析可知，选择一般纳税人为供应商时，税负最轻，能开增值税专用发票的小规模纳税人次之，只能开普通发票的小规模纳税人税负最重。但考虑到净现金流量，作为一般纳税人，无论向一般纳税人进货还是从小规模纳税人处进货，只要进价（不含税）相等，当期的净现金流量都是相等的。

三、结算方式选择的纳税筹划

结算方式的纳税筹划，最为关键的一点就是尽量推迟付款时间，为企业赢得一笔无息贷款。采购结算方式的筹划一般有以下操作方法：付款之前，先取得对方开具的发票；使销售方接受托收承付与委托收款结算方式，尽量让对方先垫付税款；采取赊销和分期付款方式，使销售方先垫付税款，而自身获得足够的资金调度时间；尽可能少用现金支付。

【例5—4】 远洋集团北方商业城于2016年3月26日从山东某酒厂购进一批粮食白酒，取得由防伪税控系统开具的增值税专用发票一份。该公司于当年4月将该份专用发票向当地国税机关申请并通过了认证，并于当月申报抵扣了专用发票上列明的进项税额6.8万元。

当年5月16日，当地国税机关在对该商业增值税一般纳税人进行增值税日常稽核时以该商城未支付货款为由，责令其转出已抵扣的进项税额6.8万元。原因是该公司与销货方采取的是始终占压对方50万元货物的结算方式，故今后也无法确定该批货物的准确支付货款时间。请分析税务机关的处理意见是否正确，该商城进项税额如何抵扣才算合理合法。

税法规定，商业企业购进货物，必须在购进的货物付款后才能申报抵扣进项税额；尚未付款的，其进项税额不得作为纳税人当期进项税额予以抵扣。增值税一般纳税人申请抵扣的防伪税控系统开具的增值税专用发票，必须自该专用发票开具之日起90日内到税务机关认证；增值税一般纳税人认证通过的防伪税控系统开具的增值税专用发票应在认证通过的当月按照增值税有关规定核算当期进项税额并申报抵扣，否则不予抵扣进项税额。

四、委托代购方式的纳税筹划

制造企业在生产经营中需要大量购进各种原材料和辅助材料。由于购销渠道的限制，企业常常需要委托商业机构代购各种材料，委托代购业务自然就产生了。委托代购中一般受托方只向委托方收取手续费，采取委托代购操作必须符合以下条件：

（1）受托方不垫付资金。

（2）销售方将发票开具给委托方，并由受托方将该发票转交给委托方。

（3）受托方按销售实际收取的销售额和增值税额与委托方结算货款，并另外收取手续费。这种情况下，受托方按收取的手续费缴纳增值税。

一般情况下，一般纳税人都不愿意跟小规模纳税人打交道，原因是小规模纳税人不能按要求向购货方出具增值税专用发票，即使由主管税务机关代开，也只能按小规模纳税人的3%的税率抵扣。相反，大多数的小规模纳税人因销货时不能出具增值税专用发票而失去了许多一般纳税人客户。

如果小规模纳税人能够巧妙运用税法关于代购的规定，通过将经销转为代购，就可以获得一般纳税人客户，既不影响自己的生意，又可以为一般纳税人节省纳税支出。

【例5—5】 远洋公司烟草站是专门从事批发、零售卷烟的小规模纳税人，在烟草站附近的供销社是一般纳税人。供销社的营业窗口点多面广，拥有固定的消费群体，预计年卷烟销售额可达80万元。这样大的卷烟零售量，在烟草站眼里无疑是一个十分诱人的市场。然而，由于纳税人身份不同，尽管近在咫尺也无法建立业务关系。其原因很简单，供销社采购卷烟必须索要增值税专用发票，申报抵扣进项税额。因此，供销社也只能舍近求远去外地的烟草公司采购，运费成本很高。供销社找到了当地税务师事务所，要求提供纳税筹划方案，一方面减轻税款，一方面获取较高的收益。

税务师事务所做出了以下几种筹划方案：

方案一：烟草站与供销社之间签订一份代购货物协议书。协议书主要约定：供销社委托烟草站代购（烟草站的供货来源也是县烟草公司）某某品牌的卷烟多少箱，供销社应支付烟草站代购业务手续费多少元等。

方案二：供销社按外地烟草公司的供应价（含增值税）计算，将购货款预付给烟草站，使烟草站不垫付购货资金。

方案三：外地烟草公司凭烟草站与供销社之间签订的代购协议书，根据《关于代购货物免征增值税规定》的条例，可将增值税专用发票直接开具给供销社。

方案四：烟草站另开普通发票向供销社收取协定的代购手续费。

请分析四个筹划方案。

五、固定资产采购的纳税筹划

（一）采购固定资产应尽量获取增值税专用发票

增值税转型会对企业投资产生正效应，使企业存在扩大设备投资的政策激励，从而对企业收益产生影响。但需要注意的是，对房屋、建筑物、土地以固定资产用于自制（含改扩建、安装）固定资产的购进货物或劳务必须取得增值税专用发票，才能抵扣增值税进项税额。

（二）采购固定资产必须选择供货商的纳税人身份

一般纳税人在采购固定资产时，必须在不同纳税人身份的供货商之间做出抉择。供货商有两种纳税人身份：一般纳税人和小规模纳税人。选择不同的供应商纳税人身份，承担的税收负担就不一样。

（三）采购固定资产抵扣增值税时机的选择

新税法规定，购进不动产或不动产在建工程按规定的进项税额分年抵扣。一般纳税人自2016年5月1日后取得并按固定资产核算的不动产或者2016年5月1日后取得的不动产在建工程，其进项税额按现行增值税制度规定自取得之日起分两年从销项税额中抵扣的，应当按取得成本，借记“固定资产”、“在建工程”等科目，按当期可抵扣的增值税额，借记“应交税费——应交增值税（进项税额）”科目，按以后期间可抵扣的增值税额，借记“应交税费——待抵扣进项税额”科目，按应付或实际支付的金额，贷记“应付账款”、“应付票据”、“银行存款”等科目。尚未抵扣的进项税额待以后期间允许抵扣时，按允许抵扣的金额，借记“应交税费——应交增值税(进项税额)”科目，贷记“应交税费——待抵扣进项税额”科目。

购买动产根据规定按取得的增值税发票中进项税额全额抵扣。

因此，当企业购买固定资产时，必须考虑固定资产的购进时机。一般来说，企业在出现大量的增值税销项税额时购入固定资产最为适宜，这样在固定资产购进过程中就可以实现进项税额的全额抵扣；否则，若购进固定资产的进项税额大于该时期的销项税额，则购进固定资产时就会出现一部分进项税额不能实现抵扣，从而减小增值税抵扣的力度。因此，增值税转型后，企业必须对固定资产投资做出财务预算，合理规划投资活动的现金流量，分期分批进行固定资产更新，以实现固定资产投资规模、速度与企业财税目标的相互配合。

复习思考题

1. 请分析采购合同中可能出现的税收陷阱有哪些。
2. 从税收筹划角度分析企业采购时应选择什么样的供应商。
3. 如何从税收筹划角度选择自营运输和外购运输。
4. 企业采购时应从哪些方面进行税收筹划?

案例分析题

案例一 运输业务的纳税筹划

利华轧钢厂是生产钢材的增值税一般纳税人，拥有自己的运输车辆。预计销售钢材时可同时取得运费收入11.1万元(含税)，车辆运输费用为9万元(不含税)，其中油料等可抵扣增值税进项税额为0.5万元，可抵扣增值税的项目均取得增值税专用发票。有两种方案可供利华轧钢厂选择：一是自营运输；二是将运输部门设立为独立的运输公司。

思考：从税收角度考虑，利华轧钢厂应如何选择?

案例二 混合经营的纳税筹划

中超运输公司是“营改增”试点纳税人，兼营运输及仓储服务业务。2015年6月取得运费收入1 000万元(不含税)，取得仓储收入300万元(不含税)，交通运输业税率为10%，仓储业税率为6%，城建税税率为7%，教育费附加税率为3%。假设不考虑其他税种。

思考：从税收角度考虑，中超运输公司的运费收入及仓储收入应如何进行纳税筹划?

第六章　生产过程的纳税筹划

第一节　存货计价与固定资产折旧的纳税筹划

一、存货发出计价方法

纳税人采取的存货计价方式不同，对产品成本、企业利润和企业所得税都有较大影响。对于性质和用途相似的存货，应当采取相同的成本计算方法确定发出存货的成本。对于不能替代使用的存货、为特定项目专门购入的存货以及提供劳务的成本，通常采用个别计价法确定发出存货的成本。

这里的存货是指企业在生产经营过程中为销售或者耗用而储存的各种资产，如商品、产成品、半成品、在产品以及各类材料、燃料、包装物、低值易耗品等。存货是资产负债表中的重要项目，也是利润表中用来确定主营业务成本的一项重要内容。

发出存货成本＝期初存货发出＋本期购进存货－期末结存存货

由此可知，期末结存存货的大小，与销货成本高低呈反向变化。也就是说，本期期末结存存货多，必然会降低本期的销货成本，增加本期收益。本期期末结存存货多，必然又会增加下期期初存货成本，从而使下期的销货成本增加，降低下一期的收益。因此，正确地确定存货的价值，对于能否正确地反映企业的经营成果和财务状况有着密切的关系。由于存货计价方法的选择对企业的收益和应税所得额均有直接影响，企业会计准则规定的存货计价方法又有多种，不同的计价方法对企业利润和纳税额的影响是不一样的，因而企业在选择存货计价方法时，可选择使其税负较轻的计价方法。

存货是指企业持有以备出售的产品或者商品、处在生产过程中的在产品、在生产过程或者提供劳务过程中耗用的材料和物料等。生产性企业每天涉及众多类型的存货，所涉及的金额也非常大。因此，应正确选择适当的纳税筹划技巧来对存货进行税务处理，尽量使企业的税负降低。

对企业来说，可选用的存货计价方法主要有先进先出法、个别计价法、月末一次加权平均法、移动加权平均法等。在价格平稳或者价格波动不大时，存货计价方法对成本的影响不显著。但当价格水平处于不断波动时，存货计价方法对成本的影响较为显著。

不同的存货计价方法对企业纳税的影响是不同的，这既是财务管理的重要内容，也是纳税筹划的重要内容，采用何种存货计价方法，应根据具体情况进行具体分析，以达到纳税筹划的目的。

（1）当物价呈上涨趋势时，采用月末一次加权平均法计算出的期末存货价值最低，销售成本最高，可将利润递延至次年，以延缓纳税时间；当物价呈下降趋势时，则采用先进先出法计算出的存货价值最低，同样可达到延缓纳税的目的。

(2)当物价呈上涨趋势时，如果企业处于所得税的免税期，企业获得的利润越多，其得到的免税额就越多，这样，企业就可以选择先进先出法计算期末存货价值，以减少当期成本、费用的摊销，扩大当期利润；相反，如果企业处于征税期或高税负期，企业就可以选择月末一次加权平均法，将当期的摊销成本尽量扩大，以减少当期利润，降低应纳所得税额。

(3)存货计价方法作为企业内部核算的具体方法，可以通过利用市场价格水平变动来达到降低税负的目的。由于商品的市场价格总是处于变动之中，政府对商品市场价格的控制也有一定的限度，这就为企业利用价格变动使自己得到最大利益创造了条件。

【例 6—1】 远洋清洁环保公司期初 A 材料库存 500 千克，每千克 2 000 元。本期分批购进 A 材料，第一笔购进 600 千克，每千克 2 200 元；第二笔购进 500 千克，每千克 2 500 元。本期第一次领用 A 材料 700 千克，第二次领用 800 千克，公司领用材料的计价，会影响到企业生产成本的摊销，从而影响企业所得税税前扣除的大小和企业的税收负担。请分析不同的存货计价方法对公司利益的影响。

企业发出存货成本和结存存货的计价方法可采用先进先出法、移动加权平均法以及个别计价法。先进先出法是以先购入的存货应先发出(销售或耗用)这样一种存货价格流转假设为前提，对发出存货进行计价；移动加权平均法，是指以每次进货的成本加上原有库存存货的成本，除以每次进货数量与原有库存存货的数量之和，据以计算加权平均单位成本，作为在下次进货前各次发出存货成本的依据；个别计价法，其特征是注重所发出存货具体项目的实物流转与成本流转之间的联系，逐一辨认各批发出存货和期末存货所属的购进批别或生产批别，分别按其购入或生产时确定的单位成本计算各批发出存货和期末存货的成本。

现具体分析如下：

1. 先进先出法

第一次领用 A 材料的成本＝500×2 000＋200×2 200＝144(万元)

第二次领用 A 材料的成本＝400×2 200＋400×2 500＝188(万元)

本期领用 A 材料的成本＝144＋188＝332(万元)

2. 加权平均法

加权平均单价＝(500×2 000＋600×2 200＋500×2 500)÷(500＋600＋500)＝2 231.25(元/千克)

第一次领用 A 材料的成本＝2 231.25×700＝1 561 875(元)

第二次领用 A 材料的成本＝2 231.25×800＝1 785 000(元)

本期领用 A 材料的成本＝1 561 875＋1 785 000＝3 346 875(元)

3. 移动加权平均法

计算公式为：

$$\text{存货单位成本}=\frac{\text{原有库存存货的实际成本}+\text{本次进货的实际成本}}{\text{原有库存存货数量}+\text{本次进货数量}}$$

本次发出存货的成本＝本次发出存货数量×本次发货前的存货单位成本

第一次领用 A 材料前的存货单位成本＝(500×2 000＋600×2 200)÷(500＋600)＝

2 109.09(元/千克)

第一次领用A材料的成本=2 109.09×700=1 476 363(元)

第二次领用A材料前的存货单位成本=

(400×2 109.09+500×2 500)÷(400+500)=2 326.26(元/千克)

第二次领用A材料的成本=2 326.26×800=1 861 009(元)

本期领用A材料的成本=1 476 363+1 861 009=3 337 372(元)

4. 结论

由以上可知,不同的计价方法会产生不同的存货成本,使用先进先出法所计的存货成本最小,为3 320 000元,而加权平均法和移动加权平均法所计的存货成本均较先进先出法要高。其中采用移动加权平均法时,存货成本高出3 337 372-3 320 000=17 372(元),这一部分将在企业计算缴纳所得税时作为税前扣除部分而扣除,从而降低了企业的应税所得额,减轻了企业的税收负担。虽然本例中不同方法下的存货成本差额较小,但是,对于生产性企业来说,存货的进进出出十分频繁,选择恰当的计价方法能使企业大大减轻税收负担。

二、固定资产折旧的纳税筹划

折旧作为成本的重要组成部分,有着"税收挡板"的作用。企业会计准则规定,企业常用的折旧方法有年限平均法、工作量法、年数总和法和双倍余额递减法。运用不同的折旧方法计算出的折旧额在量上是不相等的,因而分摊到各期生产成本中的固定资产折旧额也不同,必然影响到企业的利润和应缴纳的企业所得税。

企业固定资产的折旧方法主要有年限平均法、工作量法、双倍余额递减法和年数总和法等。不同的固定资产折旧方法将影响固定资产使用寿命期内不同时期的折旧费用,从而影响企业的利润和税收负担。

(1)年限平均法,又称为直线法,指将固定资产的应计折旧额均衡地分摊到固定资产预计使用寿命期内的一种方法。计算公式为:

$$年折旧额=\frac{固定资产原价-净残值}{折旧年限}$$

$$年折旧率=\frac{年折旧额}{固定资产原价}\times100\%$$

(2)工作量法,是根据实际工作量计算每期应提折旧额的一种方法。计算公式为:

$$单位工作量折旧额=\frac{固定资产原价\times(1-预计残值率)}{预计总工作量}$$

$$某项固定资产月折旧额=该项固定资产当月工作量\times单位工作量折旧额$$

(3)双倍余额递减法,是指在不考虑固定资产预计净残值的情况下,根据每期期初固定资产原价减去累计折旧额后的金额(即固定资产净值)和双倍的直线法折旧率计算固定资产折旧额的一种方法。计算公式为:

$$年折旧率=\frac{2}{预计使用寿命(年)}\times100\%$$

$$年折旧额=固定资产净值\times年折旧率$$

(4)年数总和法,又称为年限合计法,是将固定资产的原价减去预计净残值后的余额乘以一个以固定资产尚可使用寿命为分子、以预计使用寿命逐年数字之和为分母的逐年递减的分数计算每年的折旧额。计算公式为：

$$年折旧率=\frac{折旧年限-已使用年限}{折旧年限\times(折旧年限+1)/2}\times100\%$$

$$年折旧额=(固定资产原价-预计净残值)\times年折旧率$$

企业计提固定资产折旧时，一般允许选用平均年限法或工作量法，对于加速折旧法的采用，税法有非常严格的规定。《企业所得税法实施条例》第九十八条规定，一般企业可以采取缩短折旧年限或者加速折旧的方法。固定资产包括：(1)由于技术进步，产品更新换代较快的固定资产。(2)常年处于强震动、高腐蚀状态的固定资产，采取缩短折旧年限方法的，最低折旧年限不得低于本条例第六十条规定折旧年限的60%；采取加速折旧方法的，可以采取双倍余额递减法或年数总和法。

一般情况下，在企业创办初期且享有减免税优惠待遇时，企业可以通过延长固定资产折旧年限，将计提的折旧延到减免税期满后计入成本，从而达到节税的目的。而对处于正常的生产经营期且未享有税收优惠待遇的企业来说，缩短固定资产折旧年限，往往可以加速固定资产成本的回收，使企业后期成本费用前移，前期利润后移，从而达到延期纳税的目的，获得货币的时间价值。

在物价持续上升时期，企业如果采用加速折旧方法，既可以缩短回收期，又可以加快折旧速度，有利于前期的折旧成本取得更多的抵税额，从而达到延缓纳税的目的。企业采用加速折旧法计提折旧，只是相对改变了折旧计提的时间。在实施该方法的前几年，所得税的数额相对减少，可以达到节税的目的，但后期的所得税会逐渐增加。虽然，在固定资产使用期满，总税负是不变的，但是采用加速折旧法，可以使企业加速对设备的更新，促进技术进步，从而增强企业发展的后劲。

【例6—2】 2012年，远洋环保公司为更高效地生产冲天炉而购进了两台新的生产用设备，每台的购入成本为300万元。由于该领域的技术创新较为活跃，故这两台设备的预计使用年限为5年，期末剩余残值按10%计算。

企业固定资产的折旧方法主要有年限平均法、工作量法、双倍余额递减法和年数总和法等。不同的固定资产折旧方法将影响固定资产使用寿命期内不同时期的折旧费用，从而影响企业的利润和税收负担。

远洋环保公司原先采用直线法对这两台新的固定资产计提折旧，但是使用直线法来提取折旧并不是最佳的方法。由于工作量法还需估计一个预计总工作量，在此先不作备选方式。下面分别采用不同的折旧方法进行计算分析税负情况。

(1)直线法下的税负状况。在未进行纳税筹划时，企业按照直线法来计提固定资产的折旧，企业未扣除固定资产折旧额的税前利润为500万元，假定市场利率在折旧期内不变，均为6%，企业的高新技术企业资格在期限届满时可以重新取得。以其中一台新设备的折旧计提为例：

$$年折旧额=\frac{300-300\times10\%}{5}=54(万元)$$

$$年企业所得税=(500-54)\times15\%=66.9(万元)$$

按照年金折现系数，5年内企业所得税流出的现值之和为：

企业所得税现值＝年企业所得税×$(P/A,r,n)$

$=66.9\times4.4651=298.72$（万元）

(2)双倍余额递减法下的税负状况。企业从纳税筹划的角度重新对固定资产的折旧方式进行了选择，在双倍余额递减法下：

年折旧率$=\frac{2}{5}\times100\%=40\%$

第一年的折旧额$=300\times40\%=120$（万元）

第一年的企业所得税$=(500-120)\times15\%=57$（万元）

第二年的折旧额$=(300-120)\times40\%=72$（万元）

第二年的企业所得税$=(500-72)\times15\%=64.2$（万元）

第二年的企业所得税现值$=64.2/(1+6\%)=60.57$（万元）

第三年的折旧额$=(300-120-72)\times40\%=43.2$（万元）

第三年的企业所得税$=(500-43.2)\times15\%=68.52$（万元）

第三年的企业所得税现值$=\frac{68.52}{(1+6\%)^2}=60.98$（万元）

第四年的折旧额$=(300-120-72-43.2-300\times10\%)\div2=17.4$（万元）

第四年的企业所得税$=(500-17.4)\times15\%=72.39$（万元）

第四年的企业所得税现值$=\frac{72.39}{(1+6\%)^3}=60.78$（万元）

第五年的折旧额$=(300-120-72-43.2-300\times10\%)\div2=17.4$（万元）

第五年的企业所得税$=(500-17.4)\times15\%=72.39$（万元）

第五年的企业所得税现值$=\frac{72.39}{(1+6\%)^4}=57.34$（万元）

企业所得税现值之和$=57+60.57+60.98+60.78+57.34=296.67$（万元）

(3)年数总和法下的税负状况。该设备的使用年限为5年，则年数总和为$1+2+3+4+5=15$，第一年、第二年……第五年的尚可使用年限分别为5年、4年、3年、2年、1年，则固定资产每年的折旧额以及企业每年应缴纳的企业所得税如表6—1所示。

表6—1　　年数总和法下固定资产折旧额以及企业所得税状况

年份	尚可使用寿命	原价－预计净残值（万元）	年折旧率	年折旧额（万元）	企业所得税（万元）	企业所得税现值（万元）
第一年	5	270	5/15	90	61.5	61.5
第二年	4	270	4/15	72	64.2	60.57
第三年	3	270	3/15	54	66.9	59.54
第四年	2	270	2/15	36	69.6	58.44
第五年	1	270	1/15	18	72.3	57.27
总　计						297.32

可见，企业在采用双倍余额递减法计提折旧时所需缴纳的企业所得税最少，说明企业应当采用双倍余额递减法来提取折旧。原因在于，在考虑了货币的时间价值的前提下，双倍余额递减法使得企业在固定资产使用的前几年提取较多的折旧，从而可以在最初几年少缴纳企业所得税，把应缴纳的税款向后递延。对于企业来说，这相当于从政府那里取得了一笔无息贷款，充分享受到递延纳税带来的好处。因此，企业在进行固定资产折旧的纳税筹划时，应当从动态的贴现综合的角度而不是单一的静态价值比较的角度进行，以拖延税款支付的时间，控制税款支付的速度，从而获取货币的时间价值。

第二节　生产设备租赁的纳税筹划

企业在生产管理中经常会遇到设备租赁业务。按税法规定，公司不论从事经营租赁业务还是融资租赁业务，均应缴纳增值税。

【例 6－3】 远洋股份公司为商品流通企业，兼营融资租赁业务，按黄河公司的要求购入一条生产线，价格为1 638万元(含增值税 225.93 万元)，支付境内运输费和安装调试费 40 万元、国内借款利息 30 万元，有两种方案可供选择：

方案一：双方签订融资租赁合同，明确融资租赁价款为2 400万元，租赁期为 8 年。黄河公司每年年初支付租金 300 万元，合同期满，付清租金后，该生产线自动转让给黄河公司，转让价款为 20 万元(残值)。

方案二：双方签订经营租赁合同，约定租期为 8 年，租金总额为2 040万元，黄河公司每年年初支付租金 255 万元，租赁期满，远洋公司收回设备。收回设备的可变现净值为 400 万元(增值税税率为 16%)。

远洋股份公司与黄河公司之间的租赁业务，可以选择不同的租赁形式，下面对两种方案的纳税情况分析如下：

方案一：租赁期满后，设备的所有权转让，应缴纳增值税。如果远洋公司为增值税一般纳税人，该设备的进项税额可以抵扣。

远洋公司应纳增值税＝(2 400＋20)÷(1＋16%)×16%－225.93＝107.86(万元)

应纳城建税及教育费附加＝107.86×(7%＋3%)＝10.79(万元)

方案二：远洋股份公司应纳增值税。

应纳增值税＝2 040×16%－225.93＝100.47(万元)

应纳城建税及教育费附加＝100.47×(7%＋3%)＝10.05(万元)

《企业会计准则第 21 号——租赁》规定，企业在对租赁进行分类时，应当全面考虑租赁期届满时租赁资产所有权是否转移给承租人、承租人是否有购买租赁资产的选择权、租赁期占租赁资产尚可使用年限的比例等因素。同时，依据实质重于形式原则，考察与租赁资产所有权有关的风险和报酬是否转移来具体区分融资租赁与经营租赁。

第三节　委托加工与自行加工的纳税筹划

委托加工的应税消费品与自行加工的应税消费品的计税依据不同。委托加工时，受托方

(个体工商户除外)代收代缴税款,计税依据为同类产品销售价格或组成计税价格;自行加工时,计税依据为产品销售价格。通常情况下,委托方收回委托加工的应税消费品后,要以高于成本的价格售出,以获取盈利。不论委托加工费大于或小于自行加工成本,只要收回的应税消费品的计税价格低于收回后的直接出售价格,委托加工应税消费品的税负就会低于自行加工的税负。

企业在计算应纳税所得额时,消费税允许税前扣除。因此,消费税税负会进一步影响企业所得税税负,进而影响企业的税后利润额。而作为价外税的增值税,则不允许税前扣除。

应税消费品的加工方式有两种:委托加工与自行加工。纳税人选择不同的加工方式,会产生不同的税负。因此,纳税人可以合理选择加工方式进行纳税筹划。

【例 6—4】 A 卷烟厂委托加工的消费品有两种纳税筹划方案可供选择:

方案一:委托加工的消费品收回后,继续加工成另一种应税消费品。

A 卷烟厂委托 B 厂将一批价值 100 万元的烟叶加工成烟丝,协议约定加工费 75 万元,加工的烟丝运回 A 厂后继续加工成甲类卷烟,加工成本、分摊费用共计 95 万元。该批卷烟售出价格(不含税)700 万元,出售数量为 0.4 万大箱。烟丝消费税税率为 30%,卷烟的消费税税率为 45%(增值税不计)。

A 厂支付加工费的同时,向受托方支付其代收代缴的消费税为:

(100+75)/(1-30%)×30%=75(万元)

代收代缴城建税及教育费附加为:

75×(7%+3%)=7.5(万元)

A 厂销售卷烟后,应缴纳消费税为:

700×45%+150×0.4-75=300(万元)

应缴纳城建税及教育费附加为:

300×(7%+3%)=30(万元)

由此可知,A 厂税后利润为:

(700-100-75-75-95-300-30-7.5)×(1-25%)=13.12(万元)

方案二:委托加工的消费品收回后,委托方不再继续加工,而是直接对外销售。

A 厂委托 B 厂将烟叶加工成甲类卷烟,烟叶成本不变,支付加工费为 170 万元;A厂收回后直接对外销售,售价仍为 700 万元。

A 厂支付受托方代收代扣消费税金为:

(100+170)/(1-45%)×45%+0.4×150=280.91(万元)

支付代收代扣城建税及教育费附加为:

280.91×(7%+3%)=28.091(万元)

A 厂销售时不用再缴纳消费税,税后利润的计算过程如下:

(700-100-170-280.91-28.091)×(1-25%)=90.75(万元)

在加工材料成本相同、最终售价相同的情况下,方案二显然比方案一对企业有利,税后利润多(90.75-13.12)77.63 万元。而在一般情况下,方案二支付的加工费比方案一支付的加工费(向委托方支付的加工费加自己发生的加工费之和)要少。对受托方来说,不论哪种方案,代收代缴的消费税都与其盈利无关,只有收取的加工费与其盈利有关。

第四节　技术改造及设备大修的纳税筹划

一、技术改造与设备大修的税收政策

技术改造是指企业为了提高经济效益和产品质量、增加花色品种、促进产品升级换代、扩大出口、降低成本、节约能耗、加强资源综合利用和“三废”治理、劳保安全等，利用先进的新技术、新工艺、新装备等对生产条件进行改造。

在实际工作中，技术改造时间的选择、技术引进的方式、技术转让的渠道等都存在着筹划的空间和选择的时机。所以，企业在更新技术改造过程中，在不违背税法的前提下尽可能地进行纳税筹划，以达到节约税款的目的。

修理是使设备恢复原来的状况和功能，包括更换零部件。大修理在税法上称为固定资产改良支出，只有符合下列条件之一才属于固定资产改良支出：(1)修理金额占原固定资产设备价值的20%以上；(2)修理后固定资产的经济寿命延长两年以上；(3)修理后固定资产被用于新的或不同的用途。会计准则和会计制度规定，固定资产的改良支出计入在建工程，采用权责发生制核算，当企业的固定资产修理费用达到或者超过固定资产原值的20%时，可以考虑采用多次修理的方式来达到纳税筹划的目的。

技术改造投资大、时间长，能极大地提高生产效益。大修理相对于技术改造简单一些，只要通过修理，功能就能恢复，所以能节约大量资金。因此，技术改造和大修理不能简单地进行比较，孰优孰劣，企业在选择时需要根据实际情况进行比较分析，然后进行纳税筹划。

二、设备大修理的纳税筹划

（一）大修理支出的账务处理

税法规定，企业大修理支出根据固定资产已计提折旧的情况计入当期损益或长期待摊费用。

当该项固定资产尚有折旧未提完时，大修理费用应计入固定资产原值。固定资产大修理费用若占固定资产价值的20%以上，则增加固定资产原值为20%以上。

假设固定资产大修理费用等于固定资产原值的20%，按10年计提折旧，每年折旧额为固定资产价值的2%，当修理费越高时，其利润越少。由于大修理只是恢复原有功能，生产效益不能提高，相反，还增加折旧，减少了利润。经过大修理后，企业的年利润为利润减固定资产价值的2%。

按税法政策规定，固定资产大修理计入长期待摊费用，应在5年时间内摊销，每年摊销额为固定资产价值的4%，此时，年利润为大修理费用减固定资产价值的4%。

（二）设备大修与技术改造的结合的筹划

企业可以将设备大修和技术改造巧妙结合、统筹安排：

(1)在时间安排上，可将大修理安排在技改前一年，使当年利润减少，第二年年初购入技改

设备，使设备提取较多的折旧额抵减利润。

（2）对于一些设备的小修理，可以考虑与技术改造相结合，变成设备大修理，提高税前扣除额。

第五节　技术研发的纳税筹划

一、技术服务、技术培训与技术转让

技术转让是指有偿转让专利和非专利技术的所有权或使用权的行为。技术服务就是有偿进行技术指导的行为。《财政部、国家税务总局关于全面推开营业税改征增值税试点的通知》（财税[2016]36 号）规定：纳税人提供技术转让、技术开发和与之相关的技术咨询、技术服务免征增值税。

《企业所得税法实施条例》（国务院令[2007]512 号）第九十条规定：居民企业在一个纳税年度内，技术转让所得不超过 500 万元的部分，免征企业所得税；超过 500 万元的部分，减半征收企业所得税。

目前技术市场常见的合同有两种：一种是《技术转让合同》，规定其适用于非专利技术转让合同、专利技术转让合同、专利申请权转让合同等文本的签订；另一种是《技术服务合同》，它是“对于专项技术的技术培训、技术指导、业务训练签订的技术培训合同”。

技术指导与技术培训是极为类似的两种活动。技术指导属于技术服务的范畴，而技术培训属于文化活动。“营改增”之后，技术指导与技术培训都按照 6%的税率缴纳增值税。

二、技术研发费的纳税筹划

（一）技术研发费的税收政策

为了促进企业技术进步，国家先后出台了一系列的税收优惠政策。企业在进行技术开发时有必要根据企业的实际情况事先进行筹划，合理地利用这些税收优惠政策，以节约技术研发费，达到纳税筹划的目的。

《企业所得税法》第三十条规定，企业开发新技术、新产品、新工艺发生的研究开发费用，可以在计算应纳税所得额时加计扣除。《企业所得税法实施条例》（国务院令〔2007〕512 号）第九十五条规定：《企业所得税法》第三十条第（一）项所称研究开发费用的加计扣除，是指企业为开发新技术、新产品、新工艺发生的研究开发费用，未形成无形资产计入当期损益的，在按照规定据实扣除的基础上，按照研究开发费用的 50%加计扣除；形成无形资产的，按照无形资产成本的 150%摊销。

根据上述规定，所有财务核算制度健全、实行查账征收企业所得税的各种所有制的工业企业，都可以享受技术开发费加计扣除的优惠政策，即对财务核算制度健全、实行查账征收的内外资企业、科研机构、大专院校等在一个纳税年度实际发生的下列技术开发费项目，包括新产品设计费，工艺规程制定费，设备调整费，原材料和半成品的试制费，技术图书资料费，未纳入国家计划的中间实验费，研究机构人员的工资，用于研究开发的仪器、设备的折旧，委托其他单位和个人进行科研试制的费用，与新产品的试制和技术研究直接相关的其他费用，在按规定实行100%扣除的基础上，允许再按当年实际发生额的50%在企业所得税税前加计扣除。

【例6—5】 远洋公司内部成立技术研发部，2017年该部门全年研究开发费用1 000万元，技术转让收入2 500万元，远洋公司当年税前利润2 500万元，研究开发费用已全部计入当期损益，没有其他纳税调整。2017年远洋公司应交企业所得税为：

(2 500－500)×25%＝500(万元)

如果远洋公司将研发部门独立出来，成立一家全资的高新技术企业或软件企业B公司，不考虑成立新公司新增的管理费用，则B公司技术转让收入为2 500万元，成本为1 000万元，税前利润为1 500万元。

若B公司在免税期，则无须缴纳企业所得税。将研发部门独立出来后，远洋公司的税前利润变为：

2 500＋1 000－2 500＝1 000(万元)

远洋公司应交企业所得税为：

1 000×25%＝250(万元)

则两家公司合计应交企业所得税为250万元。

因此，远洋公司将研发部门独立出来更节税，少交税额为：

500－250＝250(万元)

若B公司符合居民企业技术转让所得优惠：一个纳税年度内居民企业技术转让所得不超过500万元的部分，免征企业所得税；超过500万元的部分，减半征收企业所得税。

B公司技术转让所得为：

2 500－1 000＝1 500(万元)

应交企业所得税为：

(1 500－500)×12.5%＝125(万元)

同样，远洋公司应交企业所得税250万元，两家公司合计应交企业所得税为：

125＋250＝375(万元)

远洋公司将研发部门独立出来可少交税额为：

500－375＝125(万元)

若B公司可按优惠所得税税率15%计算，应缴纳企业所得税为：

(2 500－1 000)×15%＝225(万元)

同样，远洋公司应交企业所得税为250万元。

则两家公司合计应交企业所得税为：

225＋250＝475(万元)

远洋公司将研发部门独立出来可少交税额为：

500－475＝25(万元)

(二)研发费用的纳税筹划

研发费用指企业为开发新技术、新产品、新工艺发生的研究开发费用。对于高新技术企业而言，研发费用占企业总费用的较大部分，对于企业的利润以及税负状况产生较大的影响。

【例6—6】 远洋清洁环保公司2017年起业绩增速放缓，产品的竞争力受到削弱，市场上出现了更为先进的同类产品。为了摆脱这一竞争劣势，公司亟须取得一项生产技术以研制出更有竞争力的产品。但在当时，远洋清洁环保公司本身还不具备自主研发该项技术的能力，而是与其有着长期合作关系的山东大学正准备进行该项技术的开发。根据调研分析，有两个方案可供选择。

方案一：远洋清洁环保公司购买由山东大学对该项目研究成功后取得的生产技术，假定购买该生产技术花费500万元，那么远洋清洁环保公司应做如下会计处理和纳税处理：

(1)购入生产技术确认为无形资产

借：无形资产——非专利技术　　5 000 000

　贷：银行存款　　5 000 000

(2)假定非专利生产技术摊销年限为10年，以直线法摊销，则按年摊销时，

借：制造费用——非专利技术　　500 000

　贷：累计摊销　　500 000

(3)年末在计算企业应纳税所得额时，按照规定计算的无形资产摊销费用准予扣除，因此，准予扣除的是50万元，企业所得税将少缴纳50×25%=12.5(万元)。在不考虑货币时间价值的情况下，企业在10年中共少缴纳企业所得税12.5×10=125(万元)。

方案二：远洋清洁环保公司通过委托方式委托山东大学进行非专利技术的研究与开发，并要求山东大学提供研究开发的费用支出明细。双方签订委托开发合同，并在项目研发成功后支付给山东大学500万元的研究开发费用。

在这种情况下，按照税法的相关规定，企业不但能够在当年全部扣除研究开发费的支出以减少企业应纳税所得额，而且还能按照研究开发费的50%加计扣除企业的应纳税所得额。因此，远洋清洁环保公司能够从中少缴纳企业所得税[(500+500×50%)×25%]187.5(万元)。

由此可见，远洋清洁环保公司应选择委托开发的方式取得非专利技术的所有权，从而能享受到税法规定的税收优惠好处，以减轻企业的税收负担。

(三)技术研发部独立的纳税筹划

【例6—7】 承【例6—5】，假如研究开发费为A，技术转让收入为S。

方案一：在企业内部设研发部。

方案二：将研究开发业务分离成独立的公司。

筹划依据：《企业所得税法实施条例》(国务院令〔2007〕512号)第九十五条规定：《企业所得税法》第三十条第(一)项所称研究开发费用的加计扣除，是指企业为开发新技术、新产品、新工艺发生的研究开发费用，未形成无形资产计入当期损益的，在按照规定据实扣除的基础上，按照研究开发费用的50%加计扣除；形成无形资产的，按照无形资产成本的150%摊销。

1. 如果一个纳税年度内，估计技术转让所得不超过50万元

方案一：应交所得税为$(S-1.5A)\times 25\%$。

方案二：免征企业所得税，则两种方案等额交税时技术开发收入与研究开发费的关系为：

$(S-1.5A)\times 25\%=0$

筹划思路：如果$S>1.5A$，将研究开发业务独立出来成立公司；反之，在企业内部设立研

发部门。

2. 如果一个纳税年度内，估计技术转让所得超过500万元。按税法规定，一个纳税年度内，居民企业技术转让所得不超过500万元的部分，免征企业所得税；超过500万元的部分，减半征收企业所得税，则方案一应交所得税为$(S-1.5A)\times 25\%$，方案二应交所得税为$(S-A-500)\times 25\%\div 2$。两种方案等额交税时技术开发收入与研究开发费的关系为：

$$(S-1.5A)\times 25\%=(S-A-500)\times 25\%\div 2$$

即 $S=2A-500$

筹划思路：如果$S>2A-500$，将研究开发业务独立出来成立公司节税；反之，在企业内部设立研发部门。

3. 若研究开发业务分离后的公司所得税税率为优惠税率15%，分离前公司的基本税率为25%，则方案一应交所得税为$(S-1.5A)\times 25\%$，方案二应交所得税为$(S-A)\times 15\%$，两种方案等额交税时技术开发收入与研究开发费的关系为：

$$(S-1.5A)\times 25\%=(S-A)\times 15\%$$

即 $S=2.25A$

筹划思路：如果$S>2.25A$，将研究开发业务独立出来成立公司节税；反之，在企业内部设立研发部门。

三、转让商誉的纳税筹划

商誉是企业一项特殊的资产，不属于无形资产的范畴。这种无形价值具体体现为该企业的获利能力超过一般企业。商誉是企业获得超额利润的综合能力，只有在产权转让时才予以确认。商誉与整个企业密切相关，因而它不能单独存在，也不能与企业可辨认的各种资产分开出售。

【例6—8】 远洋科技公司有一笔营业外收入，是该公司总部将其全球的彩印机研发部转让给另一家企业而获得的。进一步调查发现，这笔营业外收入为2 000万元，而总成本仅占总收入的40%。对于这笔收入，远洋科技公司缴纳企业所得税无可非议，但这笔收入是否应该缴纳增值税却引起了争议。

销售无形资产，是指转让无形资产所有权或者使用权的业务活动。无形资产，是指不具实物形态，但能带来经济利益的资产，包括技术、商标、著作权、自然资源使用权和其他权益性无形资产。虽然商誉不是无形资产，但它和无形资产一样负有缴纳增值税的义务。

对此，下面分两种情况进行讨论：

第一，自创商誉。企业会计准则规定，自创商誉不能确认为无形资产，不入账不核算。原因是商誉不能单独辨认，且自创商誉的相关代价已经计入企业的相关费用，如由于广告投入而形成的自创商誉，广告费已在支付时计入销售费用。当转让自创商誉且获取实际收入的，应按转让所得缴纳增值税。

第二，外购商誉。外购商誉，一般在整体收购一家企业或企业整体资产时形成，在会计核算时，通常以实际支付的价款计入长期股权投资或银行存款。

同时需要注意的是，商誉转让时如果实现转让所得，则要计算缴纳企业所得税。企业外购商誉的支出，在企业整体转让或者清算时，准予扣除（详见《企业所得税法实施条例》第六十七条的规定）。

商誉在我国税收实务中存在“征管盲区”，“营改增”后按6%的税率征收增值税。

远洋科技公司总部将其全球的彩印机研发部以2 000万元转让，如果对这一交易行为进行筹划，有两种操作思路：一是把彩印机研发部包装成一个新企业，通过股权转让形式转让新企业的全部股权，可以规避增值税；二是把彩印机研发部的资产分解为固定资产和技术两部分，分开实施转让交易，已使用过的固定资产转让可以享受减免增值税的优惠政策，而技术转让“营改增”后则要缴纳增值税，但因税率较低，税负较轻。

复习思考题

1. 企业如何利用存货计价方法的调整降低税收负担？
2. 企业租赁固定资产比购买固定资产有哪些税收好处？
3. 设备大修和技术改造的税收政策有何差异？如何进行设备大修及技术改造的纳税筹划？
4. 技术服务、技术培训、技术转让的税收政策有何差别？如何利用政策差异进行纳税筹划？
5. 技术研发部是否独立分设，应如何筹划？
6. 商誉转让的纳税筹划方法有哪些？
7. 实现技术研发费加计扣除的操作要点有哪些？

案例分析题

案例一　委托加工与自行加工的方案比较

育才酒厂于2017年承接一笔粮食白酒订单，合同约定购销白酒数量100万千克，不含增值税售价840万元，要求装瓶，每瓶500克装。该厂为生产该批白酒购进粮食等原材料210万元。就如何组织该批白酒的生产，该厂制订了三套加工方案。

方案一：将价值196万元的原料交付乙公司加工成散装白酒100万千克，支付加工费56万元，加工完成后，由本厂装瓶，需支付人工费及其他费用44.8万元。

方案二：将价值210万元的原料交付兴盛酸酒厂，由兴盛酸酒厂直接加工成100万千克的瓶装白酒，收回后直接销售，需支付加工费100.8万元。

方案三：酒厂自行加工生产。酒厂将210万元的原料交付生产车间进行生产，发生的加工费用及辅料成本与委托加工方式相同，为100.8万元。

思考：

(1)分析比较三种方案下的消费税、城建税、教育费附加及税后利润（城建税税率7%，教育费附加3%，企业所得税税率25%，增值税及由此计算的城建税、教育费附加不考虑）。

(2)请选择最优方案。

案例二　生产设备租赁

乐安恒利实业有限公司是商贸企业，兼营融资租赁业务。

2018 年 9 月，乐安恒利实业有限公司按照特雷克斯电子有限公司所要求的规格、型号、性能等条件购入一台大型设备，取得的增值税发票上注明的价款是 500 万元，增值税额 80 万元，该设备的预计使用年限为 10 年(城市维护建设税适用税率 7%、教育费附加 3%)。

方案一：租期 10 年，租赁期满后，设备的所有权归特雷克斯电子有限公司，租金总额1 000 万元，特雷克斯电子有限公司于每年年初支付租金 100 万元。

方案二：租期 8 年，租赁期满，乐安恒利实业有限公司将设备残值收回，租金总额 800 万元，特雷克斯电子有限公司于每年年初支付租金 100 万元。

思考：乐安恒利实业有限公司两种租赁方式下应负担的税收。

案例三　研发部门独立出来是否合适?

甲公司内部成立技术研发部，2017 年该部门全年研究开发费用1 000万元，技术转让收入 500 万元，甲公司当年税前利润2 500万元，研究开发费用已全部计入当期损益，没有其他纳税调整。

按税法规定，技术转让收入免征增值税；所得税前除可扣除实际发生的技术开发费1 000 万元外，还加计扣除 500 万元，所以 2017 年甲公司应交企业所得税为 500 万元。

思考：如果甲公司将研发部门独立出来成立一家独立的高新技术企业或软件企业 A 公司，请问企业的税收负担有何变化?

第七章　销售过程的纳税筹划

第一节　混合销售与兼营行为的纳税筹划

一、混合销售

一项销售行为如果既涉及服务又涉及货物称为混合销售，即销售货物与提供服务是由同一纳税人实现的，价款是同时向一个交易者收取的，该项服务是直接为销售货物而发生的，具有较强的从属关系。

从事货物的生产、批发或零售的单位或个体工商户的混合销售行为，按照销售货物缴纳增值税。其他单位和个体工商户按照销售服务缴纳增值税。

【例 7－1】 某商场为一般纳税人，元旦开展空调促销活动，推出为客户免费安装空调服务。比如售出一台空调，售价为 400 元，商场为消费者开具4 000元的发票，同时聘请专业安装公司为客户安装空调(安装费 200 元由商场承担)。销售空调适用的税率为 16%，安装服务适用的税率为 10%，则商场应纳增值税销项税额为：

4 000÷(1＋16%)×16%＝551.72(元)

安装公司应纳增值税为：

200×10%＝20(元)

该商场实际上多缴了税，因为空调售价虽然为 4 000 元，但是又支付给安装公司 200 元安装费，实际自己所得是3 800元，理应按3 800元纳税。

如果把这个营销过程改成商场开具3 800元的发票、安装公司开具 200 元的发票给消费者，那么商场应缴纳的增值税销项税额为3 800÷(1＋16%)×16%＝524.14(元)，与原来相比，销售每台空调省下 27.58 元增值税。

二、兼营行为

纳税人的经营范围既涉及销售货物、劳务、服务、无形资产或者不动产，适用不同税率或征收率的经营活动，为兼营行为。兼营行为应当分别核算适用不同税率或者征收率的销售额；未分别核算的，从高适用税率。

【例 7－2】 远洋公司为增值税一般纳税人，该企业为客户提供货物运输服务和仓储搬运服务。2017 年 2 月份，该公司取得货物运输服务收入 600 万元，仓储搬运服务收入 200 万元。假设以上收入均为不含税价，城建税税率为 7%，教育费附加为 3%，本月可抵扣的进项税额为 30 万元，无上期留抵税额。有两个方案可供选择：

方案一：远洋公司未分别核算两项业务收入，则应缴纳的增值税额为：

(600＋200)×10%－30＝50(万元)

方案二：远洋公司分别核算两项业务收入，则应缴纳的增值税额为：

600×10%＋200×6%－30＝42(万元)

两种方案税金及附加相差[(50－42)×(7%＋3%)]0.8万元，则该公司分别核算两项业务收入后少缴增值税及附加为(50－42＋0.8)8.8万元。

筹划分析：纳税人应分别核算不同税率的经济业务，减少核算造成的税收成本；"营改增"后，企业可以选择性地将非主要业务进行外包，增加可抵扣进项税额，减少需缴纳的增值税，在享受专业服务的同时，还可因为抵扣链条延长而享受到税收优惠。

【例7—3】 亚盛公司是一家工业生产企业，拥有运输车队。2018年10月份销售给大华公司产品1万件，产品不含税售价200元/件，产品运费不含税售价10元/件(即承运产品的最终不含税售价为210元/件)。其中，因加工产品购进原材料可抵扣的进项税额为20万元，运输中物料油耗等可抵扣的进项税额为6 000元。请从纳税筹划的角度分析亚盛公司独立成立运输公司的决策是否可行。假设该公司是增值税一般纳税人。

解析：对销售货物并承担运输服务的公司来说，可以分为两种组织形式，即自营运输和成立独立的运输公司。

(1)自营方式下由非独立的车队运输。

亚盛公司应缴纳的增值税额＝(200＋10)×1×16%－20－0.6＝13(万元)。

(2)成立独立的运输公司并购买该运输公司的运输劳务，为客户提供所售货物的运输将货物运抵客户指定的地点，并向该运输公司支付运费。

①当运输公司为一般纳税人时，运输公司应缴纳的增值税额为1×10×10%－0.6＝0.4(万元)，亚盛公司可以抵扣的运费进项税额为1×10×10%＝1(万元)，则：

亚盛公司应缴纳的增值税额＝(200＋10)×1×16%－20－1×10×10%＝12.6(万元)

缴纳的增值税总额＝0.4＋12.6＝13(万元)

②当运输公司为小规模纳税人时，运输公司应缴纳的增值税额为1×10×3%＝0.3(万元)，亚盛公司无法抵扣运费进项税额。则：

亚盛公司应缴纳的增值税额＝(200＋10)×1×16%－20＝13.6(万元)

应缴纳的增值税总额＝13.6＋0.3＝13.9(万元)

(3)成立独立的运输公司，以客户代理身份采用委托运输的方式，这与以上企业自身委托运输企业完成货物运输相比，二者的主要区别在于：一方面，企业向运输企业支付的运费属于代垫性质，之后有权向客户索还；另一方面，运输企业开具的发票，抬头为客户，且要送达客户手中。根据税法规定，此笔运费不列入销售额，不征收增值税，则亚盛公司产品不含税售价为200元/件，运费的不含税售价为10元/件。

①当运输公司为一般纳税人时，运输公司应缴纳的增值税额为1×10×10%－0.6＝0.4(万元)，此发票开给大华公司，亚盛公司不能抵扣运费进项税额，则：

亚盛公司应缴纳的增值税额＝1×200×16%－20＝12(万元)

应缴纳的增值税总额＝12＋0.4＝12.4(万元)

②当运输子公司为小规模纳税人时：

运输公司应缴纳的增值税额＝1×10×3%＝0.3(万元)

亚盛公司应缴纳的增值税额＝1×200×16%－20＝12(万元)

应缴纳的增值税总额＝12＋0.3＝12.3(万元)

通过对案例分析，在仅考虑增值税的情况下，公司独立成立小规模纳税人身份的运输公司，亚盛公司以客户代理身份采用委托运输的方式，应缴纳的增值税额最低。但在实际操作过程中，究竟采用何种形式运输，不能只考虑增值税的税负问题，还应综合考虑各种因素，如不仅要考虑购进固定资产、燃油、修理费等增值税专用发票取得的可能性，还要考虑企业的分拆费用，新增企业经营成本的影响，新增企业是不同纳税人对企业生产、经营的影响等。

第二节 促销行为的纳税筹划

一、折扣销售

折扣销售，又称为“商业折扣”。对于折扣销售，如果销售额和折扣额在同一张发票上注明，则允许销售方以其销售额扣除折扣额后的余额作为计税额；如果销售额和折扣额不在同一张发票上注明，则不允许将折扣额从销售额中扣除计算计税额。

【例 7－4】 华美盛服装有限公司因商业折扣问题而头疼，情况如下：该公司是内衣生产企业，产品主要销往日本、韩国以及东南亚国家，考虑到外销的产品利润较低，近年来大力开拓国内市场，主要利用各地的代理商扩大市场。为了激励代理商，公司根据代理商的销售业绩给予商业折扣。公司规定：在以月度结算的条件下，月销售内衣10 000件以下的，月度折扣为 2 元/件；月销售10 000～20 000件的，月度折扣为 3 元/件。年销售内衣在150 000件以下的，年终折扣为 2.5 元/件；年销售内衣在150 000～250 000件的，年终折扣为 3 元/件。该方法在经营实践中收到较好的效果，很快打开国内市场，当年内销实现 4 亿元。到年底，与代理商进行结算时，支付商业折扣2 000万元(以产品的形式或货币的形式)，但税负很高，因为价款与商业折扣不能在同一发票上体现，增值税、企业所得税等税收负担大大增加。

华美盛服装有限公司邀请税务顾问为其设计纳税筹划方案，税务专家设计了如下三种方案：

方案一：预估折扣率。

根据代理商以前月份或者以往年度的销售情况平均计算确定一个适当的折扣率。当该代理商本期来公司提货时，会计人员在开具发票过程中就可以按平均数10 000件的折扣率计算折扣，在一定的期间内再进行结算。

这种方法的优点是能够反映代理商的折扣情况，及时结算商业折扣；其缺点是对业务不稳定、销售波动比较大的客户的折扣情况难以把握。

方案二：递延处理折扣。

将月度折扣推迟至下个月来反映，年度折扣推迟到下个年度来兑现。假如某代理商 1 月份销售衣服12 000件，其享受的折扣额为 3 元/件，那么该客户 1 月份应享受的月度折扣为36 000元，待该客户 2 月份来开发票时，便将其上月应享受的月度折扣36 000元在票面上予以反映，客户按减除折扣后的净额付款。如果客户上月应结折扣大于当月开票金额，则可分几次在票面上予以体现。年度折扣的主要目的是为了加强对市场网络的管理，如无特殊情况，一般推迟到次年的3月份进行结算，其处理方法与月度折扣一样，在次年3月份开票时在票面上反映出来即可。

这种方法的优点是操作非常简便。但如果月份间和年度间销量和折扣标准差异较大，就不能较为真实地反映当月和本年度实际的经营成果，而且12月和年终折扣在进行所得汇算清缴时可能会遇到一些障碍。这种方法适用于市场比较成熟、稳定，月份和年度间销量的折扣标准变化不大的企业。

方案三：当期结算和递延结算相结合。

当期结算和递延结算相结合的办法，即在日常开票时企业可设定一个当期结算折扣的最低标准，比如2元/件，所有的客户都按照这一标准来结算，并在发票上予以体现，客户按减除折扣后的净额付款，月末计算出当月应结给客户的折扣总额，减去在票面上的折扣额即为应结付的折扣额，将该差额在下个月的票面上予以反映，年度折扣仍放到下个年度。

这种方法的优点是：缓解了客户的资金压力，操作也较为简便。缺点是：因部分月度折扣放在下个月，年度折扣放在下个年度，如果销量起伏太大，便不能真实地反映月度和年度的经营成果。这种方法适用于客户资金有一定压力或有特殊要求的企业。

【例7—5】 远洋山泉矿泉水公司是一家生产销售天然矿泉水的生产商，该公司为了鼓励代理商，给予折扣政策如下：年销售矿泉水在100万瓶以下的，每瓶享受0.2元的折扣；年销售矿泉水在100万～500万瓶的，每瓶享受0.30元的折扣；年销售矿泉水在500万瓶及以上的，每瓶享受0.35元的折扣。但是，在代理期间，由于山泉矿泉水公司不知道也不可能知道每家代理商到年底究竟能销售多少瓶矿泉水，也就不能确定每家代理商应享受的折扣率。

通常的做法是等到年底或第2年的年初，一次性结算应给代理商的折扣总金额，单独开具红字发票，但这种折扣在计税时不允许冲减销售收入，山泉矿泉水公司则每年多纳了部分税款。那么，公司应该采用哪种筹划方法进行纳税筹划？

根据公司的销售情况分析，可以采用预估折扣率的办法进行筹划，具体操作方案如下：每年年初，山泉矿泉水公司按最低折扣率或根据上年每家代理商的实际销量初步确定一个折扣率，在每次销售时预扣一个折扣率和折扣额来确定销售收入，即在代理期间每一份销售发票上都按预估折扣率预计一定的折扣额，这样山泉矿泉水公司就可以将扣除折扣额后的收入确认为"主营业务收入"，从而抵减税收支出。等到年底结算或次年年初每家代理商的销售数量和销售折扣率确定后，只需要对主营业务收入及折扣额的差额稍作一些调整即可。折扣额的差额可以递延到次年，作为下年度的销售折扣额。

二、销售折扣

销售折扣，也称为现金折扣，即为鼓励客户早付款而给予的价款结算额的优惠。税法规定，无论财务上如何做账，都不能将销售折扣从销售额中扣除。

【例7—6】 甲公司是一家玩具生产企业，系增值税一般纳税人。乙公司从甲公司采购一批玩具，采购价格为116 000元（含税价格），由于乙公司提前10天付款，甲公司给予乙公司2%的现金折扣（增值税税率为16%）。

甲公司的会计处理如下：

发货时：

借：应收账款——乙公司　116 000

　贷：主营业务收入　100 000

　　应交税费——应交增值税(销项税额)　16 000

收款时：

借：银行存款　113 680

　财务费用　2 320

　贷：应收账款——乙公司　116 000

如果甲公司给予乙公司2%的商业折扣，并将折扣额开在同一张发票上。甲公司的会计处理为：

借：银行存款　113 680

　贷：主营业务收入　98 000

　　应交税费——应交增值税(销项税额)　15 680

两种促销方式下甲公司同样获得113 680元的销售收入，但缴纳的增值税额却相差(16 000－15 680)320元。因此，同是促销手段，商业折扣和现金折扣会产生不同的税收结果。

三、销售折让

对于销售折让，税法规定可以按照折让后的销售额作为计税依据计算征收增值税。因此，在其他条件都相同的情况下，选择商业折扣或者销售折让方式的税负最低，因为商业折扣或销售折让均允许作为税基扣除额。

企业为吸引新客户，通过采取一些优惠手段增加销售量。特殊销售方式的筹划可以获得税收上的好处。目前商贸企业常用的促销手段有：

(1)折扣销售。国税发[1993]154号第二条第二款规定，纳税人采取折扣方式销售货物，如果销售额和折扣额在同一张发票上分别注明的，可按折扣后的销售额征收增值税；如果将折扣额另开发票，不论其在财务上如何处理，均不得从销售额中减除折扣额。

(2)满额赠送同类产品。赠送产品应当视同销售处理。

(3)满额返现金。

仅从增值税的角度来考虑，上述方法中第一种缴纳的增值税最少。但除了增值税税负外，加快产品流通速度、赠送实物或现金时为商家代缴个人所得税等都应是企业考虑的内容。

【例7－7】　某大型商场是增值税一般纳税人，购货均能取得增值税专用发票，为促销可采用三种方案：一是商品7折销售；二是购物满200元赠送价值60元的商品(成本为36元，均为含税价)；三是购物满200元，返还60元的现金。假定该商场销售商品的毛利率为40%，销售额为200元的商品，其成本为120元。

请问：消费者同样购买200元的商品，该商场选择哪种促销方式最为有利？

税负分析：

方案一：商品7折销售，价值200元的商品销售价格为140元。

应纳增值税＝140÷(1＋16%)×16%－120÷(1＋16%)×16%＝2.76(元)

税后现金净流量＝140－120－2.76＝17.24(元)

方案二：购物满 200 元赠送价值 60 元的商品，其中赠送的 60 元商品应视同销售。

200 元商品应纳增值税＝200÷(1＋16％)×16％－120÷(1＋16％)×16％＝11.03(元)

赠送的商品应纳增值税＝60÷(1＋16％)×16％－36÷(1＋16％)×16％＝3.31(元)

应纳增值税总额＝11.03＋3.31＝14.34(元)

税后现金净流量＝200－120－36－14.34＝29.66(元)

方案三：购物满 200 元，返还 60 元的现金。

应纳增值税＝200÷(1＋16％)×16％－120÷(1＋16％)×16％＝11.03(元)

税后现金净流量＝200－120－60－11.03＝8.97(元)

从税负角度分析，方案一最优，企业缴纳的增值税总额最少。从税后现金净流量的比较来看，方案二最优。那么到底哪个是最优方案呢？

方案二非常类似于捆绑销售，相对于方案一而言，多销售了商品，也多获得了现金净流量，因此，方案二是最优方案。进一步分析，如果赠送商品的成本很高，那么方案二就不一定是最优的了，读者可以进行验证。

四、商业捐赠

税法规定，对商业捐赠的商品视同销售，一并计算缴纳增值税。

【例 7－8】 汇丰商场以销售国内外名牌服装为主，“五一”期间搞促销活动，推出了优惠的销售政策：凡购买一套西服便赠送一条领带。西服和领带的市场销售价格分别为1 160元(含税价)和 175.5 元(含税价)。

汇丰商场的具体操作为：对客户出具的发票是填写西服一套，价格为1 160元，同时领出领带一条，客户付款1 160元，在账务处理上记录的“主营业务收入”为1 000元[1 160/(1＋16％)]，销项税额为 160 元。对于赠送的领带则按实际进货成本结转，记入当期“销售费用”科目核算。按照《增值税暂行条例实施细则》规定：将自产、委托加工或购买的货物无偿赠送他人，应视同销售计算缴纳增值税。所以随同西服赠送的领带价值 175.5 元视同销售，计算增值税销项税额 24.21 元。此项销售活动每人次最终涉及增值税销项税额 184.21 元，同时补缴相应的企业所得税和个人所得税。

对商场而言，搞赠送活动旨在吸引顾客，加快销售，提高市场占有率，其结果却加重了企业的税收负担，增加了企业的现金流出。为此，汇丰商场邀请税务专家策划促销活动，税务专家设计了以下两种纳税筹划方案。

方案一：实行捆绑销售。将西服和领带价格分别下调，使两种商品的销售价格总额等于1 160元，并将西服和领带一起捆绑销售。这样，就能达到促销和节税的双重目的。

方案二：将赠送的领带作为销售折让。将西服按正常销售来对待，同时将赠送的领带按其销售价格以现金折扣的形式返还给客户。即在普通发票上填写西服一套，价格为1 160元，同时填写领带一条，价格为 175.5 元，同时以折扣的形式将 175.5 元在发票上反映，直接返还给客户，发票上的销售净额为1 160元，客户实际付款1 160元。此项活动的不含税销售收入为1 000元，增值税的销项税额为 160 元，从而减少了增值税销项税额 24.21 元，同时也规避了企业所得税和个人所得税。

五、捆绑销售

（一）买一赠一

税法规定，企业以“买一赠一”等方式组合销售本企业商品的，不属于捐赠，应将总的销售金额按各项商品的公允价值的比例来分摊确认各项销售收入，并可相应地结转商品成本。

“买一赠一”属于捆绑销售模式，所以，企业在销售活动中运用“买一赠一”方式替代商业捐赠行为，能够合理地控制税负。

【例7—9】 某房地产公司推出“买一赠一”促销活动，购买一栋300平方米、市场价为120万元的别墅，赠送一个车库，市场价为30万元。

请问：该房地产公司应如何确认主营业务收入？

“买一赠一”活动不属于捐赠，应将总的销售金额按别墅和车库的公允价值比例来分摊确认各项销售收入。

别墅价格＝120/(120＋30)×120＝96(万元)

车库价格＝30/(120＋30)×120＝24(万元)

（二）加量不加价

“加量不加价”是一种有效的促销方式，其操作要点是：在销售商品时，增加每一包装中的商品数量，而销售总价不提高，相当于商品打折销售，但可以起到打折销售不能实现的促销效果。同时，还可以加快存货周转速度，增加税前扣除项目金额，从而减轻企业所得税负担。“加量不加价”的促销模式，实际上是一种特殊形式的捆绑销售。

【例7—10】 某洗衣粉厂在进行洗衣粉促销时，推出的促销方式是“加量不加价”。该洗衣粉厂如果采取“买5 000克再送1 000克”的促销政策，就要为免费赠送的1 000克洗衣粉缴纳增值税并代扣代缴个人所得税。而采取“加量不加价”的促销模式，相当于6 000克洗衣粉卖5 000克的价钱，数量增加，价格不变，相当于洗衣粉打折销售，则该洗衣粉厂只需按照销售价格计算缴纳增值税，允许税前扣除6 000克洗衣粉的成本，从而减轻企业所得税负担。从税收筹划角度分析，“加量不加价”是一种很好的促销方式，不仅可以提高存货周转率，而且还可以减轻销售环节的税负，提高产品的市场竞争力。

【例7—11】 长兴公司生产CSC-150E型断路器零配件，该配件售价为100元(含税)，成本为60元，企业所得税税率为25%。有以下几种销售方案：

方案一：商品打7折销售(折扣在同一张发票上注明)。

方案二：购物满100元，返现金30元。

方案三：购物满100元，赠送30元购物券，附赠物品成本为18元。

方案四：购物满100元，商场送加量，顾客可再选购价值30元的商品，实行捆绑式销售，总价格不变，假设成本为18元。

这四种方案的增值税和企业所得税的计算过程为：

方案一：配件售价为含税销售额，需进行无税化处理。打折后的销售额为70元，则

应纳增值税＝70/(1＋16%)×16%－60/(1＋16%)×16%＝1.38(元)

销售毛利润＝70/(1＋16%)－60/(1＋16%)＝8.62(元)

应纳所得税＝8.62×25%＝2.16(元)

方案二:商场返还现金行为属商业折扣,与方案一相比只是定率折扣与定额折扣的区别,相关计算同方案一。

方案三:首先计算零配件应纳增值税:

零配件应纳增值税＝100/(1＋16%)×16%－60/(1＋16%)×16%

＝5.52(元)

其次,赠送价值30元的商品为视同销售,则

应交增值税＝30/(1＋16%)×16%－18/(1＋16%)×16%＝1.66(元)

由此,增值税合计为7.18元。

最后,视同销售收入应调增,则

调增后的销售毛利润＝(100＋30)/(1＋16%)－(60＋18)/(1＋16%)

＝44.83(元)

应纳所得税＝44.83×25%＝11.21(元)

方案四:商场为购物满100元的商品实行加量不加价的优惠。商场收取的销售收入没有变化,但由于实行捆绑式销售,避免了无偿赠送,因而加量部分成本可以正常列支而不需调增应纳税所得额,则

应交增值税＝100/(1＋16%)×16%－60/(1＋16%)×16%－18/(1＋16%)×16%＝3.03(元)

销售毛利润＝100/(1＋16%)－(60＋18)/(1＋16%)＝18.97(元)

应纳所得税＝18.97×25%＝4.74(元)

表7—1 **四种方案的税负比较** 单位:元

	营业收入	增值税(销一进)	企业所得税	税后净利润	纳税总额
方案一	70	1.38	2.16	67.84	3.54
方案二	70	1.38	2.16	67.84	3.54
方案三	100	7.18	11.21	88.79	18.39
方案四	100	3.03	4.74	95.26	7.77

由表7—2可以得出,企业在选择零配件的销售方式时,购物满额送加量是最好的销售方式,其次为赠送折扣券的促销方式,再次为打折酬宾和返还现金的方式。

第三节 销售模式及结算方式的纳税筹划

一、产品成套销售

当产品成套销售时,要特别注意套装产品各组成部分所适用的税率是否一致。如果套装产品中有应税产品,也有免税产品;有税率高的产品,也有税率低的产品,最好的办法是把产品

分开销售，独立核算分别计税，否则，税务机关征税时会从高适用税率。因此，套装产品的销售要规避税率从高征税的陷阱。

【例 7－12】 某酒厂生产粮食白酒与药酒组成的套装礼品酒进行销售。该厂对外销售的套装礼品酒单价为 600 元/套，其中粮食白酒、药酒各 1 瓶，均为 500 克装（假设该酒厂单独销售粮食白酒 400 元/瓶，药酒 200 元/瓶，礼品套装酒的包装费忽略不计）。请问该酒厂销售礼品套装酒应如何进行纳税筹划？根据现行的税法规定，粮食白酒的比例税率为 20%，定额税率为 0.5 元/500 克；药酒的比例税率为 10%。

该酒厂经过策划，可以采取以下两种纳税筹划方案。

方案一：先包装后销售。税法规定，将不同税率的应税消费品组成成套消费品销售的应按最高税率征税。因此，如果销售套装礼品酒，药酒不仅要按 20%的高税率从价计税而且还要按 0.5 元/500 克的定额税率从量计税。这样，该酒厂应纳消费税计算如下：

600×20%＋2×0.5＝121（元）

方案二：先销售后包装。即先将粮食白酒和药酒分品种销售给零售商，分别开具发票并分别核算收入，然后再由零售商包装成套装礼品酒后对外销售。在这种情况下，药酒仅需按 10%的比例税率从价计税，而且不必按 0.5 元/500 克的定额税率从量计税。这样该酒厂的应纳消费税为：

400×20%＋200×10%＋1×0.5＝100.5（元）

通过比较可知，每销售套装礼品酒一份，方案二就比方案一节省消费税（121－100.5）20.5 元。

二、代理销售

代理销售通常有两种方式：一是收取手续费的方式，即受托方根据所代销的商品数量向委托方收取手续费，这对受托方来说是一种劳务收入，需要缴纳增值税。二是视同买断，即委托方不采用支付手续费的方式委托代销商品，而是通过制定较低的协议价格鼓励受托方买断商品，受托方再以较高的市场价格对外销售。如果委托方为了统一市场价格，执意要受托方按一定的市场价格销售，那么双方可以调整协议价格以达到满意的合作结果。这种情况受托方无须缴纳增值税，但委托方、受托方之间的流通环节应视为正常销售行为，需要缴纳增值税。两种代销方式对委托双方的税务处理及总体税负水平是不相同的，合理选择代销方式可以达到合法节税的目的。

三、销售结算方式

与采购时的付款方式相对应，在销售时企业也可通过收款方式的选择进行纳税筹划。从本质上看，委托代销、分期收款销售与直接收款销售结算方式并无太大区别，它们最终都表现为货物所有权的转移和货款的收取，只是结算的方式不同而已。但从税收角度来看，不同的结算方式将导致应税收入的确认时间不同，纳税人缴纳税款的时间也不同。由于税款缴纳均为现金形式，企业如果能够在取得现金后进行税金支出显然是最好的选择，也可以降低财务风险。

【例 7－13】 某外贸公司与当地交通部门签订了一笔合同，由该外贸公司为交通部门从国外进口一批通信设备，销售额达3亿元。由于该外贸公司看到市场竞争激烈，怕失去交通部门这一重要客户，因此急于成交，草率签订了合同。合同中规定交通部门货到验收后付款，交通部门出于自身财务预决算的考虑，请求外贸公司在12月底以前开具正式的销售发票，该外贸公司认为进口商品会很快运抵，便同意了交通部门的请求，并马上开具了销售额为3亿元的增值税专用发票。由于进口谈判和季节周期等原因，该批通信设备截至次年2月还未运抵，但结果是该外贸公司在开票后确认销售收入的实现，先垫付了5 000万元的增值税，还提前确认销售收入，提前缴纳企业所得税。

对于上述外贸公司，在交易没有完成之前，轻率地开出销售发票，很容易出现垫付增值税的现象。这是由于交易的不确定性造成的，防止垫税的最佳方法是利用合同转嫁税负，在充分考虑结算方式和销售方式的前提下以合同条款的形式将交易活动控制在自己手中。实际上，该外贸公司完全可以通过分期销售方式来规避垫税风险。

每种销售结算方式都有其收入确认的标准条件，企业通过对收入确认条件的控制，可以控制收入确认的时间。因此，在进行纳税筹划时，企业可以采用合法的方式推迟销售收入的确认时间，延迟纳税。

如对发货后一时难以回笼的货款，可以作为委托代销商品处理，待收到货款时再出具发票纳税；尽量避免采用托收承付和委托收款结算方式销售货物，以防止垫付税款；在不能及时收到货款的情况下，采用赊销或分期收款结算方式以避免预付税款等。

【例7—14】 美华公司以生产化妆品为主，以一个月为一个纳税期限。预计5月28日销售化妆品10 000盒给永安商场，不含税单价为每盒100元，单位销售成本为40元。预计销售费用为50 000元。增值税税率为16%，消费税税率为30%，企业所得税税率为25%，城市维护建设税税率为7%，教育费附加征收率为3%。假设美华公司与永安商场均为增值税一般纳税人，所有购销业务均开具或收取增值税专用发票。在选择销售结算方式时，美华公司有以下几种方案：

方案一：直接收款销售结算。

《增值税暂行条例实施细则》规定：采取直接收款方式销售货物，不论货物是否发出，其纳税义务发生时间均为收到销售款或取得索取销售款凭据的当天。

在5月28日，无论是否收到货款，美华公司都应该确认收入，计算缴纳增值税、消费税和企业所得税。此方案的优点是可以在销售货物的同时及时收到货款，能够保证企业在取得现金后再支出税金。

方案二：分期收款销售结算。

若预计5月28日无法及时取得货款，可以采取分期收款销售结算方式。假设将上述货款平均分成4个月收取，每个月收取250 000元，合同约定分别在6月、7月、8月、9月各月的10日收取货款。销售费用50 000元在6月份发生。《增值税暂行条例实施细则》规定：采取赊销和分期收款方式销售货物，为书面合同约定的收款日期的当天，无书面合同的或者书面合同没有约定收款日期的，为货物发出的当天。

如购销双方签订书面合同约定收款日期为6月20日，则5月28日发出货物时无须确认收入，到6月20日再确认收入，缴纳税款。

此方案虽然不能减少纳税总额，也未增加税后净收益总额，但可以延迟纳税义务发生时间，减轻企业资金支付压力。

方案三：委托代销结算。

若美华公司于5月28日将化妆品委托给永安商场代销，合同约定永安商场以单价100元销售，每销售一盒化妆品可提取4元作为手续费（商场在交付销售清单时开具普通发票给美华公司）。美华公司5月份的销售费用则减少为10 000元。美华公司于7月20日收到永安商场的代销清单，上列已销售数量为8 000盒，不含税价款为800 000元。永安商场扣除手续费后，将余款通过银行支付给美华公司。

《增值税暂行条例实施细则》规定：委托其他纳税人代销货物，为收到代销单位的代销清单或者收到全部或部分货款的当天确认收入；未收到代销清单及货款的，为发出代销货物满180天的当天确认收入。

5月28日，由于尚未收到销售清单，所以无须确认该笔业务收入，也不需要计算缴纳相关税金，但5月份发生的销售费用10 000元，可以在计算5月份的应纳税所得额时扣除。

7月20日，美华公司收到永安商场的代销清单时，确认收入计算缴纳税金。

根据以上分析，可以得出以下结论：

(1)若预期在商品发出时可以直接收到货款，则选择直接收款方式较好；若商品紧俏，则选择预收货款销售方式更好，可以提前获得一笔流动资金，又无须提前纳税。

(2)若预期在发出商品时无法及时收到货款，采取直接收款的方式，则会出现现金净流出，表现为企业账面利润不断增加的同时，流动资金却严重不足。企业为了维持生产，可以向银行贷款解决资金问题，但又需要承担银行利息，加上尚未收到的货款还存在坏账风险，所以，财务风险大大增加。此时应选择分期收款或赊销结算方式，一方面可以降低销售方的财务风险，另一方面也可以减轻购买方的付款压力。

(3)自营销售与委托代销相比，委托代销可以减少销售费用总额，还可以推迟收入实现时间，但同时可能使纳税人对受托方产生依赖，一旦受托方出现问题可能给纳税人的生产经营活动带来很大危害。

第四节　销售返利及佣金的纳税筹划

一、销售返利的纳税筹划

为了促销，企业往往对销售产品的代理商给予货币或实物形式的销售返利，这种销售返利已经成为一种日趋成熟的商业模式。《国家税务总局关于平销行为征收增值税问题的通知》（国税发[1997]167号）规定：从1997年1月1日起，凡增值税一般纳税人，无论是否有平销行为（生产企业以商业企业经销价或高于商业企业经销价的价格将货物销售给商业企业，商业企业再以进货成本或低于进货成本的价格进行销售，生产企业则以返还利润等方式弥补商业企业的进销差价损失），因购买货物而从销售方取得的各种形式的返还资金，均应依所购货物的增值税税率计算应冲减的进项税额，并从取得返还资金当期的进项税额中予以冲减。

对于销售返利的纳税筹划思路主要有以下两种：

思路一：销售返利递延滚动到下一期间。把本期该返利的部分递延到下一期间，以销售折扣或销售折让的形式体现出来，这样可以合理抵减主营业务收入。这一方法适用于业务量大且交易稳定的代理商。

思路二：销售返利以“加量不加价”的方式体现在产品包装里。销售返利无法返还或不易直接返还时，可采用不同的产品包装，以加量不加价的方法解决。这也适用于交易稳定的代理商。

当然，一些企业通过固定资产、存货、福利品等实物形式实现销售返利，还有一些企业通过代为支付费用等形式返利，这些做法在一定程度上都是违法的，应引起注意。

【例 7—15】 某摩托车厂家拥有多家代理商，销售返利政策如下：代理商每次购买1 000辆摩托车，当累计达到3 000辆时，该摩托车厂家给予代理商 3%的销售返利，并当期支付给代理商。税务机关对此销售返利的看法是：由于是在代理商最后达到3 000辆时才给予销售返利，所以与税法规定不符，而且不能够在发票上体现折扣额，即不属于折扣销售。所以，必须按照销售收入全额确认收入纳税。对此情况，该摩托车厂家应该如何筹划销售返利呢？

该摩托车厂家邀请税务顾问为其进行纳税筹划，税务顾问设计了以下三种筹划方案：

方案一：当代理商的销售量达到3 000辆时，对最后的1 000辆给予 9%的折扣，并且在发票上注明折扣额。

方案二：当代理商的销售量达到3 000辆时，需要给的销售返利不在当期返还，而是作为下一期间的折扣额，在下一期间的销售发票上体现，即采取销售返利递延的方法处理。

方案三：当代理商为大型商场或超市时，给予代理商的销售返利一般转化为进场费、管理费或展销费，即大型商场或超市以收费形式替代销售返利，并为摩托车厂家开具增值税发票。

请分析三种筹划方案。

二、销售佣金及手续费的纳税筹划

《财政部、国家税务总局关于企业手续费及佣金支出税前扣除政策的通知》(财税[2009]29号)对销售佣金及手续费作出了以下规定：

1. 支出限额

企业发生与生产经营有关的手续费及佣金支出，不超过以下规定计算限额以内的部分，准予扣除；超过部分，不得扣除。

(1)保险企业：财产保险企业按当年全部保费收入扣除退保金等后余额的 15%(含本数，下同)计算限额；人身保险企业按当年全部保费收入扣除退保金等后余额的 10%计算限额。

(2)其他企业：按与具有合法经营资格的中介服务机构或个人(不含交易双方及其雇员、代理人和代表人等)所签订服务协议或合同确认的收入金额的 5%计算限额。

2. 扣除条件

(1)企业应与具有合法经营资格的中介服务机构或个人签订代办协议或合同，并按国家的有关规定支付手续费及佣金。除委托个人代理外，企业以现金等非转账方式支付的手续费及佣金不得在税前扣除。企业为发行权益性证券支付给有关证券承销机构的手续费及佣金不得在税前扣除。

(2)企业不得将手续费及佣金支出计入回扣、业务提成、返利、进场等费用。

(3)企业已计入固定资产、无形资产等相关资产的手续费及佣金支出，应当通过折旧、摊销等方式分期扣除，不得在发生当期直接扣除。

(4)企业支付的手续费及佣金不得直接冲减服务协议或合同金额，并如实入账。

(5)企业应当如实向当地主管税务机关提供当年的手续费及佣金计算分配表和其他相关资料，并依法取得合法、真实的凭证。

三、礼品赠送的纳税筹划

企业在促销活动中一般会涉及礼品赠送问题。企业发生的馈赠礼品事项，按照税法规定应缴纳税款，履行纳税义务。《财政部、国家税务总局关于企业促销展业赠送礼品有关个人所得税问题的通知》(财税[2011]50号)规定：企业在营销活动中以折扣折让、赠品、抽奖等方式，向个人赠送现金、消费券、物品、服务等(以下简称礼品)有关个人所得税问题按照如下方式处理：

(1)企业向个人赠送礼品，属于下列情形之一的，取得该项所得的个人应依法缴纳个人所得税，税款由赠送礼品的企业代扣代缴：

①企业在业务宣传、广告等活动中，随机向本单位以外的个人赠送礼品，对个人取得的礼品所得，按照“其他所得”项目，全额适用20%的税率缴纳个人所得税。

②企业在年会、座谈会、庆典以及其他活动中向本单位以外的个人赠送礼品，对个人取得的礼品所得，按照“其他所得”项目，全额适用20%的税率缴纳个人所得税。

③企业对累计消费达到一定额度的顾客，给予额外的抽奖机会，个人的获奖所得，按照“偶然所得”项目，全额适用20%的税率缴纳个人所得税。

(2)赠送的礼品是自产产品(服务)的，按该产品(服务)的市场销售价格确定个人的应税所得；是外购商品(服务)的，按该商品(服务)的实际购置价格确定个人的应税所得。

(3)一般管理费用中列支的礼品均属于应代扣代缴个人所得税的情形。取得礼品所得的个人应依法缴纳个人所得税，税款由赠送礼品的企业代扣代缴。

对于企业发生的礼品赠送行为，哪些情况下可以不缴纳个人所得税呢？

(1)实行折扣销售。企业在销售商品(产品)和提供服务过程中，通过价格折扣、折让方式向个人销售商品(产品)和提供服务，不征收个人所得税，即把赠品或对外捐赠之物作为价格折扣或折让向购买方提供。这种情况不构成商业捐赠，属于促销政策的范畴。

(2)赠送服务项目。企业在向个人销售商品(产品)的同时赠送服务项目，属于捆绑销售模式，一般不缴纳个人所得税。譬如，房地产公司在销售房产时向客户赠送物业服务(即免收若干年物业费)，就属于这种情况。

(3)累计消费送礼品。企业对累计消费达到一定额度的个人按消费积分反馈礼品。譬如，超市连锁企业对外销售办理消费积分卡，按照消费金额累计积分，并按积分赠送礼品，这种情况不需要缴纳个人所得税。

(4)作为宣传费用的礼品赠送。企业所赠送的礼品在采购时作为宣传费用处理，此种情形不需要缴纳个人所得税。但所购礼品必须符合宣传费的标准，且金额不宜过大，即开支属于宣传费的正常范围。

第五节 销售活动的其他纳税筹划

一、设立销售公司的纳税筹划

对于生产企业，设立销售公司不仅可以通过关联定价规避税收，而且还可以实现销售费用、管理费用、财务费用等的转移支付，加大税前费用扣除力度。

【例 7—16】 黄河酒厂主要生产粮食白酒，是一个大型骨干企业。以前该企业的产品销售是按照计划经济的模式来进行的，产品按照既定的渠道销售给全国各地批发商。随着市场的日益活跃，商品销售出现了多元化的格局，部分消费者也直接到生产企业购买一定数量的白酒。按照以往的经验，本市的一些零售商店、酒店、消费者每年到工厂直接购买的白酒大约为5 000箱(每箱 10 千克)。

为了提高企业的盈利水平，企业在本市设立了一个独立核算的白酒销售公司。该厂按照给其他批发商的产品价格与销售公司核算，每箱 400 元，销售公司再以每箱 480 元的价格对外销售。粮食白酒适用消费税税率 20%。黄河酒厂每年的业务招待费超支20 000元。

黄河酒厂应纳消费税额分析如下：

设立销售公司前应纳消费税＝5 000×480×20%＋20×5 000×0.5＝530 000(元)

设立销售公司后应纳消费税＝5 000×400×20%＋20×5 000×0.5＝450 000(元)

消费税节税额＝530 000－450 000＝80 000(元)

销售公司业务招待费可以列支金额＝500×480×5%＝12 000(元)

由于销售公司的设立，分流一部分业务，所以黄河酒厂可以将业务招待费转移到销售公司，税前多扣除业务招待费为12 000元，所以可以抵减所得税3 000元。通过设立销售公司筹划，黄河酒厂可实现节税额：

80 000＋3 000＝83 000(元)

二、关联定价的纳税筹划

转让定价是利用税率的差异或减免税的低税负政策，通过价格因素在企业之间转移利润的行为。实行转让价格的双方具有一定的隶属关系和互惠关系，属于关联方。转让定价会造成关联体内部之间利益的再分配，但能够从关联体整体角度降低税负。

【例 7—17】 振邦集团总部的所得税税率为 25%，其子公司振龙公司雇用残疾人比例达到 75%，被认定为福利企业，暂免征收企业所得税。振邦集团总部把成本 80 万元、原应按 20 万元作价的一批货物，以转让定价 100 万元销售给振龙公司，振龙公司最后以 140 万元的价格销售到集团之外。

下面比较转让定价对振邦集团总体税负水平的影响：

振邦集团按正常定价应负担的税收＝(120－80)×25%＝10(万元)

采用转让定价后：

振邦集团实际负担的税收＝(100－80)×25%＝5(万元)

则振邦集团可以实现的节税额＝10－5＝5(万元)

转让定价之所以广泛运用，是因为任何一个商品生产者和经营者及交易双方均有权根据自身的需要确定所生产和经营产品的价格标准，只要交易双方是自愿的，别人就无权干涉，这是一种合法行为。但有失公允的转让定价会被税务机关调节或处罚，所以转让定价筹划具有一定的风险。

【例 7—18】 甲企业和乙企业为异地关联企业，当两企业承受的税率不同时，将利润从税率高的企业向税率低的企业转移，有利于关联企业整体税负的减少。(1)当甲企业税率较高时，采取低价出货给乙企业，从乙企业高价进货的方法，将利润转移给乙企业，减少应纳税额。(2)当乙企业适用税率较高时，甲企业采取从乙企业低价进货、高价出货的方式，将利润转移到甲企业，减少应纳税额。

假如甲、乙企业为异地非关联企业，甲企业的税率高于乙企业，甲企业先于乙企业抬高进价、压低售价的方法，会使非关联企业获益，自己反倒吃亏，因而要引入丙企业。假定丙企业与甲企业是关联企业，且丙企业与乙企业同处一地，适用税率与乙企业、丙企业按内部价格核算，再由丙企业与乙企业按市场价格进行正常交易。

由于现实经济生活的复杂性，甲、乙企业可能为同城企业，也可能是异地企业，但如果适用税率相同，有时并不涉及交易活动，可能只涉及集团内部的税费分摊。这时上面的模型便不能说明问题，需借助复杂的转让定价模型，即通过建在低税区或避税地的中转公司进行转让定价，将利润转入低税区或避税地以实现节税的目的。还有更复杂的，利用关联交易非关联化处理，即引入非关联的第三方甚至更多方，通过多边关系多重交易过程实现转让定价。

另外，关联企业之间的劳务转让定价、资金借贷转让定价、资产租赁转让定价、无形资产转让定价、管理费用分摊转让定价等使利润从集团内高税率公司向低税率公司转移的操作原理与货物交易是相同的。

复习思考题

1. 企业采用委托销售方式销售货物时，纳税筹划应该考虑哪些要点？
2. 企业采用分期收款销售方式销售货物时，纳税筹划应该考虑哪些要点？
3. 企业采用促销方式销售货物时，纳税筹划应该考虑哪些要点？
4. 销售返利的纳税筹划方法有哪些？
5. 请辨析佣金、返利、回扣、贿赂四个概念，你认为在商业实践中应如何合理筹划。

案例分析题

案例一

分开核算筹划方案

杜美思(深圳)装饰材料有限公司是增值税一般纳税人，主要从事装饰装修材料的销售业务，同时又承揽一些装饰装修业务。杜美思(深圳)装饰材料有限公司对外销售装饰装修材料获得含税销售收入38万元，另外又承接装饰装修业务获得劳务收入19万元。

思考：杜美思(深圳)装饰材料有限公司可以采取什么样的纳税筹划方式来减轻税负？

案例二 促销模式的纳税筹划

华润商业(集团)公司以几项世界名牌服装的零售为主，商品销售的平均利润率为30%。它们准备于春节期间在北京开展一次促销活动，以扩大该企业在当地的影响。经测算，如果将商品打八折让利销售，企业可以维持在计划利润的水平上。在促销活动的酝酿阶段，企业的决策层对销售活动的涉税问题了解不深，于是他们向普利税务师事务所的注册税务师提出咨询。

为了帮助该企业了解销售环节的涉税问题，并就有关问题做出决策，普利税务师事务所提出了三个方案进行税收分析：

方案一：让利(折扣)20%销售，即企业将10 000元的货物以8 000元的价格销售。

方案二：赠送20%的购物券，即企业在销售10 000元货物的同时，另外再赠送2 000元的购物券，持券人仍可以凭购物券购买商品。

方案三：返还20%的现金，即企业销售10 000元货物的同时，向购货人赠送2 000元现金。

思考：请从纳税筹划角度分析比较以上三个促销方案。

案例三

某商场为增值税一般纳税人，销售利润率为30%。现销售500元商品，且成本为350元。国庆期间为了促销，准备采用四种方式：

A. 采取以旧换新的方式销售，旧货价格定为50元。

B. 商品九折销售。

C. 购买物品满500元，返还50元。

D. 购买商品满500元，赠送价值50元的小商品，小商品的成本为35元。

以上价格均为含税价，假设消费者购买一件价值500元的商品，请分析四种方式下商场增值税税收负担情况。

第八章　利润分配的纳税筹划

第一节　企业利润形成的纳税筹划

《企业所得税法》规定：企业应就其来源于中国境内外的所得缴纳所得税。其计算公式如下：

应纳税所得额＝收入总额－不征税收入－免税收入－各项扣除－允许以前年度的亏损

上述公式由三个要素构成：收入、各项扣除和以前年度亏损。显然，企业利润形成过程中的基本纳税筹划应围绕这三个要素展开。在税率既定的条件下，该过程的筹划思路是：尽量缩小企业所得税的税基，从而达到减少企业所得税或递延所得税的目的。缩小企业所得税的税基，就是缩小企业当期的应纳税所得额，可从两个方面进行筹划：减少当期的收入或增大当期的收入减项。

一、收入总额的纳税筹划

《企业所得税法》第六条规定，企业的收入总额包括以货币形式和非货币形式从各种来源取得的收入，具体包括销售货物收入，提供劳务收入，转让财产收入，股息、红利等权益性投资收益，利息收入，租金收入，特许权使用费收入，接受捐赠收入和其他收入。

由于《企业所得税法》对收入构成、收入确认条件、收入计量等内容规定得都十分明确和具体，特别是国家税务总局印发的《关于确认企业所得税收入若干问题的通知》(国税函[2008]875 号)对商品销售收入、提供劳务收入等的确认条件和时间都进行了具体的规范，因而在收入总额筹划方面，现行税收法律政策提供给纳税人筹划的政策空间相对较小，纳税人主要考虑的是通过适当的筹划，使收入合法地实现递延，从而获得货币的时间价值。因此，企业可根据实际情况，选用不同的销售方式和确认时点进行推迟收入确认时间的纳税筹划。销售货物收入具体的纳税筹划，可参见本书第七章，下面就租金收入的递延进行分析。

【例 8－1】　东方经贸公司将其闲置的房产出租，与承租方签订房屋出租合同中约定：租赁期为 2017 年 9 月至 2018 年 9 月；租金 200 万元，承租方应于 2017 年 12 月 20 日和 2018 年 6 月 20 日各支付租金 100 万元。按照这样的合同，东方经贸公司应于 2014 年 12 月 20 日将 100 万元的租金确认为收入，并计入 2017 年度的应纳税所得额；2018 年 6 月 20 日也应将 100 万元的租金确认为收入，并在 2018 年 7 月 15 日前计算预缴企业所得税。东方经贸公司在订立合同时可做如下改变：其一，将支付时间分别改为 2018 年 1 月以及 7 月，就可以轻松地将与租金相关的两笔所得税纳税义务延迟一年和一个季度；其二，不修改房租的支付时间，但只是将“支付”房租改为“预付”，同时约定承租期末进行结算，相关的收入可以得到更长时间的延长。

二、不征税收入的纳税筹划

不征税收入，是指能够流入企业，但按照企业所得税法的规定企业不需要承担企业所得税纳税义务、不纳入企业所得税课税范围的经济利益，具体有：(1)财政拨款；(2)依法收取并纳入财政管理的行政事业性收费、政府性基金；(3)国务院规定的其他不征税收入。按照《企业所得税法实施条例》第二十六条的解释，属于不征税收入范围的财政拨款是指各级人民政府对纳入预算管理的事业单位、社会团体等组织拨付的财政资金；纳入不征税范围的行政事业性收费，是指依照法律法规等有关规定，按照国务院规定程序批准，在实施社会公共管理，以及在向公民、法人或者其他组织提供特定公共服务过程中，向特定对象收取并纳入财政管理的费用；属于不征税收入范围的政府性基金，是指企业依照法律、行政法规等有关规定，代政府收取的具有专项用途的财政资金；国务院规定的其他不征税收入，是指企业取得的由国务院财政、税务主管部门报国务院批准的有专门用途的财政性资金。

此外，符合条件的软件企业按照《财政部、国家税务总局关于软件产品增值税政策的通知》(财税[2011]100 号)规定取得的即征即退增值税款，由企业专项用于软件产品研发和扩大再生产并单独进行核算，可以作为不征税收入，在计算应纳税所得额时从收入总额中减除。

分析现行政策不难发现，税法对上述的不征税收入都有明确的界定，纳税人也必须按照税法的规定，对相关收入是否属于不征税收入作出明确的定性，既不能将应税收入误为不征税收入而发生不缴税与少缴税问题，也不能将不征税收入误作应税收入多缴所得税。因此，对不征税收入的筹划，纳税人主要做两件事：第一，企业应当尽量取得并保存好相关的政府文件资料；第二，对相关收入单独核算，若为未按《财政部、国家税务总局关于专项用途财政性资金企业所得税处理问题的通知》(财税[2011]70 号)规定的单独核算，则应作为企业应税收入计入应纳税所得额。

三、免税收入的纳税筹划

《企业所得税法》第二十六条规定：国债利息收入，符合条件的居民企业之间的股息、红利等权益性投资收益，在中国境内设立机构、场所的非居民企业从居民企业取得与该机构、场所有实际联系的股息、红利等权益性投资收益，符合条件的非营利组织的收入为免税收入。其中，国债利息收入，是指企业持有国务院财政部门发行的国债取得的利息收入；符合条件的居民企业之间的股息、红利等权益性投资收益，是指居民企业直接投资于其他居民企业取得的投资收益，但不包括连续持有居民企业公开发行并上市流通的股票不足 12 个月取得的投资收益。

免税收入的纳税筹划，就是充分利用税法中对免税收入的规定，在经营活动的一开始就进行相应的筹划。当企业有暂时闲置的资产而进行对外投资时，可考虑选择国债或居民企业的股票、股权进行直接投资尤其是投资于享受优惠税率的企业，其节税效果更佳。

【例 8—2】 甲、乙两公司同为某集团公司的子公司，甲公司按 25%的税率缴纳企业所得税，而乙公司被认定为高新技术企业，享受 15%的优惠企业所得税税率。通过对母公司的安排，甲公司将部分产能以股权投资的形式投资于乙公司，假设该部分产能可形成 100 万元的净利润，则该部分产能在甲公司应缴纳的企业所得税为(100×25%)25(万元)，在乙公司应缴纳的企业所得税为(100×15%)15(万元)。按现行企业所得税法，甲公司从乙公司获得的分红为免税收入，则实际节税(25—15)10(万元)。

提示：上述筹划不能改变乙公司符合高新技术企业的认定条件，如高薪收入占比、技术人员占比、研发费用占比等。

总之，收入类调整项目的纳税筹划主要通过以下几个方面：

(1)获取免税收益。公司可利用闲置资金进行投资，获取免税收益。主要途径有：购买国债，由于国债利息收入不用缴税，可以获取税收上的利益；持有其他居民企业的股权以获取股息和红利，可以获得税收收益并增强企业之间的合作。

(2)争取减税优惠。《企业所得税法》第三十三条规定：企业综合利用资源，生产符合国家产业政策规定的产品所取得的收入，可以在计算应纳税所得额时减计收入。如果公司设备所需的主要原材料属于《资源综合利用企业所得税优惠目录》规定的资源，则可以获得减税优惠。企业应该对生产流程进行整顿，注意资源利用细节，缩减生产成本，对资源综合利用，从而可以减按原收入的90%计算所得税。

(3)折扣收入和折让收入须合法。不符合税收规定的销售折扣和折让是要进行纳税调整的，企业在取得收入之前要确保销售方式是正确的，避免税务审查机关进行纳税调整，导致利益损失。

四、各项扣除项目的纳税筹划

各项扣除项目，是指税法规定的实际发生的与取得收入有关的、合理的支出，包括成本、费用、税金、损失和其他支出。成本，是指企业在生产经营活动中发生的销售成本、业务支出及其他耗费；费用，是指企业发生的，除已计入成本的有关费用之外的管理费用、销售费用和财务费用；税金，是指纳税人按规定缴纳的、除企业所得税之外的各项税金；损失，是指企业经营活动中实际发生的各项财产的损失；其他支出，是指除成本、费用、税金、损失外，企业经营活动中发生的有关的、合理的支出，以及符合财政部、国家税务总局规定的其他支出。

税法同时规定了不得扣除的项目：资本性支出，无形资产受让、开发支出，违法经营的罚款和被没收财物的损失，因违反法律、行政法规而交付的罚款、罚金、滞纳金，自然灾害或者意外事故损失有赔偿的部分，超过国家规定允许扣除标准的捐赠，各种赞助支出，与取得收入无关的其他各项支出，为其他企业提供与本身应税收入无关的担保而承担的本息支出，职工宿舍修理费，当年应计未计扣除项目，国家税收法规规定可提取的准备金之外的任何形式的准备金，期货交易所和期货经纪机构提取的准备金，粮食类白酒广告宣传费，未经批准的价内外基金及收费，建立住房基金和住房周转金制度的企业出售给职工住房的损失，已出售或出租住房的折旧费用和维修费，住房公积金超过规定标准的部分，给购货方的回扣、贿赂等非法支出，超过或高于法定范围和标准部分的费用，金融企业返还的手续费，企业承租者上交的租赁费，劳务服务企业缴纳的就业保障金及滞纳金等。

在企业的业务状况既定也就是收入和开支项目既定的情况下，增加准予扣除的项目必然会减少当期的应纳税所得额，进而减少当期的应纳所得税额。所以，各项扣除筹划的基本思路是：尽量增加当期允许扣除的各项支出；对于不允许扣除或限制扣除的项目，则尽量避免发生支出，或一定条件下将其转换为可扣除的项目。

（一）费用、损失确认与分摊的筹划

权责发生制下，费用的确认一般有三种方法：一是直接作为当期费用确认；二是按其与营业收入的关系加以确认，凡是与本期收入有直接联系的耗费，就是该期的费用；三是按一定的方法计算摊销额予以确认。

费用确认的筹划首先要求对已经发生的费用、损失及时入账。已发生的各项费用及时核销入账；已发生的坏账、存货和其他资产的盘亏与毁损及时查明原因，并及时向主管税务机关报备相关手续，然后作出相应的账务处理。当然，企业的成本也应及时归纳、结转，税金也应及时计算、缴纳和抵扣。

《企业所得税法》确认了收入和费用的权责发生制原则，为一些费用的计提与摊销提供了纳税筹划的空间，如固定资产的折旧费、大修理费，无形资产的摊销，低值易耗品、包装物的摊销等。这类费用摊销的筹划，通常遵循当期分摊最大化的原则，以争取递延纳税的好处。当然，若企业在享受所得税减免期间，费用分摊的原则通常应该为当期最小化，以争取将费用扣减更多机会延到不能享受税收优惠期间。

【例 8－3】 夏季，第 10 号台风给福建中部沿海地区带来强风和暴雨，导致泉州某瓷砖生产厂家一仓库坍塌，造成仓库中大部分瓷砖及包装纸箱损毁，企业清点总损失为 160 万元，并报保险公司。事后，保险公司赔偿 30 万元，企业财务将该净损失 130 万元计入营业外支出。年度企业所得税汇算清缴时，主管税务机关认为，依据《企业资产损失所得税税前扣除管理办法》，该企业未就该项损失向税务机关进行报备，且未能提供相关证明材料，不得作为损失扣除。为此，调增应纳税所得额 130 万元。

（二）工资性支出项目的筹划

工资性支出项目包括工资、薪金支出和根据工资总额的一定比例计提的职工福利费、职工教育经费和工会经费等工资性费用。现行税法规定：企业发生的合理的工资、薪金支出，准予扣除；企业发生的职工福利费、职工教育经费、拨缴的工会费分别在不超过工资、薪金总额 14%、2.5%、2%以内的部分准予扣除。

1. 一般性工资支出项目

进行一般性工资性支出的筹划，可采取以下措施：第一，福利较多的企业，超支福利以工资的形式发放；第二，加大教育投入，增加职工教育、培训的机会，努力提高职工素质；第三，费用或支出转化成工资形式发放，如兼任企业董事或监事职务的内部职工，可将其报酬计入工资、薪金，或持有本企业股票的内部职工，可将其应获股利改为以绩效工资或年终奖金形式予以发放。

【例 8－4】 某民营企业由 7 位亲朋好友共同出资注册成立，公司生产经营扩大后，为鼓励和留住优秀员工，管理层开始实行“全员持股计划”。该计划实施后，公司的主要管理人员、技术人员和部分生产一线骨干均有条件获得数量不等的公司股份，享受公司的年终分红。后财务经理提出，经过测算，除持股比例较大的股东外，其余员工的年终分红大部分可改为增加每月的绩效工资发放，这样，在员工个人所得税税负总体未提高的情况下，企业每年还可增加

工资性支出扣除300万元以上。经过公司股东会讨论，公司采纳了财务经理的建议。为此，企业每年可少缴(300×25%)75万元以上的企业所得税。

提示：如果企业的工资支出大大超过同行业的正常工资水平，可能被税务机关认定为非合理的支出，而予以纳税调整。

2. 国家鼓励安置的就业人员工资支出项目

现行税法还对企业支付给残疾人的工资作了加计100%扣除的规定。但《残疾人就业条例》规定：用人单位应当按照一定的比例安排残疾人就业，就业的比例不得低于本单位在职职工总数的1.5%，用人单位安排残疾人就业达不到其所在地省、自治区、直辖市人民政府规定比例的，应当缴纳残疾人就业保障金。

【例8—5】 福建泉州某企业2016年利润总额为500万元，职工总数为100人，月平均安置残疾人25人，残疾人平均月工资为2 500元，不考虑其他因素，分析如下：

加计扣除额＝2 500×12×25＝750 000(元)

加计扣除而节省的企业所得税＝750 000×25%＝187 500(元)

退还增值税＝25×35 000＝875 000(元)

由于退还增值税免征企业所得税，则

节税额计量＝187 500＋875 000＝1 062 500(元)

该企业免缴残疾人就业保障金＝(单位在职职工总人数×1.6%—0)×统计部门公布的上年度职工年平均工资×60%＝(100×1.6%—0)×35 902×60%＝34 465.92(元)

【例8—6】 假设上述企业月平均安置残疾人1人，其他条件不变，则

加计扣除＝2 500×12×1＝30 000(元)

加计扣除而节省的企业所得税＝30 000×25%＝7 500(元)

少缴残疾人保障金＝(单位在职职工总人数×1.6%—在职残疾人职工人数)×统计部门公布的上年度职工年平均工资×60%＝(100×1.6%—1)×35 902×60%＝12 924.72(元)

可见，企业适当聘用残疾人员工，节省税费的效果是非常明显的。即使只聘用一名残疾人员工，少缴的残疾人保障金也非常可观，而且，企业的员工人数越多，聘用残疾人员工的人数越多，这种节省税费的效果越明显。

提示：企业要享受残疾人工资加计扣除和减免残疾人保障金的政策优惠，并不是聘用残疾人员工就可以了，还要满足相关法律、政府文件规定的条件及完成相关程序。

(三)业务招待费的纳税筹划

现行税法和财务会计制度均未对业务招待费给予准确界定，但在税务执法实践中，税务机关通常将业务招待费的支付范围规定如下：

第一，企业生产经营需要而宴请或工作餐的开支。

第二，因企业生产经营需要而赠送纪念品的开支。

第三，因企业生产经营需要而发生的旅游景点参观费和交通费及其他费用的开支。

第四，因企业生产经营需要而发生的业务关系人员的差旅费开支。

按现行税法，企业发生的与取得收入有关的、合理的直接费用，通常都能在计算企业所得税前据实全额扣除，但对业务招待费则规定了扣除的双重标准，即发生额的60%，同时不得超

过当年销售(营业)收入的5‰,这就意味着企业的业务招待费至少有40%得不到扣除。所以,企业业务招待费的税收筹划,除了应按规定的营业收入比例严格控制业务招待费外,还可在以下几方面作出筹划:

1. 区分业务性质,避免费用被业务招待费化

餐费和交通住宿等差旅费是业务招待费中最常见的项目,但在企业非招待性的业务中也常常发生这两项费用,因此,企业的财务部门需要认真区分这些费用的性质,将业务招待费与差旅费、会议费和职工福利费严格区分。同时,把不属于业务招待费的餐费、差旅费、会议费等区分出来,分别核算,避免将这些费用列入业务招待费。而且,最好不要单独开具餐费、礼品发票,而应根据实际用途按大类开具发票。

【例8—7】 长江公司2017年度发生会务费、差旅费共计18万元,业务招待费6万元,其中,部分会务费的会议邀请函以及相关凭证等保存不全,导致5万元的会务费无法扣除。该企业2017年度的销售收入为400万元。

根据税法规定,若凭证票据齐全,则18万元的会务费、差旅费可以全部扣除,但其中凭证不全的5万元会务费只能算作业务招待费,而该企业2017年度可扣除的业务招待费限额为(400×5‰)2万元。超过的9万元(6+5—2)不得扣除,也不能转到以后年度扣除。仅此项超支费用企业需缴纳企业所得税2.25(9×25%)万元。

就该项业务筹划,企业应加强财务管理,各种会务费、差旅费都按税法规定保留完整、合法的凭证,则至少可少缴纳企业所得税2.25万元;同时,还可进行事先筹划,将业务招待费尽量控制在2万元以内。

2. 相近业务费用的适当转换

实际工作中,企业的业务招待费经常与业务宣传费、会议费等存在着相互交叉、可以相互替代的项目内容,如企业参加产品交易会、展览费等发生的餐饮、住宿等费用,如果参会凭证齐全,就可以作为会议经费列支;如果参会凭证不齐全,则列为业务招待费支出。外购礼品用于赠送的,应作为业务招待费,但如果礼品是纳税人自行生产或经过委托加工,对企业的形象、产品有标记及宣传作用的,也可作为业务宣传费。这就为业务招待费的转化提供了筹划空间。虽然业务宣传广告费有不超过营业收入15%的限额,但其开支范围远大于业务招待费,且超限额部分可无限期向以后年度结转,而会议费则完全没有金额限制。

【例8—8】 安徽某企业每年举行一次产品宣传会。往年的产品宣传会,公司都外购10万元左右的"文房四宝"作为礼物赠送给重要客户,该笔支出按规定计入业务招待费。近期由于公司业务招待费超过税法规定的限额,为控制业务招待费的金额,财务经理建议将本年外购的"文房四宝"改为委托外单位加工,且外包装印上本公司的LOGO等标识,经此操作,可将该项支出列入业务宣传费,从而使业务招待费控制在税法规定的限额之内,则可节税(10×25%)2.5万元。

提示:税法规定,纳税人申报扣除的业务招待费,主管税务机关要求提供证明材料的,应提供能证明真实性的、足够的有效凭证或材料。会议费证明材料包括会议时间、地点、出席人员、内容、目的、费用标准、支付凭证等。

(四)广告宣传费的纳税筹划

《企业所得税法实施条例》第四十四条规定:企业发生的符合条件的广告费和业务宣传费

支出，除国务院财政、税务主管部门另有规定外，不超过当年销售（营业）收入15%的部分，准予扣除；超过部分，准予在以后纳税年度结转扣除。

尽管广告宣传费超出比例部分可无限期向以后纳税年度结转，但是过度的广告费支出，不仅会抵减年度利润，而且会因超出比例而进行纳税调整，从而加重当期税收负担。因此，企业除应正确选择广告形式，优化广告费、业务宣传费支出外，税收筹划的重点是扩大广告费的扣除限额，其通常的做法是成立单独核算的销售子公司，这样就增加了一道营业收入，在整个集团利润总额未改变的情况下，费用限额扣除的标准可获得提高。

【例8—9】 甲企业为新建企业，生产儿童食品，适用广告费扣除率15%，企业所得税税率25%。企业年初推出一种新产品，预计年销售收入8 000万元（假如本地销售1 000万元，南方地区销售7 000万元），需要广告费支出1 500万元。

方案一：产品销售统一在本公司核算，需要在当地电视台、南方地区电视台分别投入广告费500万元、1 000万元。

方案二：鉴于产品的主要市场在南方，可在南方设立独立核算的销售公司。销售公司设立以后，与甲企业联合起来做广告宣传。成立销售公司预计需要支付场地、人员工资等相关费用30万元，向当地电视台、南方地区电视台分别支付广告费500万元、1 000万元。南方销售公司的销售额仍然为7 000万元，甲企业向南方销售公司按照出厂价6 000万元销售，甲企业当地销售额为1 000万元。

分析：方案一由于广告费超出扣除限额（1 500－8 000×15%）300万元，尽管300万元广告费可以无限期得到扣除，但毕竟提前缴纳所得税（300×25%）75万元。

在方案二中，若南方销售公司销售收入仍为7 000万元，这样甲企业向南方公司移送产品可按照出厂价作销售，此产品的出厂价为6 000万元，甲企业准予扣除广告费限额为[（1 000＋6 000）×15%]1 050万元，南方销售公司准予扣除的广告限额为（7 000×15%）1 050（万元），这样准予税前扣除的广告费限额为2 100万元，实际支出1 500万元的广告费可由两公司分担，分别在甲企业和销售公司的销售限额列支，且均不作纳税调整。同时，由于销售公司对外销售的价格不变，整体增值额也不会加重整体的增值税负担。对两家公司来说，方案二比方案一当年增加净利（75－30）45万元。

提示：上述独立销售公司的设立，不仅使整个集团的广告宣传费扣除限额得到提高，业务招待费的扣除限额也同样得以提高。

（五）住房公积金的纳税筹划

《企业所得税法实施条例》第三十五条规定："企业依照国务院有关主管部门或者省级人民政府规定的范围和标准为职工缴纳的住房公积金，准予扣除。"结合《住房公积金管理条例》和《关于住房公积金管理若干具体问题的指导意见》的有关规定，形成住房公积金税前扣除双重计算标准：

（1）单位和职工缴存比例不应低于职工本人上一年度月平均工资的5%，原则上不高于12%；

（2）缴存住房公积金的月工资基数，原则上不应超过职工工作地所在辖区的市级统计部门公布的上一年度职工月平均工资的2倍或3倍。

提示：住房公积金月缴存额的上限由企业所在地政府规定，只要是在规定的限额内支付的住房公积金，企业均可在税前列支，职工也可不计入个人所得税的应纳税所得额，所以，将住房公积金支付的比例尽可能提高到最高限额是企业与职工双赢的支出项目。

（六）公益性捐赠支出的纳税筹划

《企业所得税法》第九条规定："企业发生的公益性捐赠支出，在年度会计利润总额12%以内的部分，准予在计算应纳税所得额时扣除。"其中，公益性捐赠是指企业通过公益性社会团体或者县级以上人民政府及其部门，用于《中华人民共和国公益事业捐赠法》规定的公益事业的捐赠。

目前，国内企业公益性捐赠模式可以分为六类：一是企业纯现金捐赠模式；二是企业现金捐赠＋个人捐赠模式；三是企业现金捐赠＋实物捐赠模式；四是纯实物捐赠模式；五是企业实物捐赠＋个人捐赠模式；六是公益基金捐赠模式。

从税收角度来看，企业现金捐赠模式没有额外成本，但有12%的扣除比例上限；个人捐赠模式不增加企业的纳税负担，但对本人也有个人所得税应纳税额30%的扣除比例上限；实物捐赠模式因视同销售或转让财产，需缴纳增值税等流转税及企业所得税；公益基金捐赠没有限额，也完全免税，但企业要自己设立并运作公益性基金会，相关要求很高，其运作成本也不低。

1. 企业公益性捐赠纳税筹划的要求

（1）分清捐赠对象与捐赠中介。企业的捐赠应通过税法规定的公益性社会团体和政府机关，而不是直接向受赠人捐赠。

（2）把握捐赠的时机。企业的捐赠应兼顾企业的盈利情况，盈利多的年度多捐赠，盈利少的年度少捐赠，不盈利的年度则考虑暂停捐赠。

（3）捐赠手续与程序的完备。企业进行捐赠税前扣除申报，不仅应附送由具有捐赠税前扣除资格的非营利的公益性社会团体、基金会和县及县以上人民政府及其组成部门出具的公益救济性捐赠票据，同时还应当附送接受捐赠或办理转赠的公益性社会团体、基金会的捐赠税前扣除资格证明材料等。

2. 企业公益性捐赠纳税筹划的思路

视企业情况和捐赠项目情况不同，有以下几种筹划思路可供参考。

（1）小型微利企业的年应纳税所得额或资产总额在临界点附近时，可通过适当的捐赠降低利润总额或资产总额，以达到税法规定的小型微利企业要求。

【例8－10】 某企业资产总额在3 000万元以下，在职员工60人，预计当年会计利润为30.5万元。按现行企业所得税法，该企业当年应按25%的税率缴纳企业所得税，但若企业增加一笔1万元的公益性捐赠支出，则企业可认定为小型微利企业，所得税税率降为20%。捐赠前后的结果计算如下：

捐赠前：

应纳所得税额＝30.5×25%＝7.625（万元）

企业净利润＝30.5－7.625＝22.875（万元）

捐赠后：

应纳所得税额＝（30.5－1）×20%＝5.9（万元）

企业净利润＝30.5－1－5.9＝23.6(万元)

可见，捐赠1万元后，企业的净利润反而比不捐赠多了0.725万元。

(2)企业的捐赠超过当年扣除上限时，可由企业的大股东或高管个人捐赠一部分，其捐赠的效果没有本质区别。

(3)集团企业捐赠，可在母子公司之间、子公司之间分配捐赠额，以控制捐赠额不突破12%的扣除上限。

(4)具备条件的大企业，可设立并通过公益性基金会进行捐赠。

【例8—11】 长兴公司2018年会计利润为1 000万元，假设预计2019年会计利润也为1 000万元，为提高产品知名度及市场竞争力，树立良好的社会形象，公司决定向贫困地区捐赠200万元。现提出三套方案：

方案一：2018年底直接捐给贫困地区。

方案二：2018年底通过省级民政部门捐赠给贫困地区。

方案三：2018年底通过省级民政部门捐赠100万元，2019年初通过省级民政部门再捐赠100万元。

从纳税筹划角度来分析，其区别如下：

方案一：公司直接向贫困地区捐赠的200万元不得在税前扣除，2018年应纳企业所得税为(1 000×25%)250万元。

方案二：公司通过省级民政部门向贫困地区捐赠200万元，只能在税前扣除(1 000×12%)120万元，超过120万元的部分不得在税前扣除，当年应纳企业所得税为[(1 000－1 000×12%)×25%]220万元。

方案三：公司分两年进行捐赠，由于2018年和2019年的会计利润均为1 000万元，两年捐赠的100万元均没有超过扣除限额120万元，可在税前扣除。2018年和2019年每年应纳企业所得税均为[(1 000－100)×25%]225万元。

通过比较可知，长兴公司采取第三种方案最好，尽管都是对外捐赠200万元，但通过捐赠方式的筹划，可以增加扣除项目金额，实现节税。

总之，各项扣除类调整项目(包括职工福利费、职工教育经费支出、工会经费支出、业务招待费支出、广告费与业务宣传费支出、利息支出、加计扣除等)的纳税筹划要注意以下几个方面：

(1)充分利用“三费”的税前扣除限额。公司发生的职工福利费、工会经费、职工教育经费分别在不超过工资、薪金总额14%、2%、2.5%以内准予扣除，职工教育经费可在以后纳税年度结转扣除。这三项费用的扣除额度应达到最大化，如果不能达到最大化，“三费”之间可以在财务上适当做一些转换，以达到最大扣除额度。由于职工教育经费可以结转扣除，还可以适量增加职工教育经费，用于弥补来年可能不足的部分。

(2)业务招待费、广告费和业务宣传费的筹划。首先，业务招待费、广告费和业务宣传费要达到最大化扣除，并尽量控制在可以扣除的范围之内，避免产生不必要的开支，同时这几项费用可以合理转换，达到综合的最大扣除额度。

为使扣除额度达到最大，可以提前做费用预算，充分利用业务招待费的扣除额度。其计算公式为：

业务招待费发生额×60%=营业收入×5‰

业务招待费发生额=营业收入×5‰÷60%

首先，由于每年的营业收入是可以预测的，则根据预测的营业收入可以推算出可达到最大扣除的业务招待费发生额，根据此数据做费用预算，可以得到最优效果。

其次，业务招待费中的会议费、差旅费、出差餐补等费用如果有合法的会计凭证可以全额在税前扣除，会计在做账时应将这些费用分离出来，作为其他费用在税前扣除。

最后，业务招待费、广告费和宣传费如果不能最大额度地扣除，则可设立独立核算的销售公司，将费用在总公司与子公司之间进行分摊，这样可以充分利用扣除额度，增加税前扣除金额，减少企业所得税。

《企业所得税法实施条例》规定：企业发生的与生产经营活动有关的业务招待费支出，按照发生额的60%扣除，但最高不得超过当年销售(营业)收入的5‰；企业发生的符合条件的广告费和业务宣传费支出，除国务院财政、税务主管部门另有规定外，不超过当年销售(营业)收入15%的部分，准予扣除；超过部分，准予在以后纳税年度结转扣除。

(3)充分利用加计扣除项目。《企业所得税法》第三十条规定：企业的下列支出，可以在计算应纳税所得额时加计扣除：开发新技术、新产品、新工艺发生的研究开发费用；安置残疾人员及国家鼓励安置的其他就业人员所支付的工资。企业为开发新技术、新产品、新工艺发生的研究开发费用，未形成无形资产计入当期损益的，在按照规定据实扣除的基础上，按照研究开发费用的50%加计扣除；形成无形资产的，按照无形资产成本的150%摊销。企业安置残疾人员的，在按照支付给残疾职工工资据实扣除的基础上，按照支付给残疾职工工资的100%加计扣除。

(4)营业外支出主要有赞助支出、捐赠支出等。《企业所得税法》第九条规定：企业发生的公益性捐赠支出，在年度利润总额12%以内的部分，准予在计算应纳税所得额时扣除。公益性捐赠是指企业通过公益性社会团体或者县级以上人民政府及其部门，用于《中华人民共和国公益事业捐赠法》规定的公益事业的捐赠。企业自行直接发生的捐赠以及非公益性捐赠不得在税前扣除。

如果企业的对外捐赠在所难免，则企业不妨将其看作一种广告效应，通过对外捐赠提升知名度，同时可增加税前扣除项目，减轻企业所得税负担。

企业对外捐赠应注意两个方面：第一，必须通过公益性社会团体或者县级以上人民政府及其部门来捐赠；第二，在当年会计利润的12%以内捐赠，超过会计利润12%的部分不得扣除。如果捐赠额度较大，可以选择分期捐赠，在2～3年内达到预定捐赠数额，这样每年都可以在税前全额扣除。

五、以前年度亏损弥补的纳税筹划

《企业所得税法》第十八条规定：企业纳税年度发生的亏损，准予向以后年度结转，用以后年度的所得弥补，但结转年限最长不得超过5年。这就将用以后年度利润弥补亏损分成了两种情况：5年内可在所得税前弥补，超过5年的亏损则只能用税后利润或通过其他途径弥补。显然，后一种情况将使企业损失可观的税收利益。因此，企业发生亏损后，基本的筹划就是尽量争取在其后的5年内用税前利润弥补完，且越早弥补对企业越有利。

若情况允许，企业则可在5年的亏损弥补期内尽量提前确认收入或延后列支费用，如将可列为当期费用的项目予以资本化，或将某些可控的费用延后支付等。

【例8－12】 某公司财务部门测算2017年度的利润总额为60万元，尚有税法允许用税前利润弥补的亏损余额80万元，而2017年度是可税前利润弥补的最后一年。为争取当年能在税前弥补完，财务部门梳理了2017年度的业务，发现2017年度尚有一笔50万元的广告费需在月内支付。经与对方协商，5月先支付30万元，下月初再支付剩余的20万元。如此，2017年度的费用减少20万元，利润总额则增加了20万元，使得80万元的以前年度亏损余额能在本年度全部弥补完，节税（20×25%）5万元。

当然，企业也可沿用上述思路，在税前利润弥补亏损的5年期限到期前，继续造成企业亏损，从而延长税前利润补亏这一优惠政策的期限。

提示：税法中的"年度亏损"，不是企业会计报表中反映的亏损额，而是主管税务机关按税法规定核实调整后的金额。

总之，利用亏损弥补政策的纳税筹划要注意以下几个方面：

（1）选用正确的时机弥补以前年度亏损

企业在经营期间难免发生亏损，企业发生的亏损可在以后5个年度内弥补，因此企业应更改亏损后的经营方式，尽量在5个年度内将亏损弥补完毕，避免出现再度亏损的风险，充分利用亏损的节税效应。如果亏损当年有大量的固定资产折旧，可在会计账务处理上将亏损移至下一年度，避免折旧与亏损产生的折旧效应相互抵消。

（2）合理收购亏损企业以筹划节税

按税法规定，汇总、合并纳税的成员企业发生的亏损，可直接冲抵其他成员企业的所得额或并入母公司的亏损额，不需要用本企业以后年度所得弥补。被兼并企业若不再具有独立纳税人资格，其兼并前尚未弥补的经营亏损，可由兼并企业用以后年度的所得弥补。

第二节 企业所得税的纳税筹划

由于企业利润形成后面临的税收即为企业所得税，一般将企业所得税计算、缴纳（包括预缴）过程中涉及的税收筹划称为企业所得税筹划。除了本章第一节介绍的利润形成过程中的税收筹划，实际工作中，企业所得税的筹划方法还有许多，下面就较常见的一些方法进行讲解。

一、所得税征收方式的纳税筹划

企业所得税的征收方式包括查账征收和核定征收两类，其划分的主要依据是企业会计核算的规范程度，也就是对会计核算较为健全的企业实行查账征收，对会计核算相对不健全的企业实行核定征收。在实际工作中，如何认定企业会计核算是否健全，很难有一个客观、统一的标准，因此，新成立的小型微利企业可能面临在核定征收和查账征收之间作出选择的问题。

【例8－13】 某玩具生产企业，刚成立时由于企业规模较小、会计核算制度不够健全，税务机关决定采用核定应纳税所得率的办法征收企业所得税，核定企业的应税所得率为15%。

企业在发展初期大胆创新，产品市场差异化显著，在局部市场取得良好的销售业绩，销售利润率高达30%，总销售收入为300万元，企业所得税税率为25%。假定企业会计利润和税法利润一致，不存在纳税调整事项，则应缴纳企业所得税为(300×15%×25%)11.25万元；若企业按照查账征收的方式缴纳企业所得税，应缴纳企业所得税为(300×30%×25%)22.5万元，比核定征收多缴纳企业所得税11.25万元。多出的纳税额，实际上是其实际销售利润率比核定销售利润率(应税所得率)高出1倍所致。

该企业在经营几年后由于后续资金匮乏，产品缺乏后续创新能力且市场上其他竞争者纷纷跟进争夺市场，企业销售利润率大幅下降到10%，此时企业应向税务机关提出转为查账征收，以合理降低税负。假定企业的总销售收入为300万元，如果继续采用之前核定征收的方式，则核定征收企业所得税为(300×15%×25%)11.25万元；如果企业转为查账征收，企业所得税为(300×10%×25%)7.5万元，将比继续采用核定征收减少所得税额(11.25—7.5)3.75万元。

提示：按现行企业所得税征管规定，核定征收企业可以申请转为查账征收，而查账征收企业在任何情况下都不能转为核定征收。

二、所得税预缴的纳税筹划

企业所得税按纳税年度计算，分月或者分季预缴。月度或者季度终了后15日内预缴，年度终了后5个月内汇算清缴。企业分月或者分季预缴企业所得税时，应当按照月度或者季度的实际利润额预缴，按照实际利润额预缴有困难的，可以按照上一纳税年度应纳税所得额的月度或者季度平均额预缴，或者按照经税务机关认可的其他方式预缴。

此外，企业所得税预缴的相关规定还有：企业预缴款中少缴的税款不作为偷税处理，汇算清缴期限内补缴即可，不加收滞纳金；多预缴的所得税税额，在下一年度内抵缴；抵缴后仍有结余的，或者下一年度发生亏损的，应及时办理退库。

因此，所得税预缴的筹划关键在于如何做到在预缴期间合法地尽可能少预缴，特别是不在年终形成多预缴需退税的结果。办法是根据企业的实际情况，审时度势，确定最佳的预缴方法。如果企业预计当年的效益比上年好，则可选择按上一年度应纳税所得额的一定比例预缴；反之，则应按实际数预缴。

三、争取优惠税率的纳税筹划

(一)企业所得税比例税率的类型

根据现行所得税法及相关政策规定，目前企业所得税税率有以下几种类型：

1. 25%税率

这是企业所得税的基本税率，凡是未能享受企业所得税税率优惠的企业即按25%的税率征收企业所得税。

2. 20%税率

符合条件的小型微利企业适用此税率。其条件中，年度应纳税所得额在30万元以内。

3. 15%税率

国家重点扶持的高新技术企业、符合条件的西部大开发企业、符合条件的深圳前海企业等享受此项优惠税率。

4. 12.5%税率

符合条件、实行"两免三减半"或"三免三减半"优惠的企业，在减半期间的所得税实际税率为12.5%；企业从事农、林、牧、渔规定项目的所得减半征收企业所得税。

5. 10%税率

国家规划布局内的重点软件企业和集成电路设计企业，如当年未享受免税优惠的，可减按10%的税率征收企业所得税。

6. 零税率

实行"两免三减半"或"三免三减半"优惠的企业，在免税期间的所得税实际税率为零；企业从事农、林、牧、渔规定项目的所得免征企业所得税。

此外，我国"老、少、边、穷"地区和民族自治地方政府往往也有一些所得税税收优惠政策，如《西藏自治区人民政府关于我区企业所得税税率问题的通知》(藏政发[2011]14号)。这些地区的税收优惠政策，国家和地方政府通常没有明确规定需要企业满足经营期长短的条件。

现行企业所得税法的税收优惠采用"以产业优惠为主，区域优惠为辅，兼顾社会进步"的原则，税收优惠的主要内容涵盖：促进技术创新和科技进步，鼓励基础设施建设，鼓励农业发展及环境保护与节能，支持安全生产，统筹区域发展，促进公益事业和照顾弱势群体等。企业所得税是所有税种中税收优惠最多的一种，充分利用这些优惠政策是企业所得税筹划的重点，而争取税率优惠则是最直接、节税效果最明显的筹划。

企业所得税税率筹划，就是通过各种方式，为企业争取到最优惠的所得税税率。

(二)地域性税率优惠纳税筹划

目前，享受企业所得税地区性税率优惠的政策主要有：符合条件的西部大开发企业、深圳前海企业、一些"老、少、边、穷"地区和民族自治地区享受15%的优惠税率。若为新设立企业，部分地区还同时享受"两免三减半"或"三免三减半"的所得税优惠。

此外，企业既符合西部大开发15%优惠税率条件，又符合《企业所得税法》及其实施条例和国务院规定的各项税收优惠条件的，可以同时享受。在涉及定期减免税的减半期内，可以按照企业适用税率计算的应纳税额减半征税。

企业进行地区性的税收优惠筹划，通常需要结合原料供应、能源供应、劳动力资源、产品市场等多种因素，分析不同优惠政策所能带来的预期收益，同时综合考虑各项税收筹划成本因素，才能取得预期的效果。

(三)产业投资的税率优惠纳税筹划

《企业所得税法》第二十五条规定：国家对重点扶持和鼓励发展的产业和项目，给予企业所得税优惠，这些产业和项目主要有：企业从事农、林、牧、渔规定项目的所得免征或减半征收企业所得税；国家重点扶持的公共基础设施项目，从事符合条件的环境保护、节能节水项目的所得，享受"三免三减半"的所得税优惠；国家规划布局内的重点软件企业和集成电路设计企业，如当年未享受免税优惠的，减按10%的税率征收企业所得税；符合条件的集成电路生产企业，享受"两免三减半"或"五免五减半"的所得税优惠(2017年之前)；新办的集成电路设计企业和符合条件的软件企业享受"两免三减半"的所得税优惠(2017年之前)。

【例 8－14】 广东温氏食品集团有限公司是广东省最大的农业龙头企业，是“公司＋农户”模式的代表，其“公司＋农户”合作模式的主要内容是：由养户提供场地，负责饲养，温氏食品集团有限公司提供猪（鸡）苗、饲料、药物和技术指导，肉猪（鸡）由公司包销，销售所得扣除公司提供的猪（鸡）苗、饲料、药物等成本后剩余部分（毛利）归农户所有。

分析：“公司＋农户”运作可以理解为委托养殖，公司提供猪（鸡）苗、饲料、药物和技术指导，主要养殖成本由公司出，对受托养殖农户支付劳务费，公司收回肉猪（鸡）再销售，也属于“农业生产者销售的自产农产品”。所以，公司可以享受增值税、企业所得税优惠。公司另一个筹划重点是，将大部分农产品简单加工业务前移给农户，通过其手工作坊进行加工制作成农业初级产品，然后公司再以收购的方式将农业初级产品收购过来，进行再加工。这样，既实现公司享受减免企业所得税政策，又实现最大化抵扣增值税进项税额的目的。

提示：产业投资税收优惠在《企业所得税法》及其实施条例中规定得比较笼统，企业要进行此类税收筹划，需要持续关注相关政策性文件的出台。

（四）高新技术企业税率优惠的纳税筹划

《企业所得税法》第二十八条规定：国家重点扶持的高新技术企业，减按 15％的税率征收企业所得税。

高新技术企业税收优惠政策的享受，建立在企业资质之上，每项政策优惠最终能否获得，关键看当地主管税务机关的认可和审批，其直接依据就是各类资质证书文件。所以，企业应尽快申报自身的知识产权或提前安排以独占使用方式拥有该自主知识产权，取得高新技术企业证书、软件企业证书等资质是筹划的关键。

在具体操作过程中，若企业短期不能申报知识产权，可考虑外购，集团企业则可在集团内优化配置相关资源。

高新技术企业的认证，除了认证条件较高外，往往还有认证完后的持续要求和时间限制。譬如，企业 2016 年获得政府颁发的高新技术企业证书，实际是以 2013 年、2014 年、2015 年三年的相关数据去申请的，到 2016 年开始享受三年的所得税优惠税率，那么，企业必须保证从 2016 年开始的三年里，每年的高薪收入占比、科研人员占比、研发投入等都能继续符合税法规定的要求，并履行规定的相关程序，才有可能获得当年的优惠税率。所以，企业在进行这种类型的税收筹划时，一定不要以为获得认证后就可高枕无忧了，要想真正享受相应的税收优惠，企业还需持续地进行相关的筹划管理。

此外，高新技术企业的固定资产技术含量高、价值大，而且高新技术产业技术更新快，产品的生命周期相对较短，固定资产的更新改造以及处置会更加频繁地发生；同时，高新技术企业若要保住持续的高新技术资质认证，则研发投入必不可少。因此，企业可以充分利用这两个特点，通过对折旧方法的选择和研发费用的加计扣除进行纳税筹划。

提示：高新技术企业的筹划专业性强，持续管理时间长，企业最好委托专业代理机构或税务专家进行相关的纳税筹划。

（五）小微企业的税率优惠筹划

《企业所得税法》第二十八条规定：符合条件的小型微利企业，减按 20％的税率征收企业所得税。

根据现行相关政策法律，小型微利企业应同时符合以下六个条件：(1)国内的居民企业；(2)从事国家非限制和禁止的行业；(3)建账核算自身应纳税所得额；(4)年度应纳税所得额不超过 30 万元；(5)从业人数在规定范围内，工业企业不超过 100 人，其他企业不超过 80 人；(6)资产总额在规定范围内，工业企业不超过3 000万元，其他企业不超过1 000万元。

从以上规定可知，除前三项必备条件外，税法认定小微企业的条件由三个要素构成：年度应纳税所得额、从业人员和资产总额(同时还应该是从事国家非限制和禁止的行业)。因此，小微企业的税率优惠筹划也就是围绕这三个要素条件的筹划。当企业处于这三个要素条件临界点附近时，应安排好年度应纳税所得额、职工人数和资产总额，使得企业符合小微企业的标准，从而享受 20%或 10%的企业所得税优惠税率。

显然，当企业的三个要素条件都低于规定数额时，企业只需等待被认定为小微企业，而不必做额外的筹划(临近上限时需注意控制收入或费用)；但当企业的三个要素条件(包括其中的任一个)都高于规定的数额时，企业则需要做出相应的筹划。

1. 企业要素条件低于规定数额时的纳税筹划

当年度应纳税所得额略高时，可考虑推迟收入的实现或适当增加费用支出，如多购办公用品、捐赠等；当从业人数略高于规定数额时，可筹划以支付劳务报酬的形式替代部分员工工资或暂时辞退部分员工；当资产规模略高于规定数额时，可考虑提前偿还债务、捐赠现金资产等，若应纳税所得额还有增加的空间，则还可考虑转让资产。

【例 8—15】 福建某服装生产企业财会部门于 12 月测算当年的应纳税所得额为 28 万元；企业的从业人数全年月平均值为 92 人；截至 11 月末，资产总额的全年月平均值为3 005万元，12 月份资产的月初数为2 950万元，月末数预计为3 050万元。请问，该企业如何筹划才能被认定为小微企业？(注：小微企业的从业人数和资产总额指标按全年月平均值确定。)

筹划步骤如下：

第一步，分析企业达标小微企业的情况。

企业为国内企业；服装生产经营非国家限制和禁止的行业；企业有自己的财会部门，能独立核算应纳税所得额；财会部门测算的当年应纳税所得额为 28 万元，在 30 万元标准线之下；从业人员全年月平均值为 92 人，在规定标准 100 人之下；资产总额截至 11 月末的全年月平均值为3 005万元，12 月的资产总额月平均值为[(2 950＋3 050)÷2]3 000万元，则资产总额的全年月平均值为[(3 005×11＋3 000)÷12]3 004.58万元，超出税法规定上限(3 004.58－3 000)4.58 万元。

显然，企业仅资产总额一项条件未达标。所以，筹划点为 12 月末的资产总额。

第二步，计算 12 月末的资产总额达标数。

设 12 月份的资产总额达标数为 A，按税法规定，资产总额全年月平均值在3 000万元以内，则

$3\,000=(3\,005\times 11+A)\div 12$

计算得 $A=2\,945$(万元)

设 12 月末的资产总额达标数为 B，则

$2\,945=(2\,950+B)\div 2$

计算得 $B=2\,940$(万元)

也就是说,企业必须将年末资产总额降到2 940万元以下,全年的资产总额平均值才能达到小微企业规定的条件。

由于财务部门预计筹划前的12月末资产总额为3 050万元,与达标额2 940万元相比超额110万元,所以,企业必须减少110万元以上的资产。

第三步,分析企业资产的具体情况,寻找可行性方案。

分析企业的财务状况,有一笔200万元的一年期银行循环借款,经与银行沟通,12月末先归还该笔借款,次年1月初再借回。

经过上述筹划,企业12月末的资产总额将降为:

12月末的资产总额=3 050－200=2 850(万元)

12月的资产总额月平均值=(2 950＋2 850)÷2=2 900(万元)

资产总额全年月平均值=(3 005×11＋2 900)÷12=2 996.25(万元)

由此,资产总额达到税法规定标准,企业可以享受小微企业优惠政策,则

企业所得税节税额=28×(25%－20%)=1.4(万元)

2. 要素条件远高于规定数额时的纳税筹划

如果要素条件大大超过了小微企业的标准,企业调整相关数据实际已不可能,或者机会成本将高于节省的税金,此时,企业可以考虑把该企业进行分立,组成几个小微企业,每个小微企业经营某一方面的专业业务,从而能享受到小微企业的政策优惠。当然,企业要权衡分立的各种成本,如注册费、各种管理费用等,可结合公司未来的业务发展规划战略,慎重决策。

【例8－16】 接【例8－15】,假设截至11月末的资产总额月平均值为3 050万元,其他条件不变,则12月的资产总额月平均值需降为2 450万元,12月末的资产总额则需降为1 950万元,这也就意味着12月末必须减少资产(3 050－1 950)1 100万元,这种减少是不现实的。所以,企业想要享受小微企业的优惠政策,只能早做分拆的打算。

四、减计收入的纳税筹划

这类项目在现行税法中主要有两项:一是资源综合利用项目;二是技术转让项目。

(一)资源综合利用减计收入

企业以《资源综合利用企业所得税优惠目录》(以下简称《目录》)规定的资源作为主要原材料,生产国家非限制和禁止并符合国家和行业相关标准的产品取得的收入,减按90%计入收入总额。按《目录》的规定,共生伴生矿产资源,废水(液)废气、废渣和再生资源3大类别、16项资源被列为综合利用的资源,企业利用这些资源生产《目录》规定的产品,并符合《目录》规定的技术标准,就可享受企业所得税优惠政策。

若企业生产过程中伴生《目录》中的资源,或是周边有大量廉价的该类资源,可酌情调整该类资源作为原材料的使用比例,以符合税法规定,企业不仅可以享受所得税的优惠,通常也享受增值税的退税优惠。比如国内的上市公司中,宝新能源(000690)、恒源煤电(600971)利用煤矸石发电,企业不仅变废为宝,获得廉价原材料,还可享受增值税、所得税的税收优惠,取得了较好的经济效益。

（二）技术转让收入减免所得税

居民企业技术转让所得不超过500万元的部分，免征企业所得税；超过500万元的部分，减半征收企业所得税。非居民企业取得技术转让所得，减按10%的税率征收企业所得税。

技术转让的税收筹划，应特别注意遵守规定的程序。如应签订技术转让合同须在政府相关部门登记、审批，同时应单独计算技术转让所得，并合理分摊企业的期间费用。在筹划方法上，可参照前面的收入、费用筹划，合理地确认技术转让的收入和费用，使企业的技术转让所得尽可能在税法规定的减免税金额的范围内，还可一定程度上结合关联交易进行筹划，但应避免100%的关联方交易。

五、税额抵免的纳税筹划

现行税法中，也规定了一些所得税额直接抵免的税收优惠条款，主要有以下两项：

（1）创业投资企业采取股权投资方式投资于未上市的中小高新技术企业2年以上的，可以按照其投资额的70%在股权持有满2年的当年抵扣该创业投资企业的应纳税所得额；当年不足抵扣的，可以在以后纳税年度结转抵扣。

该项目的纳税筹划主要考虑两个方面：一是在投资对象上，应选择符合规定条件的中小高新技术企业，这样，既可享受投资抵免税额的优惠，也因投资对象是高新技术企业享受15%的优惠税率而使得投资收益含金量更高；二是投资企业应及时、充分地抵扣。

（2）企业购置并实际使用《环境保护专用设备企业所得税优惠目录》《节能节水专用设备企业所得税优惠目录》《安全生产专用设备企业所得税优惠目录》规定的环境保护、节能节水、安全生产等专用设备的，该专用设备的投资额的10%可以从企业当年的应纳税额中抵免；当年不足抵免的，可以在以后5个纳税年度结转抵免。

享受规定的企业所得税优惠的企业，应当实际购置并自身实际投入使用规定的专用设备；企业购置上述专用设备在5年内转让、出租的，应当停止享受企业所得税优惠，并补缴已经抵免的企业所得税税款。

进行该类项目的税收筹划应注意两点：第一，购买的设备必须是上述三个目录中的设备，且购置设备时需取得相关技术标准证明；第二，由于存在5年的抵免期限额，购买设备的时间点也就成为一个重要的筹划点。

【例8—17】 某企业集团于2015年8月成立了一家全资子公司，为保障生产安全，准备于2015年12月购置一大型安全生产专用设备，该设备价款为300万元。企业按规定可于2015～2020年5年期限内抵免所得税（300×10%）30万元。因该企业生产的产品为新型产品，预计未来3年企业将面临亏损，第4年起企业将逐渐盈利，2015年及未来6年的预计利润额（假设无任何纳税调整事项）如表8—1所示。该企业应如何进行筹划，才能最大限度地节税？

表8—1　　企业2015～2021年预计利润额　　单位：万元

年　份	2015	2016	2017	2018	2019	2020	2021
年利润	—200	—120	—50	80	130	250	400

情况分析：如果企业于2015年12月购置该安全生产设备，则企业未来各年应缴纳的企业

所得税为：

2015～2017 年为亏损年度，不需要缴纳企业所得税。

2018～2019 年弥补前三年的亏损后仍未有盈利，也不需要缴纳企业所得税。

2020 年弥补以前年度亏损后利润额为 90 万元，应缴纳企业所得税＝90×25％＝22.5 万元，扣除购置安全生产专用设备抵免额后，不需缴纳企业所得税。

2021 年应缴纳企业所得税＝400×25％＝100（万元）

筹划思路：如果企业经过筹划，将该安全生产设备的购置时间推迟一个月，即在 2016 年 1 月份购买，则企业 2015～2020 年应缴纳的企业所得税不发生变化；企业 2021 年应缴纳的企业所得税还可以扣减安全生产设备的剩余抵免额 7.5 万元，应缴纳的企业所得税减少为 92.5 万元，企业由此获得 7.5 万元的节税收益。

六、通过关联交易的所得税筹划

关联交易又称关联方交易，《企业会计准则第 36 号——关联方披露》规定：关联方交易，是指关联方之间转移资源、劳务或义务的行为。2009 年 1 月 8 日颁布的《特别纳税调整实施办法（试行）》对常见的关联交易类型做了列举：（1）有形资产的购销、转让和使用；（2）无形资产的转让和使用；（3）提供劳务；（4）融通资金。

关联交易的纳税筹划，是指企业通过关联方之间的交易，使业务、利润从高税关联方转移到低税或免税关联方，从而达到关联方之间整体税负降低的目的。这种税收筹划，由于关联交易安排的不同，既可节省流转税，也可节省所得税，还可节省这两税之外的其他税收。

传统的关联交易纳税筹划是通过转让定价实现的。转让定价是指企业集团内部成员企业之间或其他关联企业之间相互提供产品、劳务或财产而进行的内部交易作价。至于这种转让定价的目标指向，通常就是降低关联方之间整体的所得税负担。

【例 8—18】 假定 A 和 B 是某集团企业的两个关联公司，A 公司的所得税税率是 25％，B 公司的所得税税率是 15％。某一纳税年度，A 公司生产集成电路板 10 万张，成本为每张 20 元，全部出售给关联的 B 公司，再由 B 公司向外销售。A 公司可以按照每张 20 元的价格将这批集成电路板出售给 B 公司，B 公司再按每张 30 元的市场价格将这批集成电路板出售给一个非关联的客户。

显然，通过上述转让定价的关联交易，该项业务的利润全部由 25％税率的 A 公司转移到了 15％税率的 B 公司，节省企业所得税[（30－20）×10％×（25％－15％）]0.1 万元。

《企业所得税法》和《特别纳税调整实施办法（试行）》实施后，提高了转让定价的涉税风险，大大压缩了采用这一方式进行纳税筹划的空间。对【例 8—18】而言，由于该交易违背了《特别纳税调整实施办法（试行）》规定的“独立交易原则”，主管税务机关不仅要对 A 公司与 B 公司之间的交易价格进行调整，还要对 A 公司少交税款加收利息。

尽管如此，相关税法的实施只是压缩了现有关联交易的税收筹划空间，而不能堵死包括转让定价在内的关联交易的筹划空间，更何况，不同税负的企业始终存在。而且随着世界经济一体化，企业的经济业务越来越复杂，关联交易的形式也层出不穷。比如，研发项目的转移，公司高管人员的薪酬、担保、赠与，资产或股权的托管，关联交易后通过应收或应付款占用资金等。所以，通过关联交易进行的税收筹划，仍然是集团企业尤其是跨国公司最重要的税收筹划手段。

提示：为控制转让定价的税务风险，纳税人可进行预约定价安排。纳税人可以向主管税务机关提出与其关联企业之间业务往来的定价原则和计算方法，主管税务机关审核、批准后，与纳税人预先约定有关定价事项，监督纳税人执行。这种与主管税务机关就转让定价问题进行预先谈判的方式，可以让企业充分、有效地管理和控制相关风险。

七、并购中的所得税纳税筹划

并购是企业重要的资本经营方式，企业可以通过并购进行战略重组，达到多样化经营的目标或发挥经营、管理、财务上的协同作用，使企业取得更大的竞争优势。合理的税收筹划不仅可以降低企业并购的成本，实现并购的最大效益，甚至可以影响企业并购后的兴衰存亡。由于并购对象不同，并购中可能涉及多种税收的筹划，这里仅介绍所得税的筹划。

现行企业所得税法的基本税率为25%，但仍存在不少地域性、产业性的所得税税收优惠。企业在选择并购的目标企业时，可选择能享受到这些优惠措施的企业作为并购对象，并购后改变整个企业的注册地，使并购后的纳税主体能取得此类税收优惠。

盈利企业可以选择那些在一年中严重亏损或连续几年不曾盈利、已拥有相当数量亏损的企业作为兼并对象和目标公司，以亏损企业的账面亏损冲抵盈利企业的应纳税所得额，以充分利用盈损互抵减少纳税的优惠政策，使兼并企业所得税税负减轻。当然，前提是并购符合《财政部、国家税务总局关于企业重组业务企业所得税处理若干问题的通知》(财税[2009]59号)和《企业重组业务所得税管理办法》(国家税务总局公告2010年第4号)的规定，且有信心重整被兼并的企业。

【例8—19】 股份有限公司A 2010年欲兼并亏损国有企业B，已知A公司已发行股票4 000万股，股票面值为2元，市价为每股4元，该公司近几年的应纳税所得额比较稳定，预计合并后每年约为1 000万元。企业B在合并前账面资产为500万元，2009年亏损100万元，以前年度无亏损，该企业经评估确认的价值为800万元。已知合并后A公司的股票面值基本不会变化，增值后的资产平均折价年限为5年。并购方案有以下两个可供选择：

方案一：公司A用160万股股票和160万元购买B企业。

方案二：公司A用185万股股票和60万元购买B企业。

分析：

方案一：A公司用160万股股票(即公允价值640万元的股权)和160万元现金购买B企业，因股权支付额小于交易支付额的85%，按规定此项交易则应按照普通合并进行税务处理。A公司应按公允价值确定接受B企业各项资产和负债为计税基础，且B企业的亏损不能在A公司结转弥补；B企业的全部资产均应按交易价格确认资产转让所得或损失，并计算缴纳企业所得税，税额为[(800−500)×25%]75万元。因为企业合并后，B企业不复存在，这笔税款实际应由A公司缴纳，且企业B的亏损不能弥补。这时已知A公司的利润为1 000万元，累计折旧为(800÷5)160万元，税后利润为[1 000×(1−25%)+160×25%]790万元，扣除B企业应缴纳的企业所得税税后利润为715万元。

方案二：A公司用185万股股票(即公允价值740万元的股权)和60万元现金购买B企业，股权支付额大于交易支付总额的85%，按规定此项交易则可选用特殊合并进行税务处理。

A公司接受B企业全部资产和负债的计税基础为B企业原来的账面净值，且B企业以前年度的亏损可按规定由合并企业A弥补；企业B不确认全部资产的转让所得或损失，但应将非股权支付额60万元所对应的增值额确认为当期应纳税所得，即为[(800－500)×60÷800]22.5万元，应纳税额为(22.5×25%)5.625万元，该税款应由A公司缴纳。

可由A公司弥补的被合并企业B亏损的限额为(800×4.4%)35.2万元(4.4%为2010年我国第三次发行50年期国债票面年利率)。根据国家税务总局公告2010年第4号第二十六条规定，该限额是指按税法规定的剩余结转年限内，每年可由合并企业弥补的被合并企业亏损的限额。因此，A公司2010年可弥补B企业的亏损为35.2万元，余下64.8万元可在以后年度进行弥补。

这时，A公司弥补B企业亏损后的盈利为(1 000－35.2)964.8万元，每年加计的折旧为(500÷5)100万元，税后利润为[1 000×(1－25%)＋35.2×25%＋100×25%]783.8万元，扣除B企业应缴纳的企业所得税，税后利润为778.175万元，比方案一多63.175万元，且还有64.8万元留待以后年度弥补亏损。

比较两个方案的结果，方案二不仅税后利润增加，支付的现金也减少，从而减少了企业的筹资压力。虽然方案一中A公司按公允价值确定接受B企业各项资产为计税基础，每年税前可抵扣折旧比方案二多(160－100)60万元，折旧年限内可少缴所得税[(800－500)×25%]75万元，但B企业在确认资产转让所得时要多交(75－5.625)69.375万元的所得税，合并后应由A公司缴纳，且B企业亏损的部分不能弥补，从整个折旧年限来看，方案二更优。

八、跨国经营的所得税纳税筹划

世界经济日趋一体化，使企业的国际化经营方式日益普遍，在跨国经营的过程中，由于各国税制结构、税率、税收优惠措施及税收征管水平等的不同，跨国税收筹划很自然地成为跨国公司热衷的行为。就税收的种类而言，跨国税收筹划有可能规避多种税收，但从世界主要国家跨国公司的实践看，所得税的筹划是其最重要的筹划税种。下面介绍跨国经营中所得税筹划的主要方法。

（一）回避税收管辖权的纳税筹划

国际税收筹划的主要内容是减轻或消除跨国纳税人在有关国家的纳税义务，而跨国纳税人要避免在一国的纳税义务，首先必须有效地避免该国的税收管辖权。目前，世界上不少国家在确定是否对非居民企业的所得和收益征税时，会采用常设机构标准，所以，对跨国经营企业来说，避免成为常设机构就避免了在非居住国有限的纳税义务，特别是当居住国税率低于非居住国税率时，避免成为高税率的非居住国常设机构，获得非居住国的免税优惠，就成为很有效的跨国经营纳税筹划策略。因此，跨国经营者可通过货物仓储、存货管理并非设立常设机构来获得在非居住国免税的优惠。

【例8－20】 中兴通讯股份有限公司是一家综合性通信设备制造企业，其经营业务已经从少量产品出口发展到大规模承包电信工程。由于业务的需要，公司会与海外客户签订一系列涉及常设机构的合同。避免成为海外经营地的常设机构可以在签订合同时采用以下方式：境外公司签约主体对境外代表处负责人及其他常驻人员进行授权时，在委托授权书中避免标有“代替”或“代理”境外公司主体履行投标、谈判、合同签字、交付货物、工程执行等权力的字样；境外代表处负责人及其他常驻人员避免在合同上代表公司签字；避免在合同中注明从当地代表处仓库提取货物且直接交付给客户的条款。通过这些方式可以避免签订合同的代理行为符合常设机构的认定标准，从而减轻中兴通讯股份有限公司的非居民纳税义务。

（二）利用国际避税地的纳税筹划

跨国企业往往根据自身的需要，利用世界各地的避税地虚设各种形式的离岸公司（也称为信箱公司），然后通过关联交易，把利润留在该离岸公司，从而减轻所得税税负。

【例 8—21】 上海盛大网络发展有限公司于 1999 年 11 月成立，是一家从事互动娱乐媒体的跨国经营企业。在公司规模不断扩大的过程中，为了寻求更大的税收筹划空间，公司采用了设立离岸公司的方式。2003 年 11 月，在开曼群岛注册成立盛大互动娱乐有限公司，并由该公司 100%控股了设立在英属维尔京群岛的盛大控股有限公司。在此之前，公司设立在英属维尔京群岛的盛大控股有限公司已经下设有多家全资子公司，包括中国的盛大信息科技上海有限公司、美国特拉华州的 Shanda Zona LLC 公司、英属维尔京群岛的 Shanda Zona Lirted 公司及日本的 Bothte Inc.公司。2004 年，在英属维尔京群岛又设立了地平线媒体有限公司和开曼群岛的软银亚洲基础基金。

通过对盛大网络发展有限公司设立离岸公司前一年和设立当年的财务报告数据进行对比分析发现，2003 年的息税前利润比 2002 年增加了 77%，所得税支出减少了 19%；2004 年比 2003 年息税前利润增加了 127%，所得税支出增加了 108%。可见，息税前利润增加的倍数大于所得税增加的倍数，企业每年的税负逐渐减轻。其部分原因在于在英属维尔京群岛和开曼群岛设立了离岸公司，得到了免交所得税、资本利得税和股息分配时的预提税的优惠。

提示：2008 年新企业所得税法实施后，通过注册离岸公司进行纳税筹划，应该避免离岸公司成为中国居民企业，否则将不能减轻企业的纳税义务。

（三）套用国际税收协定的筹划

国际税收协定，是指两个或两个以上主权国家为解决国际双重征税问题和调整国家间税收利益分配关系，本着对等原则，经由政府谈判所签订的一种书面协议。为达到消除国际双重征税的目的，缔约国间都要作出相应的约束和让步，从而形成缔约国居民适用的优惠条款。跨国企业往往采取各种巧妙的手法，如通过设立传输公司、直接利用双边关系设置低股权的控股公司等，以享受原本无资格享受的税收协定优惠待遇，从而减轻企业的税收负担。

【例 8—22】 某南非母公司要向设在美国的子公司转让专利使用权，由于南非与美国之间没有国际税收协定，因而如果南非母公司直接从美国子公司取得特许权使用费，要缴纳 30%的预提税。为了减轻这笔税收负担，南非母公司可以在开曼群岛设立最终专利持权公司，在荷属安的列斯建立二级专利持权公司，然后把这项专利卖给最终专利持权公司，最终专利持权公司再将专利使用权转让给二级专利持权公司，最后由二级专利持权公司把这项专利使用权转让给美国子公司。由于美国与荷属安的列斯有税收协定，美国对本国公司向荷属安的列斯公司支付的特许权使用费免征预提税；而荷属安的列斯国内税法规定本地居民向非居民支付的特许权使用费不征预提税，这样，这笔特许权使用费从美国子公司流向设在开曼群岛的最终专利持权公司可以免除任何预提税。又因荷属安的列斯对离岸专利持权公司只征收2.4%～3%的公司所得税，因此，转让专利使用权所取得的利润的所得税负担就很轻。

(四)资本弱化的纳税筹划

资本弱化，是指企业通过加大借贷款(债权性筹资)而减少股份资本(权益性筹资)比例的方式增加税前扣除，以降低企业税负的一种行为。造成资本弱化的原因有：首先，因债务人支付给债权人的利息可以在税前抵扣，而股东获得的收益即股息却不能在税前扣除，选择借债的融资方式比发行股票的融资方式，从税收的角度来说更具有优势；其次，多数国家对非居民纳税人获得的利息征收的预提所得税税率，通常比对股息征收的企业所得税税率低，采用债权投资比采用股权投资的税收负担轻。对于债务人和债权人同属于一个利益集团的跨国公司来说，就有动机通过操纵融资方式，减轻集团整体的税收负担。

【例8—23】 2015年初，陕西省国税局在对全省关联企业台账进行综合分析时，发现日本某跨国公司在陕投资的中国子公司存在大量涉税疑点。

疑点一：企业负债率高出常规。该子公司2011～2013年的资产负债表显示，资产负债率分别为91.26%、87.32%、93.86%，大大高于一般负债经营企业常规的负债率标准。更重要的是，其负债中存在大量来自关联方的借款费用，且每年有高额的担保费用、质押费用和利息在税前扣除并被转移至境外母公司，3年间的利息支出高达2 200多万元。

疑点二：企业为何长亏不倒，越亏越投资？该子公司的可行性研究报告预计的投资回收期为3.84年，但其自2003年投产以来，账面显示一直处于亏损状态。即使这样，关联方母公司仍然不断向亏损的子公司增加投资，2011年增资100万美元，2014年6月增资1 377万美元，总投资达5 470万美元。

疑点三：第三方银行为什么愿意向亏损企业发放高额贷款？该子公司与境外银行签订借款合同，总金额达5 500万美元，并由关联方母公司承担连带保证责任。一个账面显示长年亏损的企业，第三方银行为什么愿意向其提供高额贷款呢？母公司的担保安排背后隐藏着什么呢？

面对上述涉税疑点，陕西省国税局初步判定该子公司及其母公司存在极大的避税嫌疑，随即决定对其发起反避税调查。在反避税调查过程中，该局收集和选取了大量可比企业的资料和数据，运用多种分析方法，按照独立交易原则对该公司的每一个涉税疑点进行论证和判定。

在严密的论证和分析面前，该企业负债经营、长期亏损背后的真相浮出水面——假借贷之名行避税之实，是典型的利用资本弱化手段逃避我国税收的行为，即通过关联方关系实施高负债、低投资安排，人为导致资本弱化，以增加利息支出，减少应税所得，最终达到避税的目的。

提示：目前，多数发达国家都通过规定债务/股本比例的办法来限制本国企业向国外关联公司转移利润，但各国的债务/股本比例标准存在着差异。比如澳大利亚、荷兰、日本的债资比例为3∶1，加拿大为2∶1，韩国非金融企业为3∶1、金融企业为6∶1，我国非金融企业为2∶1、金融企业为5∶1。

总之，企业所得税涉及的法律法规众多，核算方式多样，优惠政策复杂，需要调整的事项也较多，收入、费用、扣除项目等都有严格的时间规定和内容限制，同时还涉及会计和税收的差异，因此企业所得税的筹划过程要严谨、细致，不能出任何差错，否则会给公司带来巨大的损失，还会对公司信誉造成严重的影响。应该特别注意以下几个方面：

（1）在纳税筹划与公司发展战略之间应以发展为先。企业的首要目标是发展，如果筹划方案对公司发展有所阻碍，则应毫不犹豫地舍弃。

（2）企业所得税筹划的最终目标是税后收益最大化，要有全局眼光。企业所得税筹划的目的一方面是缴纳较少的所得税，另一方面是获得最大的税收收益。两方面要兼顾，不能只顾其一。在某些情况下，虽然筹划方案会使企业缴纳较多的所得税，但是会让企业获得更大的税后收益，这时则不能因小失大。有时所得税的筹划会使企业缴纳更多的其他税费，筹划者必须具有全局眼光。

（3）避免高风险筹划。企业所得税的筹划一定要安全，不能造成任何经济风险。有些企业为了少缴税而走极端，最终不仅补缴了税款，还要缴纳罚款，甚至遭受更严重的名誉损失，对公司的发展前途造成影响。因此筹划方案要安全、可靠，严格遵守法律法规和核算程序，在法律允许的范围内，充分利用优惠政策，而不是欺上瞒下，通过做假账等方式来逃避税收。

（4）会计账目健全、整齐。作为一个大公司，良好的财务管理、健全的会计账目是企业健康经营的基础。会计账目健全、整齐，不仅为财务管理带来了方便，使公司能够准确地计算成本和收入，方便产品定价，也可以使筹划者一目了然，更会使审查者信服，对各方都有好处。一个公司的会计账目与其筹划方案是紧密相关的。

第三节　企业利润分配的纳税筹划

利润分配，是指企业将一定时期内实现的税后利润按照有关规定进行合理分配的过程。在对企业利润进行分配的过程中，税制对企业本身的收益并无影响，但会影响企业投资者的利益，即投资者分到利润时面临的所得税问题。从税收对投资者利益的影响情况分析，可从企业股东（包括合伙企业和个人独资企业）和个人股东两个角度进行相关的纳税筹划。

一、企业股东利润分配的筹划

现行《企业所得税法》规定：居民企业直接投资于其他居民企业取得的股息、红利等权益性投资收益为免税收入。所以，一般情况下，企业利润的分配对企业投资者没有所得税的影响，但在特殊情况下，针对企业股东的利润分配仍可进行相关的税收筹划。

1. 投资企业亏损时被投资企业利润分配的筹划

【例 8—24】 A 公司于 2017 年成立并开始生产经营，同时还投资 B 公司取得 60%的控股权。A 公司当年经济效益一般，盈亏基本持平。假如 2017 年由于市场原因，A 公司效益进一步下滑，预计亏损 100 万元。但 B 公司效益很好，2018 年可以分配给 A 公司税后利润 50 万元。A、B 两公司企业所得税税率均为 25%。按照税法规定，A 公司从 B 公司分回的 50 万元税后利润属于免税项目，不用缴纳企业所得税。由于 A 公司取得 B 公司的控股权，可以决定什么时间分配税后利润，因此，就企业所得税的弥补亏损问题可以分析如下（不考虑企业应纳税所得额税务调整因素）。

如果 2018 年 B 公司按时分配 50 万元税后利润给 A 公司，那么，可以结转以后年度弥补的亏损，应该是冲抵免税项目所得后的余额。A 公司 2018 年度可以结转弥补的亏损是 50 万元。如果2018年B公司保留税后利润暂不分配，那么A公司2018年度可以结转弥补的亏损还是100万元。不分配税后利润比分配税后利润可以多弥补50万元，假如A公司以后年度有生产经营利润弥补亏损，相对而言，可以节约税收(50×25%)12.5万元。

还要注意，B公司的税后利润应该在A公司用自身的生产经营应税所得弥补完亏损后或弥补期过后才能分回。否则，按照税法规定，应税项目有所得但不足弥补以前年度亏损的，免税项目的所得也应用于弥补以前年度亏损。也就是说，虽然以前年度可以弥补的亏损额没有减少，但是用以后年度分回的投资收益免税所得弥补后，实际上纳税人还是没有获得实际利益。

进一步分析，A公司2018年如果不分回50万元投资收益，可以免税100万元。如果2018年A公司实现盈利30万元，同时分回50万元投资收益应该弥补以前年度亏损80万元，A公司还是用免税投资收益弥补了亏损。但2018年盈利在100万元以上时，此时分回50万元投资收益，则A公司可以用实现的应税所得100万元弥补全部亏损，50万元投资收益没有用于弥补亏损，A公司才真正获得实际利益。

2. 投资企业股权转让时被投资企业利润分配的筹划

在直接投资中，投资者可以直接以实物进行投资，也可以以货币进行投资。假设某投资者是以货币形式进行投资并取得股权的，称作股权投资。投资者从被投资企业获得的收益主要有股利(包括股息性所得)和股权转让所得。根据目前我国企业所得税法的相关规定，企业股权投资取得的股利与股权转让所得的税收待遇是不同的。

股利属于股息性所得，是投资方从被投资单位获得的税后利润，属于已征过税的税后利润，原则上不再重复征收企业所得税。股权转让所得是投资企业处置股权的净收益，即企业收回、转让或清算处置股权投资所获得的收入减去股权投资成本后的余额。这种净收益应全额并入企业的应纳税所得额缴纳企业所得税。

投资方可以充分利用上述政策差异进行税收筹划。如果被投资企业是母公司所属的全资子公司，则没有进行利润分配的必要。但是，需要注意的是，如果投资方打算将拥有的被投资企业的全部或部分股权对外转让，则会造成股息性所得转化为股权转让所得，使得本应享受免税的股息性所得转化为应全额缴税的股权转让所得。因此，投资方应该要求先将被投资企业的税后利润分配完毕之后，再进行股权转让，这样就能获得税收筹划的好处。

因此，一般情况下被投资企业保留税后利润不分配，但企业股权欲转让时，在转让之前必须将未分配利润进行分配。这样做，对投资方来说，可以达到不缴税的目的，有效地避免股息性所得转化为资本利得，从而消除重复纳税；对于被投资企业来说，由于不分配税后利润可以减少现金流出。

【例8—25】 A公司于2016年2月20日以银行存款900万元投资于B公司，占B公司股本总额的70%，B公司当年获得税后利润500万元。A公司2014年度内部生产、经营所得为100万元。A公司的所得税税率为25%，B公司的所得税税率为15%。

方案一：2018年3月，B公司董事会决定将税后利润的30%用于分配，A公司分得利润105万元。2018年9月，A公司将其拥有的B公司70%的股权全部转让给C公司，转让价为1 000万元，转让过程中发生税费0.5万元。

方案二：B公司保留盈余不分配。2018年9月，A公司将其拥有的B公司70%的股权全部转让给C公司，转让价为1 105万元。转让过程中发生税费0.6万元。

A公司应纳企业所得税额计算如下：

方案一：A公司生产、经营所得100万元，税率为25%，应纳企业所得税为(100×25%)25万元。

A公司分得股息收益105万元，不需缴纳企业所得税，则

股权转让所得=1 000－900－0.5=99.5(万元)

应纳所得税额=99.5×25%=24.88(万元)

因此，A公司2018年应纳企业所得税额为(25+24.88)49.88万元。

方案二：同理，A公司生产、经营所得应纳税额为25万元。

由于B公司保留盈余不分配，从而导致股息所得和资本利得发生转化，即当被投资企业有税后盈余而发生股权转让时，被投资企业的股价就会增值，如果此时发生股权转让，这个增值实质上就是投资者在被投资企业的股息所得转化为资本利得。因为企业保留利润不分配，才会导致股权转让价格升高。这种因股权转让而获得的收益应全额并入企业的应纳税所得额，依法缴纳企业所得税。

A公司资本转让所得(1 105－900－0.5)204.5万元，应纳所得税额(204.5×25%)51.13万元，则A公司2015年合计应纳企业所得税为(25+51.13)76.13万元。

方案一比方案二减轻税负为(76.13－49.88)26.25万元，前者明显优于后者。其原因在于，A公司在股权转让之前获取了股息所得，有效防止了股息所得转变为股权转让所得，避免了重复征税。

被投资企业对投资方的分配支付额，如果超过被投资企业的累计未分配利润和累计盈余公积金而低于投资方的投资成本的，视为投资回收，应冲减超过投资成本的部分；视为投资方企业的股权转让所得，应并入企业的应纳税所得，依法缴纳企业所得税。因此，在A公司进行转让之前B公司分配股息时，其分配额应以不超过“可供分配的被投资单位累计未分配利润和盈余公积金的部分”为限。

上述筹划方案适用于类似情形，比如，外商投资企业的外籍个人股东转让其股权，就应当采取“先分配后转让”的筹划策略，因为外国投资者从外商投资企业取得的利润(股息)和外籍个人从中外合资经营企业分得的股息、红利，免征个人所得税，而外国企业和外籍个人转让其在中国境内外商投资企业的股权取得的超出其出资额部分的转让收益，应按20%的税率缴纳预提所得税或个人所得税。因此，采取“先分配后转让”可以有效避免重复征税，通过利润分配减少了投资方的股权转让所得，减轻了投资方的税收负担。

二、个人股东利润分配的筹划

在股利分配过程中，涉及的个人股东所得税包括股息所得税和资本权益所得税。股息所得税是指股东分得股息后应该缴纳的税款。资本权益所得税是指股东买卖股票获得收益后应该缴纳的税款，也称为资本利得税。

我国现行个人所得税制规定，个人获得股息、红利的所得税税率为20%(《中华人民共和国个人所得税法》)；个人投资者从上市公司获得的股息、红利(即股票股利)，持股期限在1个月以内(含1个月)的，其股息、红利所得全额计入应纳税所得额；持股期限在1个月以上至1

年(含1年)的,暂减按50%计入应纳税所得额;持股期限超过1年的,暂减按25%计入应纳税所得额,即其实际个人所得税税率分别为20%、10%和5%(参照《财政部、国家税务总局、证监会关于实施上市公司股息红利差别化个人所得税政策有关问题的通知》(财税[2012]85号))。资本利得税方面,按现行个人所得税法规定,股权转让属于财产转让所得,以转让收入额减除财产原值和合理费用后的余额计算缴纳所得税,适用20%的税率,但对个人转让上市公司股票暂免征收个人所得税(参照《财政部、国家税务总局关于个人转让股票所得继续暂免征收个人所得税的通知》(财税字[1998]61号));不过,对个人转让规定的限售股则仍按财产转让收入征收个人所得税(参照《国家税务总局关于企业转让上市公司限售股有关所得税问题的公告》(国税发[2011]39号))。此外,股份制企业用盈余公积金派发红股属于股息、红利性质的分配,对个人取得的红股数额,应作为个人所得征税(参照《国家税务总局关于股份制企业转增股本和派发红股征免个人所得税的通知》(国税发[1997]198号))。

从上述规定可以看出,企业不同的股利分配方式对个人股东的税负是不同的:股息和红利都需要缴纳个人所得税,股票转让则不需要缴纳个人所得税。所以,在分配股利时,公司应注重税收对股东财富的影响,合理选择股利分配的方式,以确保股东财富最大化的理想目标。

一般而言,现金股利(股息)和股票股利(包括净利润转送红股和盈余公积转增股本)都需要缴纳个人所得税,但就两者而言,现金股利形式优于股票股利形式(不考虑股价变化),因为两者的税负虽然相同,但税后的现金股利归投资者,而股票股利对投资者而言,仅仅是股票数量增加而已,却丧失了资金的使用收益权。若能将股利转化为资本利得,对个人股东而言,则筹划利益更大,其通常的做法称为剩余股利政策,即在公司有良好的投资机会或公司正处于成长阶段时,根据一定的目标资本结构(最佳资本结构)测算出投资所需追加的权益资本,先从当年的净利润中提取一定比例的留成,以满足投资所需追加权益资本的需要,然后将剩余的利润作为股利分配。

【例8—26】 A公司某年税后净利为1 500万元,下一年的投资计划要追加投资额2 000万元,该公司的目标资本结构为权益资本占60%,负债资本占40%。按照目标资本结构计算出投资方案需追加的权益资本数额为(2 000×60%)1 200万元。此数额比当年实现的净利润1 500万元小,因此,该公司应确定留存收益1 200万元,满足投资所需追加的权益资本的需要后,其剩余部分300万元可用于发放现金股利给股东。如果投资所需追加的权益资本大于该公司当年实现的净利润1 500万元,该公司应将当年实现的净利润1 500万元全部留存,不发放现金股利。

对个人股东来说,采用剩余股利政策的好处是,少分配现金股利或不分配现金股利可以避免缴纳较高的股利所得税,或可推迟缴纳所得税(以后多发现金股利)。由于该公司有良好的投资机会,股东会对公司未来获利能力有较好的预期,其股票价格可能会上升,这时股东可以通过出售手中的股票而获得资本利得。这样,股东只需缴纳比现金股利更低的所得税,而对于资本利得所得税,我国目前还不需要缴纳(只需缴纳0.1%的印花税)。

复习思考题

1. 企业的年度应纳税所得额在什么范围内,企业的税后利润反而会小于年度应纳税所得额为30万元时的税后利润？业务招待费与销售（营业）收入的比例最高为多少时，60%的限额可以充分利用？

2. 企业如何避免额外税负？
3. 通过关联交易进行税收筹划的常见形式有哪些？
4. 股利收入如何进行纳税？
5. 如何避免个人股利重复征税？
6. 如何做好股权转让的纳税筹划？谈谈你的观点。

案例分析题

案例一 员工限售股避免双重征税的筹划

2010年2月22日，中国平安发布公告称，于当年3月1日开始，在未来5年内将减持近8.6亿股限售股。据悉，中国平安集团下属的新豪时、景傲实业、江南实业三家公司分别持有这8.6亿股中的3.9亿股、3.31亿股和1.39亿股，分别占公司总股本的5.3%、4.51%和1.89%。其中，新豪时和景傲实业为中国平安员工持股平台，江南实业则主要为中国平安高管持股平台。

由于本次限售股是上述三家公司代1.9万名平安员工持有的，公司减持将面临企业所得税和个人所得税的双重征收，税负将高达40%左右，因而公司的减持方案引起了持股员工的强烈不满和全社会的关注。3月15日，部分员工代表来到位于深圳的平安总部，挂出“我的股票我做主”等横幅，要求解除公司的托管，将其所持有的平安上市股票和其他相关权益一次性过户，由员工持股人自己持有。

9月，新豪时公司的名称由“深圳市新豪时投资发展有限公司”变更为“林芝新豪时投资发展有限公司”，注册地也由深圳变为西藏林芝市，而平安另一家员工股持股平台景傲实业亦同时迁址西藏。

10月25日，中国平安员工股托管方之一的林芝新豪时投资发展公司首次披露减持公告，该公司在10月份以58.19～65.81元减持中国平安1 284.49万股，占中国平安总股本的0.17%。

被业内称为平安模式的员工限售股减持序幕正式拉开……

思考：

(1)若将新豪时和景傲实业两家公司远迁西藏林芝看作一种纳税筹划行为，该行为能获得怎样的好处？

(2)请分析本案例中中国平安主要依据哪些税收法规的哪些具体规定进行员工限售股减持的税收筹划。

(3)员工限售股减持的平安模式现在是否还有可借鉴性？

案例二 高新技术企业的纳税筹划

南海发展股份有限公司(股票代码:600323)2009年12月至2010年3月发布相关公告内容如下：

(1)[2009—12—05]公告:董事会审议通过以公开拍卖方式转让公司位于佛山市南海区狮山镇羊房岗土地使用权的议案:根据公司第六届十二次董事会相关决议,公司已于2009年11月4日重新取得上述地块的土地使用权证,经确认,本次拟出售的地块由三宗地组成,总计使用权为141 857.9平方米(约合212.8亩)。根据佛山市规划局南海分局审批的规划指标,上述地块用地红线范围内用地面积总计为139 857.26平方米。本次交易拟以标的资产的评估值42 824.27万元为拍卖底价。

(2)[2009—12—23]公告:临时股东大会审议通过以公开拍卖方式转让公司位于佛山市南海区狮山镇羊房岗土地的议案。

(3)[2010—01—28]公告:经南海发展股份有限公司委托,拍卖公司于2010年1月27日对狮山镇羊房岗土地进行公开拍卖,由瑞嘉投资实业有限公司和博实控股有限公司组成的联合体拍得该地块,成交价格为6.8亿元。

(4)[2010—03—11]公告:公司于2010年3月10日自广东省科学技术厅网站获悉,根据广东省科学技术厅、广东省财政厅、广东省国家税务局、广东省地方税务局联合发布的关于广东省2009年第二批高新技术企业名单通知,公司被认定为高新技术企业(发证日期为2009年12月14日),证书有效期为3年。

思考:

(1)实务操作中,企业怎样才能享受到高新技术企业的优惠所得税税率?

(2)南海发展主要可在哪些方面为2010年度的所得税进行税收筹划?

案例三

长兴公司本年会计利润为1 000万元,假设预计明年会计利润也为1 000万元,为提高产品的知名度及市场竞争力、树立良好的社会形象,公司决定向贫困地区捐赠200万元。现提出三套方案:

方案一:本年底直接捐给贫困地区。

方案二:本年底通过省级民政部门捐赠给贫困地区。

方案三:本年底通过省级民政部门捐赠100万元,下年初通过省级民政部门再捐赠100万元。

思考:根据三个方案进行分析,寻找最佳方案。

第九章 薪酬激励的纳税筹划

第一节 工资、薪金筹划的基本方法

一、工资、薪金的个人所得税政策

2019 年 1 月 1 日起，纳税人计算个税应纳税所得额时，在5 000元基本减除费用扣除和“三险一金”等专项扣除外，还可以享受子女教育、继续教育、大病医疗、住房贷款利息或住房租金，以及赡养老人等六项专项附加扣除。

工资、薪金所得，适用超额累进税率，税率为 3%～45%。全年综合所得税率表如表 9－1 所示。

表 9－1 个人所得税税率表

级数	累计预扣预缴应纳税所得额	税率（%）	速算扣除数
1	不超过36 000元的	3	0
2	超过36 000元至144 000元的部分	10	2 520
3	超过144 000元至300 000元的部分	20	16 920
4	超过300 000元至420 000元的部分	25	31 920
5	超过420 000元至660 000元的部分	30	52 920
6	超过660 000元至960 000元的部分	35	85 920
7	超过960 000元的部分	45	181 920

注：居民个人工资、薪酬所得预扣预缴适用此表。

全年应纳税所得额＝扣除三险一金后的月收入－个税费用扣除标准，也就是说，实际的工资、薪金额＝全年应税所得额＋三险一金扣除额＋费用扣除额。企业工资、薪金筹划主要涉及企业职工的工资、薪金及劳务报酬的课税。虽然这些个人所得税由个人负担，但如果企业能够进行精心筹划，不但对职工有利，而且对企业也会产生有利的影响。

特别提醒：2018 年 12 月 20 日，国家税务总局公布《关于全面实施新个人所得税若干征管衔接问题的公告》（以下简称《公告》），关于居民个人预扣预缴方法，《公告》中明确指出，扣缴义务人向居民个人支付工资、薪金所得时，应当按照累计预扣法计算预扣税款，并按月办理全员全额扣缴申报；扣缴义务人向居民个人支付劳务报酬所得、稿酬所得、特许权使用费所得，按次或者按月预扣预缴个人所得税，并向主管税务机关报送《个人所得税扣缴申报表》。

年度预扣预缴税额与年度应纳税额不一致的，由居民个人于次年3月1日至6月30日向主管税务机关办理综合所得年度汇算清缴，税款多退少补。

对于非居民个人扣缴方法，《公告》指出，非居民个人的工资、薪金所得，以每月收入额减除费用5 000元后的余额为应纳税所得额；劳务报酬所得、稿酬所得、特许权使用费所得，以每次收入额为应纳税所得额，适用按月换算后的非居民个人月度税率表计算应纳税额。其中，劳务报酬所得、稿酬所得、特许权使用费所得以收入减除20%的费用后的余额为收入额。稿酬所得的收入额减按70%计算。

《公告》自2019年1月1日施行。

表 9—2 个人所得税税率表

级数	应纳税所得额	税率(%)	速算扣除数
1	不超过3 000元的	3	0
2	超过3 000元至12 000元的部分	10	210
3	超过12 000元至25 000元的部分	20	1 410
4	超过25 000元至35 000元的部分	25	2 660
5	超过35 000元至55 000元的部分	30	4 410
6	超过55 000元至80 000元的部分	35	7 160
7	超过80 000元的部分	45	15 160

注：非居民个人工资、薪酬所得，劳务报酬所得，稿酬所得，特许权使用费所得适用此表。

表 9—3 个人所得税税率表

级数	全年应纳税所得额	预扣率(%)	速算扣除数
1	不超过20 000元的	20	0
2	超过20 000元至50 000元的部分	30	2 000
3	超过50 000元的部分	40	7 000

注：居民个人劳务报酬所得预扣预缴适用此表。

特别提醒：由于2019年1月1日起，实行个税全面改革。改革前，工资、薪金所得，劳务报酬所得，特许权使用费所得，稿酬所得都是单独计税的；改革后一起计税了叫综合所得。（备注：劳务报酬所得、特许权使用费所得以收入减除20%的费用后的余额为收入额，稿酬所得的收入额减按70%计算。）改革后国家对于一次性资金又重新定了两种办法，可以视个人情况选择。一是不合并综合所得计税，不管你全年一次性奖金是多少，直接除以12，计算出一个月的应交个人所得税；二是合并综合所得计税，按全年的综合所得计算全年应交的个人所得税。

由于涉及个税改革，有关的税收法律法规还需要进一步解读，所以对个税的筹划，在这里只讲一些有关政策及筹划的方法，仅供参考。

【例9—1】 一家事业单位改制之后增设一家新公司。由于人手不够，事业单位的员工都在新公司兼职，同时也在新公司拿薪水。然而，在代扣员工个人所得税时，会计主管认为，两份薪水加在一起，在扣除免税额后按照相应的工资税率纳税；老总却主张，两份收入都是工资，要分开纳税。不少企业都面临这样的困惑。

在这一案例中，会计主管和老总的想法都是错误的。正确的做法是，员工的这两份收入，只能以其中一份当做工资收入，另一份要按照劳务报酬来处理，在扣除免征额后按照相应的税率纳税。需要说明的是，工资收入适用税率为3%～45%，而劳务报酬适用税率为20%、30%、40%，两者显然不能混为一谈。

二、工资、薪金的个人所得税筹划

（一）为职工提供福利性支出

可以采用非货币支付办法，提高职工公共福利支出，例如，免费为职工提供宿舍（公寓）；免费提供交通便利；提供职工免费用餐；社会保险、教育福利、外出学习考察等。企业替员工个人支付这些支出，可以把这些支出作为费用税前列支，加大企业所得税的扣除力度，个人在实际工资水平未下降的情况下，减少了应由个人负担的税款，可谓一举两得。

【例9—2】 小王每月从单位获得薪金10 000元，但是由于单位不能提供住房，不得不每月花费1 500元在外面租房居住，同时由于单位没有班车，每月上下班的交通费用为600元，则小王应缴纳的个人所得税为：

每月应缴纳的个人所得税＝(10 000－3 500)×20%－555＝745(元)

净报酬额＝10 000－745－1 500－600＝7 155(元)

如果单位为小王提供宿舍，并且在宿舍与单位之间开班车，同时小王每月的工资调整为7 900元，则小王每月应纳的个人所得税为：

每月应缴纳的个人所得税＝(7 900－3 500)×10%－105＝335(元)

净报酬额＝7 900－335＝7 565(元)

这样小王每月可以少缴纳个人所得税(745－335)410元，则净报酬额增加410元。

（二）均衡发放工资、薪金

企业为了激励职工，往往在年底给职工发放奖金。年终奖金属于工资、薪金的范畴，应该按工资、薪金所适用的七级超额累进税率由扣缴义务人代扣代缴个人所得税。但是企业是按月份发放奖金，还是按季度、半年或全年发放奖金，在个人所得税法的规定上是不同的。具体操作时，企业应该将奖金细化，拿出一些奖金按月发放，留一些奖金按季发放，最后再保留一部分奖金用于“拉差距”，在年终发放。这样，从总体上说，个人所得税负担就会明显减轻。

此外，对于采掘业、远洋运输业、远洋捕捞业等季节性经营企业，应依照按月预缴、年终按12个月平均并计算实际应纳的税款，以多退少补的方式扣缴职工的个人所得税，从而减少职工的税负；对于其他从事季节性生产的企业而言，要注意调整职工工资的发放数额，避免由于各月工资差额过大而增加税负。

（三）灵活安排工资、薪金和劳务报酬

由于工资、薪金与劳务报酬适用不同的计税方法和税率，所以合理地安排工资、薪金所得

和劳务报酬可以实现节税。

工资、薪金所得与劳务报酬所得都属于劳动所得。对于劳务报酬所得，税法规定，每次收入不超过4 000元的减除800元费用、每次收入4 000元以上的减除20%的费用作为应纳税所得额，适用20%的比例税率；一次收入畸高的，实行加成征收，劳务报酬实际上相当于适用20%、30%、40%的超额累进税率。

1. 劳务报酬所得转化为工资、薪金所得

由于在某些情况下，比如当应纳税所得额比较少时，工资、薪金所得适用的税率比劳务报酬所得适用的税率低，因此在某些情况下将劳务报酬所得转化为工资、薪金所得，能节约税收。

2. 工资、薪金所得转化为劳务报酬所得

在纳税人工资、薪金较高，适用边际税率高的情况下，将工资、薪金所得转化为劳务报酬所得更有利于节约税收。

根据我国现行的个人所得税法，工资、薪金所得适用的是3%～45%的七级超额累进税率；劳务报酬所得适用的是20%的比例税率，而且对于一次收入畸高的可以加成征收，因此，劳务报酬实际上相当于适用20%、30%、40%的超额累进税率。可见，相同数额的工资、薪金所得与劳务报酬所得所适用的税率不同，由此，通过将工资、薪金所得与劳动报酬所得分开、合并或两者相互转换就可以节税。

【例9—3】 协和医院欲聘用一知名专家为主任医师，双方商定每月的报酬为30 000元。在签订合同时，面临两种选择：存在雇佣关系的劳动合同和不存在雇佣关系的劳动合同。

方案一：签订存在雇佣关系的劳动合同。

如果签订存在雇佣关系的劳动合同，则该主任医师每月30 000元收入，按工资、薪金所得项目征税。

应纳税额＝(30 000－3 500)×25%－1 005＝5 620(元)

方案二：签订不存在雇佣关系的劳动合同。

如果该主任医师与医院不存在雇佣关系，只是一名兼职的工作人员，则其30 000元收入应该按照劳务报酬所得纳税。

应纳税额＝30 000×(1－20%)×30%－2 000＝5 200(元)

方案二比方案一少纳税(5 620－5 200)420元。

三、全年一次性奖金的纳税筹划

(一)年终一次性奖金的纳税政策

1. 基本政策

国税发[2005]9号文件对于全年一次性奖金计缴个人所得税问题作了重大调整，下面对其政策内容分析如下：

全年一次性奖金是指行政机关、企事业单位等扣缴义务人根据其全年经济效益和对雇员全年工作业绩的综合考核情况，向雇员发放的一次性奖金，也包括年终加薪、实行年薪制和绩效工资办法的单位根据考核情况兑现的年薪和绩效工资。

纳税人取得全年一次性奖金，单独作为一个月工资、薪金所得计算纳税，并按以下计税办法，由扣缴义务人发放时代扣代缴，其计算步骤如下：

步骤一：先将雇员当月内取得的全年一次性奖金，除以12个月，按其商数确定适用税率和速算扣除数。

步骤二：如果在发放年终一次性奖金的当月，雇员当月工资、薪金所得低于税法规定的费用扣除额，应将全年一次性奖金减去“雇员当月工资、薪金所得与费用扣除额的差额”后的余额，按上述办法确定全年一次性奖金的适用税率和速算扣除数。

步骤三：将雇员个人当月内取得的全年一次性奖金，按上述办法确定的适用税率和速算扣除数计算征税。

(1)如果雇员当月工资、薪金所得高于(或等于)税法规定的费用扣除额的，适用公式为：

应纳税额＝雇员当月取得全年一次性奖金×适用税率－速算扣除数

【例9—4】　张华在振邦公司取得全年一次性奖金为24 000元，除以12个月后的商数为(24 000÷12)2 000元，适用税率为13%，速算扣除数为0元，则应纳税额为24 000×13%－0＝3 120(元)。

(2)如果雇员当月工资、薪金所得低于税法规定的费用扣除额，适用公式为：

应纳税额＝(雇员当月取得全年一次性奖金－雇员当月工资、薪金所得与费用扣除额的差额)×适用税率－速算扣除数

【例9—5】　张华在振邦公司取得全年一次性奖金为24 000元，当月工资、薪金收入为3 100元，费用扣除额为3 500元。

第一，确定全年一次性奖金的适用税率和速算扣除数，即将全年一次性奖金减去个人当月工资、薪金所得与费用扣除额的差额除以12个月后的([24 000－(3 500－3 100)]÷12)1 967元作为商数，确定适用税率为3%，速算扣除数为0元。

第二，计算应纳税额为[24 000－(3 500－3 100)]×3%－0＝708(元)。

需要注意的是，采用上述计税办法，在一个纳税年度内，对每一个纳税人，该计税办法只允许采用一次。雇员取得除全年一次性奖金以外的其他各种名目奖金，如半年奖、季度奖、加班奖、先进奖、考勤奖等，一律与当月工资、薪金收入合并，按税法规定缴纳个人所得税，即维持现有的征税办法。

2. 涉及一次性奖金为不包含个人所得税的净额时的处理方法

(1)当个人当月工资、薪金所得高于(或等于)规定费用扣除额时，个人所得税的计算步骤如下：

第一步：找出适用的税率与速算扣除数。

按照不含税的全年一次性奖金收入除以12的商数，查找相应的适用税率A和速算扣除数A。

第二步：将不含税所得换算为含税所得。

含税的全年一次性奖金收入＝(不含税的全年一次性奖金收入－速算扣除数A)÷(1－适用税率A)

第三步：计算应缴个人所得税税款。

按含税的全年一次性奖金收入除以12的商数，重新查找适用税率B和速算扣除数B。

应纳税额＝含税的全年一次性奖金收入×适用税率B－速算扣除数B

【例 9—6】 小刘在振华公司取得不含税全年一次性奖金为24 000元。

第一,将不含税全年一次性奖金换算成含税奖金,即以24 000元除以 12 个月后的2 000元为商数,不含税所得的税率为 3%,速算扣除数为 105,换算成含税的全年一次性奖金为

24 000÷(1—3%)=24 742(元)

第二,确定含税全年一次性奖金的适用税率和速算扣除数,即将含税的全年一次性奖金除以 12 个月后的(24 742÷12)20 610.83 元作为商数,确定适用税率为 3%,速算扣除数为 0 元。

第三,计算应纳税额为24 742×3%=742.26(元)。

(2)当个人取得不含税全年一次性奖金收入的当月工资、薪金所得低于规定费用扣除额时,应先将不含税全年一次性奖金减去当月工资、薪金所得低于税法规定费用扣除额的差额部分后,再按照上述办法处理。

【例 9—7】 小刘在振华公司取得不含税全年一次性奖金为24 000元,当月工资、薪金收入为3 100元,税法规定的费用扣除额为3 500元。

第一,将不含税全年一次性奖金换算成含税奖金,即以24 000元减去当月工资、薪金所得与费用扣除额的差额 400 元,不含税所得的税率为 3%,速算扣除数为 0,换算成含税的全年一次性奖金为(24 000—400)÷(1—3%)=24 329.90(元)。

第二,确定含税全年一次性奖金的适用税率和速算扣除数,即将含税的全年一次性奖金除以 12 个月后的(24 329.90÷12)2 027.49 元作为商数,确定适用税率为 3%,速算扣除数为 0 元。

第三,计算应纳税额为 24 329.9×3%—0=729.90(元)。

(二)全年一次性奖金的“税收陷阱”

全年一次性奖金计税政策采用简易计税办法,与工资、薪金的七级超额累进税率计税办法有很大差异。在某些奖金区间内,可能会出现税前奖金多,纳税人实际获得的税后奖金反而少的情况。

【例 9—8】 中华房地产公司副总经理所获得的全年一次性奖金为36 000元,而总经理所获得的全年一次性奖金为36 600元。

下面分别计算副总经理和总经理全年一次性奖金应该缴纳的个人所得税。根据个人所得税新的规定和计算方法。

(1)副总经理的个人所得税。

副总经理平均月收入额=36 000/12=3 000(元)

其适用税率是 3%,速算扣除数是 0,则

副总经理应缴纳个人所得税=36 000×3%=1 080(元)

税后奖金=36 000—1 080=34 920(元)

(2)总经理的个人所得税。

总经理平均月收入额=36 600/12=3 050(元)

其适用税率是 10%,速算扣除数是 210,则

总经理应缴纳个人所得税=36 600×10%—210=3 450(元)

税后奖金=36 600—3 450=33 150(元)

由上面的例题看出，总经理和副总经理的全年资金相差600元，而税后奖金总经理比副总经理少(34 920－33 150)1 770元，出现了年终奖金政策“无效区间”或者是“不合理区间”，属于政策的不合理性造成的。因此，企业在发放年终奖金时，要尽量避免将税前年终奖筹划在有效的区间内，以达到个人少缴税款，多得税后奖金的目的，增加员工的工作积极性。

(三)月薪与全年一次性奖金的最佳组合

对于员工拿到的工资、薪金总额，可以合理安排月薪和全年一次性奖金的分配比例，以便缴纳最少的个人所得税。

【例9—9】 林先生的每月工资为4 500元，该年林先生的奖金预计共有36 000元。

下面分别对奖金按月发放、年中和年末两次发放及年终一次性发放三种不同方案进行比较(扣除额按照个人所得税标准5 000元计算)。

方案一：奖金按月发放，每月发放3 000元，则

林先生每月应纳税所得额＝4 500＋3 000－5 000＝2 500(元)

2 500元适用的税率为3%，则每月应纳税额＝2 500×3%－0＝75(元)

年应纳个人所得税总额＝75×12＝900(元)

方案二：年中7月份发放一次半年奖10 000元，年末再发放一次全年奖26 000元，则除7月份外，林先生不用缴纳个人所得税。

7月份发放半年奖时，7月应纳税所得额为：4 500＋10 000－5 000＝9 500(元)

7月份应纳税额＝9 500×10%－210＝740(元)

由于全年一次性奖金计税方法是一种优惠办法，一个纳税年度此法每人只许用一次，全年分次发放奖金的，也只能用一次。因此，年终奖金为26 000元，适用税率和速算扣除数分别为10%和210。根据26 000/12＝2 167(元)确定，此时，年终奖金应纳税额为

26 000×10%－210＝2 390(元)

年应纳个人所得税总额＝740＋2 390＝3 130(元)

方案三：年终一次性发放奖金36 000元。林先生每月不用纳税所得税。

年终一次性发放奖金36 000元，适用税率和速算扣除数分别为3%和0(根据36 000/12＝3 000元确定)。于是，年终一次性奖金应纳税额为36 000×3%－0＝1 080(元)。

年应纳个人所得税总额＝1 080(元)

方案四：年中7月份发放一次半年奖12 000元，年末再发放一次全年奖24 000元。此时，除7月份外，林先生应纳税所得额仍为0(元)，每月应纳税额为0元。

7月份发放半年奖时，7月应纳税所得额＝4 500＋12 000－5 000＝11 500(元)

7月份应纳税额＝11 500×10%－210＝940(元)

年终奖金为24 000元，适用税率和速算扣除数分别为3%和0(根据24 000/12＝2 000元确定)，于是，年终奖金应纳个人所得税额＝24 000×3%－0＝720(元)。

此时，年应纳个人所得税总额为940＋720＝1 660(元)。

由此可见，年终奖金按月平均发放方式是税负最轻的情形。从上述筹划分析中可以得出一个结论：奖金按月发放的方式税负最轻，而年中和年末两次发放及年终一次性发放两种方式的税负则较重。

总之，避开年终奖的负效应区间。年终奖是企业激励职工的主要方式，支付比例不同、时点不同、形式不同，其税负就会有很大的差别。仅从降低税负的角度来看，企业在支付年终奖时，应综合考虑，精心筹划，以使纳税人得到最大的税收利益。

第二节 年金的纳税筹划

一、年金与法定保险不同

无论是法定保险或是年金，都应分为企业为个人缴纳部分与个人实际缴纳部分分别进行税务处理。

(1)个人实际缴纳部分，法定保险允许在其个人所得税前扣除，而年金则不能在个人所得税前扣除。

依据《财政部、国家税务总局关于基本养老保险费、基本医疗保险费、失业保险费、住房公积金有关个人所得税政策的通知》(财税[2006]10 号)第一条规定，个人按照国家或省(自治区、直辖市)人民政府规定的缴费比例或办法实际缴付的基本养老保险费、基本医疗保险费和失业保险费，允许在个人应纳税所得额中扣除；而《国家税务总局关于企业年金个人所得税征收管理有关问题的通知》(国税函[2009]694 号)第二条则规定，个人缴纳年金部分不能在计算个人所得税前进行扣除。

【例 9—10】 王某当月工资5 500元，扣除个人实际缴纳的基本养老保险费、基本医疗保险费和失业保险费、住房公积金后余4 580元，企业建立了年金制度，个人实际缴纳 160 元，王某当月领取工资4 420元。依据上述规定，王某虽然当月实际领取工资为4 420元，但其当月应纳税所得额应为(4 420+160)4 580元，即个人实际缴纳的 160 元年金部分不能作税前扣除，需要计入王某当月的工资、薪金中计算缴纳个人所得税。

(2)企业为个人所缴纳的法定保险有免税部分，而年金应全额征收个人所得税。

依据财税[2006]10 号第一条规定，企事业单位按照国家或省(自治区、直辖市)人民政府规定的缴费比例或办法实际缴付的基本养老保险费、基本医疗保险费和失业保险费，免征个人所得税，但需要注意的是，对于超过规定的比例和标准缴付的基本养老保险费、基本医疗保险费和失业保险费，应将超过部分并入个人当期的工资、薪金收入，计征个人所得税，即法定保险是有免征部分的；而国税函[2009]694 号第二条则规定，企业年金的缴费记入个人账户的部分是需要计征个人所得税的，在该文件中同时规定，年金在记入个人账户时，应视为个人一个月的工资、薪金(不与正常工资、薪金合并)，不扣除任何费用，按照“工资、薪金所得”项目计算当期应纳个人所得税款，并由企业在缴费时代扣代缴。

【例 9—11】 接【例 9—10】，王某当月应纳税所得额为4 580元，而王某所在企业为其缴纳年金 160 元，则王某当月实际应缴纳个人所得税为：根据最新的个人所得税法规定，王某不用缴纳个人所得税。

二、年金与商业保险不同

企业为个人建立商业性补充保险或者年金时都应计算缴纳个人所得税，但其计算方法明显不同。

1. 商业保险与个人当月工资、薪金所得合并适用税率

根据《财政部、国家税务总局关于个人所得税有关问题的批复》(财税[2005]94号)相关规定,企业为职工购买商业性补充保险,应在办理投保手续时作为个人所得税的“工资、薪金所得”项目,按税法规定缴纳个人所得税,即为职工建立商业性补充保险时,企业缴费部分并入个人当月工资、薪金所得计算缴纳个人所得税。

2. 年金单独适用税率

年金应视为个人一个月的工资、薪金,这部分并不与正常的工资、薪金合并,也不扣除任何费用,而是单独按照“工资、薪金所得”项目计算当期应纳个人所得税款,因此,年金的特殊算法实际上体现了国家对于企业建立年金制度的一种鼓励态度。

三、年金的适用条件

企业在实际操作中需要注意的是,可以采取年金计算方法的应为符合《企业年金试行办法》(中华人民共和国劳动和社会保障部令第20号)中相关条件的部分,并非所有的补充养老保险都可以采用年金的方法计算缴纳个人所得税。

此外,《企业年金试行办法》第八条规定,企业缴费每年不超过本企业上年度职工工资总额的1/12。企业和职工个人缴费合计一般不超过本企业上年度职工工资总额的1/6。

对企业按季度、半年或年度缴费的,在计税时不得还原至所属月份,均作为一个月的工资、薪金,不扣除任何费用,按照适用税率计算扣缴个人所得税。

第三节 股票期权的纳税筹划

一、股票激励的税收政策

股票期权起源于美国,美国迪士尼公司和华纳传媒公司是世界上最早施行股票期权激励的两家企业。股票期权是企业授予高级管理人员的一种权利,持有人可以在规定的时间内以股票期权的“施权价”购买本公司股票,这个过程称作“行权”。行权之前,股票期权持有人没有任何现金收益;行权之后,个人收益为“施权价”与行权日市价之间的差价。

《关于个人股票期权所得征收个人所得税问题的通知》(财税[2005]35号)首次对企业员工参与企业股票期权计划取得的所得征收个人所得税政策进行了明确。实施股票期权计划企业授予企业员工的股票期权所得,应按《个人所得税法》及其实施条例的有关规定征收个人所得税。

(一)基本概念及政策的适用范围

1. 股票期权

股票期权是上市公司按照规定的程序授予本公司及其控股企业员工的一项权利,该权利允许被授权员工在未来一段时间内以某一特定价格购买本公司一定数量的股票。股票期权一般允许被授权员工在未来才可以行使股票交易权,这体现了激励与约束的相互渗透。

2. 授予价(施权价)

授予价是根据股票期权计划可以购买股票的价格,一般为股票期权授予日的市场价格或该价格的折扣价格,也可以是按照事先设定的计算方法约定的价格。

3. 授予日(授权日)

授予日是公司授予员工股票期权的日期。

4. 行权(执行)

行权指员工根据股票期权计划选择购买股票的过程。员工行使上述权利的当日为"行权日",也称"购买日"。

【例 9—12】 兴华公司于 2015 年 1 月 1 日授予某经理人 1 万股股票期权,行使期限为 5 年,施权价为 6 元/股。如果到了 2018 年 1 月 1 日,公司上市股票价格上涨到 28 元/股,该经理人可以按 6 元/股购进,再按 28 元/股卖出,从而经理人可获利 22 万元。当然,如果该经理人预计企业经营状况良好,股票可进一步升值,则也可以等到股票升值后,再行转让获利。.

(二)股票期权所得的性质及计税方法

员工接受实施股票期权计划企业授予的股票期权时,除另有规定外,一般不作为应税所得征税。

员工行权时,其从企业取得股票的实际购买价(施权价)低于购买日公平市场价(指该股票当日的收盘价,下同)的差额,是因为员工在企业中的表现和业绩情况而取得的,与任职、受雇有关的所得,应按"工资、薪金所得"适用的规定计算缴纳个人所得税。

因特殊情况,员工在行权日之前将股票期权转让的,以股票期权的转让净收入,作为工资、薪金所得征收个人所得税。

员工行权日所在期间的工资、薪金所得,应按下列公式计算工资、薪金应纳税所得额:

股票期权形式的工资、薪金应纳税所得额=(行权股票的每股市场价－员工取得该股票期权支付的每股施权价)×股票数量

对该股票期权形式的工资、薪金所得可区别于所在月份的其他工资、薪金所得,单独按下列公式计算当月的应纳税额:

应纳税额=(股票期权形式的工资、薪金应纳税所得额/规定月份数×适用税率－速算扣除数)×规定月份数

式中,规定月份数是指员工取得来源于中国境内的股票期权形式的工资、薪金所得的境内工作期间月份数,长于 12 个月的,按 12 个月计算;适用税率和速算扣除数,以股票期权形式的工资、薪金应纳税所得额除以规定月份数后的商数对照工资、薪金个人所得税税率表确定(即七级超额累进税率)。

员工将行权后的股票再转让时获得的高于购买日公平市场价的差额,是因个人在证券二级市场上转让股票等有价证券而获得的所得,应按照"财产转让所得"适用的征免规定计算缴纳个人所得税,即

财产转让所得=(每股转让价格－行权股票的每股市场价)×股票数量

这部分所得理应作为财产转让所得征税,但是鉴于目前对个人投资者在二级市场上买卖境内上市公司流通股的所得暂不征收个人所得税,因此如果行权所获得的股权是流通股,则其

通过二级市场的转让所得暂免征收个人所得税;但如果是场外交易或者非流通股、境外上市公司股票的交易,就应当作为财产转让所得征收个人所得税。

员工因拥有股权而参与企业税后利润分配取得的所得,应按照"利息、股息、红利所得"适用的规定计算缴纳个人所得税。除依照有关规定可以免税或减税的外,应全额按规定税率计算纳税。

综上所述,股票期权的税收政策归纳为:股票期权在计提期间(等待期间)不得在企业所得税前扣除相关成本费用,但实际发放时(行权时)可以扣除。当个人行权时,股票期权的收益应按"工资、薪金所得"计算缴纳个人所得税。

【例9—13】 某境内上市公司规定,公司员工只要工作满20个月,可享受股票期权奖励。小王2013年12月21日进入该公司,2015年8月21日满20个月,8月底公司同意他以每股8元的施权价购买公司股票1万股,当日该股票市场价是每股14元。

如果小王当天就把该股票转让,则可获得6万元,由于公司发展未来看好,小王想留着该股票。10月18日他将其中的一半股票以每股16元的市价卖出。小王每月的工资为5 000元。请问:小王应该如何纳税?

分析可知:

小王8月份的工资应纳税额为0。

8月份行权时应纳税额={[(14—8)×10 000÷12]×10%—210}×12=3 480(元)

8月份申报缴纳个人所得税=3 480(元)

10月份出售一半股票,则

应纳税额=(16—14)×5 000=10 000(元)

此时,按税法规定免征个人所得税。

(三)流通股和限售股行权后再转让的税收政策分析

1. 流通股和限售股行权后再转让的税收政策比较

(1)流通股行权后再转让环节个人所得税的计税规定。个人将行权后的境内上市公司股票再转让所得,暂免征个人所得税;个人转让境外上市公司股票所得,按照"财产转让所得"适用20%的税率依法缴纳个人所得税。

(2)限售股行权后再转让环节个人所得税的计税规定。《财政部、国家税务总局、证监会关于个人转让上市公司限售股所得征收个人所得税有关问题的通知》(财税[2009]167号)规定:自2010年1月1日起,对个人转让限售股所得,按照"财产转让所得",适用20%的比例税率征收个人所得税。

2. 限售股行权后再转让环节存在个人所得税重复征税问题

首先应明确行权所得纳税义务发生时间。在行权日,获得的股票距离解禁期还有一段时间,则行权所得纳税义务时间为每一批次限售股解禁日期。

【例9—14】 假设某公司员工2011年9月1日获得2 000股2元/股的限售股作为股权激励,行权日为2013年8月30日,当日股票市价为6元/股。2014年12月20日,本批次解禁股数为200股,2015年1月6日,将此200股转让(暂不考虑其他相关税费)。相关时点的股价如表9—4所示,则在解禁日和再转让环节应纳税所得额的计算如下:

表 9—4 不同时点的股价

日　期	授权日	行权日	解禁日	再转让日
股票市价	授权价:2 元/股	6 元/股	8 元/股	9 元/股

解禁日的税务处理:

应纳税所得额=(行权日股票市价+本批次解禁股票当日市价)÷2×本批次解禁股票份数－被激励对象实际支付的资金总额×(本批次解禁股票份数÷被激励对象获取的限售股总份数)

解禁日应纳税所得额=(6+8)÷2×200－2×200=1 000(元)

此时,按照"工资、薪金所得"纳税。

再转让环节的税务处理:

应纳税所得额=(9－2)×200=1 400(元)

此时,按"财产转让所得",适用 20%的税率缴纳个人所得税。

在限售股解禁日,已经就股票增值部分[7－2=5(元/股)]按照"工资、薪金所得"缴纳过个人所得税;再转让环节就这部分增值额又按照"财产转让所得"征税,造成对同一增值额两次征税。因此,存在重复征税问题。

二、股票期权的纳税筹划空间

(一)股票期权能起到推迟纳税的作用

《企业会计准则第 11 号——股份支付》规定:股份支付分为以权益结算的股份支付和以现金结算的股份支付。在等待期间,对于以权益结算的股份支付,在计提费用时计入资本公积,即

借:管理费用等

　　贷:资本公积——其他资本公积(权益结算)

对于以现金结算的股份支付,在计提费用时计入应付职工薪酬,即

借:管理费用等

　　贷:应付职工薪酬——股份支付(现金结算)

税法规定,企业对其职工的以现金结算的股份支付,应在实际行权时确认费用,并准予在计算应纳税所得额时扣除;而企业对其职工的以权益结算的股份支付,不得在计算应纳税所得额时确认费用扣除。

(二)控制行权日股票价格,减轻税收负担

在行权日,尽量控制股价以减轻税收负担。股票价格随着证券市场的行情而波动,因此,恰当选择行权日期,尽可能缩小行权价与行权日该种股票市价之间的差距,就可以减轻税收负担。

高层管理人员可以选择或决定行权日的股票价格,因为高管人员是企业内部股票期权政策的制定者和执行者,掌握大量的信息,对上市公司的股票价格走势较为了解,一定程度上也

在影响着股票价格的走势。

(三)控制工资、薪金,财产转让所得和股息、红利所得的整体税负

由于股票期权要涉及工资、薪金,财产转让和股息、红利所得这三种不同类型的所得,因此如何使这三项应纳个人所得税额的总和最小化就是税收筹划应关注的关键问题。通常可以不考虑期权行使后的股息、红利所得,因为对于持股比例不高的一般股东而言,很难对企业的利润分配政策施加足够大的影响,因而这方面的筹划空间很小,主要还是关注行权时工资、薪金的应纳所得税款和再转让时的财产转让所得的应纳所得税款的合计数最小化。

【例 9—15】 王先生为某上市公司的高级职员,该公司于 2015 年 9 月 30 日授予王先生 18 000股的股票期权,授予价为每股 6 元。股票期权协议书约定,王先生在工作满两年后购买该公司的股票。假设王先生行权日为 2017 年 10 月 31 日,行权日该公司的股票市价为每股 20 元。

根据新的个人所得税法律规定,王先生应纳的个人所得税为:

应纳税所得额=(20—6)×18 000=252 000(元)

应纳税额=(252 000÷12×20%—1 410)×12=33 480(元)

根据《关于个人股票期权所得缴纳个人所得税有关问题的补充通知》(国税函[2006]902 号)第七条规定:员工以在一个公历月份中取得的股票期权形式的工资、薪金所得为一次。员工在一个纳税年度中多次取得股票期权形式的工资、薪金所得的,其在该纳税年度内首次取得股票期权形式的工资、薪金所得应按财税[2005]35 号第四条第(一)项规定的公式计算应纳税款;本年度内以后每次取得股票期权形式的工资、薪金所得,应按以下公式计算应纳税款:

应纳税款=(本纳税年度内取得的股票期权形式的工资所得累计应纳税所得额÷规定月份数×适用税率—速算扣除数)×规定月份数—本纳税年度内股票期权形式的工资、薪金所得累计已纳税款

如果考虑行权时间的调整,王先生在 2017 年 10 月 31 日和 2017 年 11 月 30 日两次行权,两次行权的股数均为9 000股,且两次行权的股票市价不变。

第一次行权时:

应纳税所得额=(20—6)×9 000=126 000(元)

应纳税额=(126 000÷12×10%—210)×12=10 080(元)

第二次行权时:

应纳税额=[(126 000+126 000)÷12×20%—1 410]×12—10 080=23 400(元)

两次行权共纳税额为(10 080+23 400)33 480 元。

筹划方案:

假设 2018 年 1 月 23 日行权时的股票市价仍是 20 元,王先生将行权日筹划为跨年度的两次,即第一次是 2017 年 10 月 31 日,第二次是 2018 年 1 月 23 日。

第一次行权时:

应纳税所得额=(20—6)×9 000=126 000(元)

应纳税额=(126 000÷12×10%—210)×12=10 080(元)

第二次行权时,应纳税额与第一次相同。

两次行权共纳税33 480元，节约税额为(33 480－10 080)23 400元。

可见，安排跨年度的行权日，可以节约税款。同时，在安排跨年度行权日时，分解了两次行权的股票数量，使每次行权金额控制在低税率的临界点处，从而降低了适用税率。

第四节　个人所得税的纳税筹划

一、劳务报酬的纳税筹划方法

随着中国经济的快速发展，个人收入的来源和形式日趋多样化。一些个人在取得固定的工资、薪金所得的同时，还能取得合法的劳务报酬所得。对所获取的劳务报酬所得，如果采用分次领取的办法进行筹划，就可以合法节税。

【例 9－16】 王先生 7～9 月份取得同一项目劳务收入60 000元，下面比较不同的纳税方案：

方案一：一次性申报纳税

王先生 9 月底将60 000元收入一次领取。税法规定，劳务报酬所得按收入减除 20%的费用后的余额为应纳税所得额，适用 20%的比例税率。如果一次收入超过20 000元，20 000～50 000元的部分加征 50%的应纳税额。

应纳税所得额＝60 000×(1－20%)＝48 000(元)

未加征应纳税额＝48 000×20%＝9 600(元)

加征部分应纳税额＝(48 000－20 000)×20%×50%＝2 800(元)

应纳税额合计＝9 600＋2 800＝12 400(元)

获得的净收益＝60 000－12 400－900＝46 700(元)

若采用速算扣除法，则

应纳个人所得税额＝48 000×30%－4 410＝9 990(元)

方案二：分次申报纳税

税法规定，属于一次收入的，以取得该项收入为一次；属于同一项目连续性收入的，以 1 个月内取得的收入为一次。如果支付间隔超过 1 个月，按每次收入额扣除法定费用后计算应纳税所得额，而间隔期不超过 1 个月，则合并为一次扣除法定费用后计算应纳税所得额。所以纳税人在提供劳务时合理安排纳税时间内每月收取劳务报酬的数量，可以多次抵扣法定的定额(定率)费用，减少每月的应纳税所得额，避免适用较高的税率，使自己的净收益增加。

王先生可以与支付报酬方约定，60 000元收入分三次领取，每月领取一次，每次20 000元，则

王先生应缴纳个人所得税＝20 000×(1－20%)×20%×3＝9 600(元)

净收益＝60 000－9 600－9 000＝41 400(元)

二、销售激励的纳税筹划

企业一般会对销售人员的市场开拓给予奖励，其方法主要是将销售人员的销售业务量与报酬相结合，即按销售量乘以一个百分比，作为销售人员的提成奖金。这种做法从企业管理的

角度当然是适用的有效方法，但从税收的角度来看，可能导致个人所得税的负担偏高。

如果能够将销售人员在实际销售过程中发生的费用作适当的分解，或者在企业享受低税率与个人所得税实际税率之间进行权衡，企业则可以在企业所得税和个人所得税中选择较低的税率来纳税，只要计算准确、操作得当，必然会对企业和个人都有利。

【例 9—17】 销售员小王平时每月从企业领取3 500元，年终按销售业绩提取奖金 12 万元。企业按规定代扣代缴小王的个人所得税为：

(3 500＋120 000－5 000)×45%－15 160＝38 165(元)

但实际上，销售员小王得到的奖金并没有这么多，企业发放的奖金总额中有相当一部分是差旅费和业务招待费，按奖金总额缴纳个人所得税不太合适。如果企业进行税收筹划方案设计，只需财务人员将会计核算方法改变一下，销售提成政策不变，但在具体处理有关差旅费和招待费用时作适当变通，即平时将差旅费和招待费用分离出来实报实销。这样，到年底不仅这些费用可以在所得税前列支，降低了企业所得税，而且也适当降低了个人所得税。

若上述个人提取的“提成奖”中差旅费以及通信费等占 30%，招待费用占 10%，并取得合法的凭证，那么，在账务处理时确认的销售员的差旅费为36 000元、业务招待费为12 000元。账务处理如下：

借：销售费用——差旅费	36 000	
管理费用——业务招待费	12 000	
贷：库存现金		48 000

企业所适用的所得税税率为 25%，则

全年差旅费和业务招待费减少应纳税所得额＝36 000＋12 000＝48 000(元)

减少企业所得税＝48 000×25%＝12 000(元)

如果奖金年终一次性发放，则

代扣代缴的个人所得税＝72 000÷12＝6 000(元)

此时，适用 35%的个人所得税税率，则

个人所得税＝72 000×35%－7 160＝18 040(元)

节税额＝38 165－18 040＝20 125(元)

通过此案例，可以看出在支付给职工的奖金中，可能含有职工在销售产品过程中发生的销售费用，如差旅费等，将这部分费用作为奖金发放给职工是不合适的。因此在发放奖金的过程中应当注意，如果出现此类费用，企业应当做如下账务处理：

借：销售费用——差旅费

　　贷：库存现金

职工实际发生的差旅费等实报实销，不作为奖金发放，分离奖金中的管理费用、销售费用。如此，不仅这部分费用可以在企业缴纳企业所得税时税前列支，也减轻了职工缴纳个人所得税的负担。

总之，在进行个人所得税纳税筹划时，考虑将其获得的年终奖合理分配在年度间各月，可以实现税基均衡。通过计算还可得出一个最佳组合，有效地降低全年个人所得税的总额。企业除发放现金工资之外，还可以通过提高非货币支付的方式提高职工公共福利支出，提供职工学习交流的机会，免费提供交通等增加非现金福利，同时企业也可以从非货币福利中获得税收利益。

企业发放的实物如属于可扣除的职工福利费条目，则职工不用缴税，可以获得更多收益，如属于应缴个人所得税范畴，由于企业是批量购买实物，可获得适当优惠，从而少缴部分个人所得税。具体方式如下：

(1)采取发放购物卡的方式：企业批量购买购物卡，可获得一定折扣，如购物卡面额为1 000元，而企业实际花费为800元，交易凭证上也记为800元，企业可以少缴个人所得税，员工则可以按照自己的需求购物，获得百分百收益。

(2)将实物分类：通过发放问卷了解员工需求，根据调查结果将价值大体相等的实物分为若干大类，依员工不同需求发放；或将实物按价值分为不同的级次，依员工绩效发放，从而达到激励员工的作用。企业可以获得税收收益。

(3)为员工办理养老保险、补充养老保险、补充医疗保险等。企业可以在依法缴纳基本养老保险、医疗保险、失业保险的基础上，在不超过职工工资总额5%标准内为员工办理补充保险，将员工的收益福利化，达到节税的目的。

复习思考题

1. 个人所得税的七级超额累进税率有何调节作用?
2. 从节税角度分析月工资与年终奖金应如何合理分割。
3. 股票期权有哪些纳税筹划空间?

案例分析题

案例一　劳务报酬的纳税筹划

某设计院工程师王某，利用业余时间为其他工程研究院设计了一套节水设备，花费了将近一年的时间，获得的报酬也非常可观，共有200万元。

思考：对于这笔收入，该工程师应该如何筹划使其税后收入最大化呢?

案例二　多种纳税所得的纳税筹划

纳税人郑某8月给几家公司提供劳务，同时取得多项收入：给某设计院设计了一套工程图纸，获得设计费1万元；给某外资企业当15天兼职翻译，获得1.5万元的翻译报酬；给某民营企业提供技术帮助，获得该企业2万元的报酬。

思考：郑某如何纳税？又有何筹划方法使其少纳税呢?

案例三　境内外收入的筹划

北京大学的张博士，是中国的居民纳税人，他同时在英国一所大学任客座教授。6月，张博士从国内大学取得工资性收入6 500元，同时又从英国大学获得一定的收入，折合人民币15 000元。

思考：(1)试比较张博士能提供与不能提供英国大学工资证明文件的应纳税额。

(2)为了减轻税负，张博士应怎样筹划其收入？

案例四

个人独资企业的纳税筹划

李先生和妻子开设了一家美容院，属个人独资企业，开展美容业务的同时也销售美容产品。当年，他们的美容业务获利3.8万元，美容产品的销售利润为3.3万元。

思考：李先生夫妻该怎样进行筹划以减轻税负？

案例五

中国公民李某2018年的收入情况如下：

3月份出版一本书，取得稿酬5 000元。该书6月至8月被某晚报连载，6月份取得稿酬1 000元，7月份取得稿酬1 000元，8月份取得稿费1 500元。因书畅销，9月份出版社增加印数，又取得追加稿酬3 000元。

6月份，购买社会福利彩票中奖20万元，通过非营利的社会团体向农村义务教育捐赠了8万元。

6月1日，李某转让一份字画，该字画经文物部门认定是海外回流文物，转让收入是50 000元，但是李某无法提供准确的财产原值凭证。

10月与某房地产签订合同，购买某商业房，市场价格为250万元，合同约定成交价格为200万元，但自11月开始的未来两年内，商业房无偿提供房地产企业对外出租。不考虑个人所得税以外的其他税金。

根据以上资料和税法相关规定，计算：

(1)李某当年稿酬收入应纳的个人所得税。

(2)李某当年社会福利彩票中奖收入应纳的个人所得税。

(3)李某转让字画应纳的个人所得税。

(4)李某当年应纳个人所得税。

案例六

中国公民王某在国内某市单位任职，2018年3月份取得收入情况如下：

(1)工资收入3 000元，当月奖金1 000元，季度奖2 400元；取得2009年年终奖12 000元。

(2)接受某公司邀请担任技术期间，当月取得收入35 000元，从中拿出10 000元通过希望工程基金捐给希望工程。

(3)利用业余时间与其他三人共同进行一项装修活动，共取得装修费5 600元，因该装修活动最先由王某承揽，因此按协议王某应得2 000元承揽费，其余4人平分(不考虑相关税费)。

(4)将其拥有的两套住房中的一套转让，转让的房屋于2001年1月以35万元购入，现以50万元转让给他人(不考虑相关税费)。

(5)将一套三居室的住房出租，出租后仍然用于居住，月租金4 500元，当月支付房屋修缮费 100 元(除个人所得税外,不考虑其他相关税费)。

(6)2007 年购入 1 000 份债券,每份买入价 10 元,购进过程中支付的税费共计 150 元。本月以每份 12 元的价格卖出其中 600 份,支付卖出债券的税费共计 110 元。

根据以上资料和税法相关规定,计算:

(1)2018 年 3 月取得工资和各项奖金收入应缴纳的个人所得税税额。

(2)2018 年 3 月份担任技术顾问取得收入应缴纳的个人所得税税额。

(3)2018 年 3 月装修收入应缴纳的个人所得税税额。

(4)2018 年 3 月份出售住房应缴纳的个人所得税税额。

(5)2018 年 3 月出租住房应缴纳的个人所得税税额。

(6)2018 年 3 月售出债券应缴纳的个人所得税税额。

第十章 其他经营活动涉及税种的纳税筹划

第一节 消费税的纳税筹划

消费税是以消费品(消费行为)的流转额作为课税对象的各种税收的统称。消费税是在对货物普遍征收增值税的基础上,选择少数消费品再征收的一个税种。消费税主要是为了调节产品结构,引导消费方向,保证国家的财政收入。现行消费税的征收范围主要包括烟、酒及酒精,鞭炮,焰火、化妆品、成品油,贵重首饰及珠宝玉石,高尔夫及球具,高档手表,游艇,木制一次性筷子,实木地板,汽车轮胎、摩托车、小汽车等税目。

《消费税暂行条例》规定,在中华人民共和国境内生产 、委托加工和进口规定的应税消费品的单位和个人,以及国务院确定的销售应税消费品的其他单位和个人,为消费税的纳税人。

生产应税消费品用于销售的,于销售成立时缴纳消费税。生产应税消费品自己使用而没有对外销售的,按其不同的用途区别处理:将生产的应税消费品用于连续生产应税消费品的,不征收消费税;将生产的应税消费品用于非生产应税消费品、在建工程、管理部门、非生产机构和提供劳务,以及用于捐赠、赞助、广告、样品、福利等方面的,于消费品移送使用时缴纳消费税。

从事卷烟批发业务的单位和个人,批发销售的所有牌号规格的卷烟,按批发卷烟的销售额(不含增值税)和适用税率计算缴纳消费税;纳税人销售给纳税人以外的单位和个人的卷烟于销售时缴纳消费税;纳税人之间销售卷烟不缴纳消费税。

委托加工的应税消费品,除受托方为个人外,由受托方在向委托方交货时代收代缴税款,委托加工的应税消费品直接销售的,不再缴纳消费税;委托加工的应税消费品,委托方用于连续生产应税消费品的,所纳税款准予按规定抵扣;委托个人加工的应税消费品,由委托方收回后缴纳消费税。

进口应税消费品由货物进口的单位和个人或代理人在报关进口时缴纳消费税。

从事金银首饰、钻石及钻石饰品商业零售业务的单位和个人,为金银首饰、钻石及钻石饰品的消费税纳税人。

一、消费税纳税人的筹划

消费税的纳税人一般需同时具备两个条件:一是在我国境内生产、批发、零售、委托加工、进口应税消费品;二是所经营的产品是消费税科目税率表中列明的应税消费品。如果单位和个人能够使自己的经营范围避开相应的环节,或者所生产、委托加工、批发、零售、进口的产品是非应税消费品的,就可以避免成为消费税的纳税人,达到减轻税负的目的。

1. 利用企业之间并购进行纳税筹划

消费税是针对特定的纳税人而征收的一种税，如果对相关业务往来的企业采取重组合并的方式，就会因为纳税人的改变而给企业带来纳税筹划的空间，使原来企业之间按正常购销价格缴纳消费税的环节转变为不用缴纳的企业内部原材料转让环节，从而延缓到原材料被加工好成为产成品进入销售环节再征收消费税税款。如果后一销售环节的消费税税率较前一环节的低，则可直接减轻企业的消费税税负。因为前一环节应征收的税款延迟到后一环节征收，而后一环节的税率低，合并前企业之间的销售额在合并后会适用较低的税率，从而使企业的整体税负减轻。

2. 利用降低价格规避纳税义务进行纳税筹划

根据《消费税暂行条例》，某些消费品是否成为消费税的征收对象取决于价格的高低。例如，高档手表销售价格在1万元以上，需按20%的税率缴纳消费税；销售价格在1万元以下，则无需缴纳消费税。因此，对于此类消费品，如果能在定价策略方面做些调整，使产品价格达不到征税要求，就可以达到纳税筹划的目的，实现规避纳税义务的效果。

3. 利用改变生产流程规避纳税义务进行纳税筹划

消费税征收范围采用列举方式，选择部分商品为征税对象，这些商品中有的不是企业的最终产品，是企业在生产过程中的中间材料。如果利用这种产品所生产出的最终产品无需缴纳消费税，那么，企业将这些中间产品用于连续生产仍需要缴纳消费税。如果能通过改变生产过程避免采用这些中间产品，就能够规避消费税的纳税义务。当然，要采取这种纳税筹划方法，还要考虑是否有相应的生产工艺。

二、消费税计税依据的纳税筹划

消费税的计缴主要取决于三个因素，即纳税人的选定、税率的高低及计税依据的大小。纳税人和税率筹划的空间较小，而销售额的大小直接关系到应纳税额的多少。因此，消费税的计税依据成为税务筹划的主要内容。

在正常销售的情况下，实行从价计缴办法的应税消费品以销售额为计税依据，即：

应纳税额＝应税消费品的销售额×消费税税率

“销售额”是纳税人销售应税消费品向购买者收取的全部价款和价外费用，不包括应向购货方收取的增值税税款。如果纳税人应纳消费品的销售额中含有增值税税款或者因不得不开具增值税专用发票而发生价款与增值税税款合并缴纳的，在计算消费税时，应将销售额和增值税进行分离，即换算成不含增值税的销售额。计算公式为：

不含增值税的销售额＝含增值税的销售额/(1＋增值税税率或征收率)

“价外费用”是价外收取的基金、集资费、返还利润、补贴、违约金(延期付款利息)和手续费、包装费、储备费、优质费、运输装卸费、代收款项、代垫款项以及其他各种性质的价外收费。

根据我国《消费税暂行条例实施细则》，符合下列条件的代垫运输费用不包括在应税销售额中：

(1)承运部门的运费开具给购货方的。

(2) 纳税人将该项发票转交给购货方的(必须同时具备两个条件)。

其他价外费用，无论是否属于纳税人的收入，均应并入销售额计算征税。

1. 从量计缴的消费品计税依据的确定

企业外销应税消费品，实行从量定额计缴的，计税依据是应税消费品的实际销售数量。应纳税额的计算公式为：

应纳税额＝销售数量×单位税额

根据《消费税暂行条例》规定，实行从量定额办法计算应纳税额的，只适用于三种液体应税消费品，它们是啤酒、黄酒、成品油。在确定销售数量时，如果实际销售的计量单位与《消费税税目税率（税额）表》规定的计量单位不一致，则应按规定标准进行换算。

2. 复合计税的应税消费品计税依据的确定

实行复合计税办法的应税消费品主要包括粮食白酒、薯类白酒和卷烟。

应纳税额＝应纳销售数量×定额税率＋应税销售额×比例税率

【例 10－1】 某卷烟厂本月卷烟 200 箱（250 标准条/箱，200 支/条），每标准条调拨价格 80 元，则

应纳消费税税额＝200×150＋200×250×80×45％＝1 830 000（元）

三、销售收入与销售数量的纳税筹划

由于消费税采用从价、从量、复合计税三种方法，所以，消费税的计税依据为销售额或者销售数量或者二者兼有。

第一，销售额的确定。销售额为纳税人销售应税消费品向购买方收取的全部价款和价外费用。

第二，销售数量的确定。销售数量，是指应税消费品的数量，具体为：

（1）销售应税消费品的，为应税消费品的销售数量；

（2）自产自用应税消费品的，为应税消费品的移送使用数量；

（3）委托加工应税消费品的，为纳税人收回的应税消费品数量；

（4）进口应税消费品的，为海关核定的应税消费品进口征税数量。

（一）设立销售公司进行的消费税纳税筹划

消费税的纳税行为发生在生产领域而不是流通领域或终极的消费环节。因此，关联企业中生产应税消费品的企业如果以较低的销售价格将应税消费品销售给独立核算的销售公司或购销公司，然后再由销售公司或购销公司按市场的正常价格对外销售，则可以降低销售额，从而减少应纳消费税。独门核算的销售公司或购销公司由于处在销售环节，因此，只缴纳增值税而不缴纳消费税，这样可使集团的整体消费税税负降低，但增值税税负保持不变。企业在向销售公司或购销公司低价销售时，尽管降低了利润，但实际上只是将利润转移到销售公司或购销公司，并不是减少企业投资者的整体利益。由于消费税只有一个纳税环节，纳税人可以运用纳税环节筹划技术，将门市部独立核算，或将销售部门独立为销售公司，并合理转让定价，则可节省消费税。

【例 10－2】 某化妆品厂下设非独立核算门市部销售自制化妆品，某月移送给门市部化妆品5 000套，出厂价每套 234 元（含增值税），门市部按每套 257.4 元（含增值税）将其全部销售出去。有两种方案：

一是按《消费税暂行条例》规定，纳税人通过自设非独立核算门市部销售自产应税消费品，应当按门市部对外销售额或者销售量缴纳消费税，则其当月应纳消费税为[257.4÷(1+16%)×5 000×30%]33 万元。

二是如果该化妆品厂为了达到少缴消费税的目的，将下设的非独立核算的门市部改为独立核算。根据上述资料，当月申报缴纳消费税的目的，将下设的非独立核算的门市部改为独立核算。当月申报缴纳消费税为[234÷(1+16%)×5 000×30%]30 万元。与第一种情况相比，该厂少缴消费税 3 万元。

由上例可以看出，由于消费税规定只在一个环节计算缴纳，大多数应纳消费品是在出厂环节计算税款，出厂环节计缴消费税后，继续销售的各个环节不需要再缴纳消费税，这样，"出厂"环节的确定就至关重要。显然，当门市部作为企业非独立核算的部门时，生产部门向门市部移送商品，只是企业内部不同部门之间商品的转移，只有在门市部对外销售时才能确定"出厂"。

思考题：某酒厂主要生产粮食白酒，产品销售给全国各地的批发商。按以往的经验，本市的一些商业零售户、酒店、消费者每年到工厂直接购买的白酒大约为2 000箱(每箱 12 瓶，每瓶 500 克)。企业销售给批发商的价格为每箱(不含税价)1 200元，销售给零售户及消费者的价格为每箱(不含税价)1 400元。经过纳税筹划，该酒厂在本地设立独立核算的经销部，企业按销售给批发商的价格销售给经销部，再由经销部销售给零售户、酒店和消费者。已知白酒的消费税税率为 20%，定额税率为每 500 克 0.5 元。请分析筹划前后缴纳消费税的情况。

(二)充分利用最低的计税价格进行的纳税筹划

工业企业自制产品、半成品用于生活福利设施、专项工程、基本建设和其他非生产项目，用于销售产品或者提供劳务，以及用于馈赠、赞助、职工福利、奖励等方面的，于移送使用时按规定的税率计算应缴纳消费税。税法规定，计税依据为同类产品的销售价格，没有同类产品销售价格的，按组成计税价格纳税。由于同一产品的市场销售价格不同，企业为达到节税目的可按较低的销售价格计算缴纳消费税。

【例 10－3】 假定某企业按统一的原材料、费用分配标准计算的自产自用高尔夫球及球具的成本为 20 万元，没有同类产品的销售价格，企业按组成计税价格计算应纳消费税税额，消费税税率为 10%，成本利润率为 10%。

组成计税价格＝20×(1＋10%)÷(1－10%)＝24.44(万元)

应纳消费税＝24.44×10%＝2.444(万元)

企业通过加强对高尔夫球及球具的成本管理，使本批自产自用产品的成本为 10 万元，其组成计税价格和应纳消费税计算如下：

组成计税价格＝10＋20×10%÷(1－10%)＝12.22(万元)

应纳消费税＝12.22×10%＝1.222(万元)

结论：通过降低组成计税价格，少缴纳消费税(2.444－1.222)1.222 万元。

四、包装物的纳税筹划

（一）包装物的种类及押金

从形式看，包装物可以分成如下四种类型：

第一，用于包装产品并作为消费品成本组成部分的包装物；

第二，随同产品出售不单独计价的包装物；

第三，随同产品出售单独计价的包装物；

第四，出租或出借给购买产品的单位使用的包装物。

（二）税法的有关规定

第一，包装物销售。实行从价定率方法计算应纳税额的应税消费品连同包装物销售的，无论包装物是否单独作价，也不论在会计上如何核算，均应并入应税消费品的销售额中征收消费税。

第二，包装物租金。包装物租金属于价外费用，凡销售应税消费品向购买方收取的价外费用，无论其会计制度如何核算，均应并入销售额计算应纳税额。

第三，包装物押金。纳税人为销售货物而出租、出借包装物收取的押金，单独记账核算的，不并入销售额征税。但对于逾期未收回包装物不再退还的包装物押金，应按所包装的应税消费品所适用的税率计算应纳税额。

采取收取押金的方式比其他两种方式都更有利于节税。

（三）包装物押金的纳税筹划

1. 连同应税消费品出售

税法规定，应税消费品连同包装物出售的，无论是否单独作价，均应并入销售额中计算消费税。

2. 收取租金

包装物租金属于价外费用。价外费用包含在销售额中，要计消费税。

3. 收取押金

包装物押金不并入销售额计税。根据税法规定，纳税人为销售货物而出租出借收取的押金，单独记账核算的，不并入销售额征税。但对因逾期未收回包装物不再退还的押金，应按包装物的适用税率计算为不含增值税的价格，再并入销售额征税。

【例 10－4】 金星轮胎厂是某汽车制造公司 A 长期轮胎供应商。2017 年 5 月，金星轮胎厂向汽车制造公司销售1 000个轮胎，每个价值2 000元（不含增值税）：每个轮胎包装出售，包装物价值为 200 元/个（不含增值税）（轮胎消费税税率 10%）。

金星轮胎厂采用哪种方式收取包装物价款税负较轻呢？

方案一：采取连同包装物一并销售。

销售额＝2 200×1 000＝220（万元）

应纳汽车轮胎消费税税额＝220×10%＝22（万元）

方案二：如果企业采用收取包装物押金，将 1 000 个汽车轮胎的包装物单独收取“押金”，销售额为 2 000×1 000=200(万元)。应纳汽车轮胎消费税税额=200 万元×10%=20 万元，前后差异：22 万元－20 万元=2 万元，所以采用收取包装物押金的形式使此企业减少 2 万元的税负。

小结：利用包装物节税始终是税收筹划的一个重要策略，其核心就在于包装物不能作价随同产品出售，而是采用收取“押金”的方式，该方法不仅适用于消费税，也适用于增值税。但是，从 1995 年 6 月 1 日起，对销售除啤酒、黄酒外的其他酒类产品而收取的包装物押金，无论是否返还以及会计上如何核算，均应并入当期销售额征税。这在一定程度上限制了经营酒类产品的企业利用包装物节税的可能性。

五、自产特定应税消费品的纳税筹划

【例 10－5】 某珠宝有限公司 2017 年 8 月 2 日从香港购进金石一批，价值200 000元，然后自己进行加工，共耗用加工费70 000元，再进行销售，取得销售收入共计513 000元。珠宝公司应缴纳的消费税=513 000×10%=51 300(元)。

珠宝公司财务经理认为，如果能委托其他宝石厂加工后再销售，则可以达到节税效果。经生产部门联系，找到了一家珠宝加工厂进行加工，支付加工费60 000元，支付对方代扣代缴消费税14 000元，共支付相关费用74 000元。销售额仍为513 000元，珠宝公司经过筹划后，应缴纳的消费税为(51 300－14 000)37 300元，节税14 000元。

【例 10－6】 红叶卷烟厂是一大型卷烟生产企业。2017 年 3 月接到一笔7 000万元的甲类卷烟生产订单，有 0.2 万箱。如何生产这批产品，公司高层管理有三种不同意见：

第一，全部卷烟各生产流程均由企业自行完成。

第二，委托其他企业将烟叶加工成烟丝，收回后直接销售给客户。

第三，全部生产流程委托其他企业加工，收回后直接销售给客户。

三种方案中，哪一种可为企业带来最大的税后利益呢?

第一种方案：全部卷烟各生产流程均由企业自行完成。原材料(烟叶)购入价格1 000万元，加工成本、分摊费用1 700万元，售价为7 000万元(含消费税价)。

红叶卷烟厂应缴消费税=7 000×45%+0.2×150=3 180(万元)

红叶卷烟厂应缴企业所得税=(7 000－1 000－1 700－3 180)×25%=1 120×25%=280(万元)

税后利润=1 150－280=870(万元)

第二种方案：委托其他企业将烟叶加工成烟丝，收回后本企业再进一步加工成卷烟。委托加工原料(烟叶)价格1 000万元，双方协议加工费 680 万元。加工烟丝收回后，红叶卷烟厂继续加工成甲类卷烟，加工成本、分摊费用为1 020万元，卷烟售价为7 000万元(含消费税价)。

受托加工烟丝企业代收代缴消费税=[(1 000+680)÷(1－30%)]×30%=720(万元)

红叶卷烟厂销售卷烟时应缴消费税=7 000×45%+0.2×150－720=2 460(万元)

红叶卷烟厂应缴企业所得税=(7 000－1 000－680－720－1 020－2 460)×25%=1 120×25%=280(万元)

税后利润=1 150－280=870(万元)

第三种方案:全部生产流程委托其他企业加工,收回后直接销售给客户。烟叶成本不变,委托加工费用1 700万元。红叶卷烟厂收回后直接销售给客户,售价7 000万元。

受托加工卷烟企业代收代缴消费税=[(1 000+1 700+0.2×150)÷(1−45%)]×45%=2 233.64(万元)

红叶卷烟厂收回卷烟直接销售时不需再缴纳消费税。红叶卷烟厂应缴企业所得税=(7 000−1 000−1 700−2 233.64)×25%=2 066.36×25%=516.59(万元)

税后利润=2 033.64−516.59=1 517.05(万元)

从计算结果可以看出,在各种相关因素相同的情况下,完全的委托加工(收回后不再加工直接销售)的消费税税负比自行加工方式下低(3 180−2 233.64)946.36 万元。尽管多缴了(516.9−280)236.9 万元企业所得税,但总体上使企业多获得税后利润(1 517.05−870)647.05 万元。

六、消费税税率的纳税筹划

消费税的税率由《消费税暂行条例》所附的《消费税税目税率(税额)表》规定,每种应税消费品所适用的税率都有明确的界定,而且是固定的。消费税按不同的消费品的消费税率各不相同,这种差别性为纳税筹划提供了客观条件。消费税的税率分为比例税率、定额税率和复合税率。现行消费税比例税率最低为 3%,最高为 56%;定额税率最低为每征税单位 0.1 元,最高为 250 元。

(一)分别核算与合并核算的纳税筹划

消费税在一些税目下设置了多个子目,不同的子目适用不同的税率,而同一税目不同子目的项目具有很多的共性,纳税人可以创造条件将一项子目转为另一项子目,在不同的税率之间进行选择,择取较低的税率纳税。

消费税同一些税目下不同子目的区别,有应税消费品品质的原因,如小汽车,按汽缸容量划分子目,适用不同的消费税;还有按应税消费品的不同成分划分不同税率,如消费税中酒及酒精税目下粮食白酒,在保持其口味不变的情况下,加入少量香料、药材、果汁等,粮食白酒便可转换为配制酒或滋补酒,税率也能从 20%降到 10%。

另外,有的子目之间由于价格的变化而导致税率跳挡,应根据税率的相邻等级合理定价。应税消费品的等级不同,消费税的税率不同。税法以单位定价为准确定等级,即单位定价越高,等级就越高,税率也就越高。例如,我国现行税法规定,对卷烟在首先征收一道从量税的基础上,再按价格不同征收不同的比例税率。

对甲类卷烟,即每标准条(200 支)调拨价格在 70 元(不含增值税)以上(含 70 元)的卷烟,税率为 56%。乙类卷烟,即每标准条调拨价格在 70 元(不含增值税)以下的卷烟,税率为 36%。这两类卷烟的税率差别很大,而适用哪一档税率取决于卷烟的价格。卷烟价格的分界点成了税率变化的临界点,所以,如果卷烟价格在临界点附近,纳税人可以主动降低价格,使卷烟类别发生变化,从而适用较低税率。

财税[2009]84 号文件第二条规定,在卷烟批发环节加征一道从价税。对在我国境内从事卷烟批发业务的单位和个人,批发销售所有牌号规格的卷烟的,都要按照批发卷烟的销售额

(不含增值税)乘以5%的税率缴纳批发环节的消费税。纳税人应将卷烟销售额与其他商品销售额分开核算,未分开核算的,一并征收消费税。第二条第九款还规定,卷烟消费税在生产和批发两个环节征收后,批发企业在计算纳税时不得扣除已含的生产环节的消费税税收。

【例10—7】 某卷烟厂生产的卷烟每条调拨价格为75元,当月销售2 000条。生产成本为20元/条,当月分摊在这批卷烟上的期间费用为5 000元。如果不进行纳税筹划,则应按56%的税率缴纳消费税。企业当月的纳税和盈利情况分别为:

应纳消费税=2 000÷250×150+75×2 000×56%=85 200(元)

销售利润=75×2 000—20×2 000—85 200—5 000

=19 800(元)

可以看出,卷烟价格为75元,与临界点70元相差不大,但适用税率相差20%。企业如果主动将价格调低至70元以下,则可能大大减轻税负,弥补价格下降带来的损失。假设企业将价格调低至68元,那么企业当月的纳税和盈利情况分别为:

应纳消费税=2 000÷250×150+68×2 000×36%=50 160(元)

销售利润=68×2 000—20×2 000—50 160—5 000=40 840(元)

通过比较可以发现,企业降低销售价格后,销售收入减少了14 000元,但应纳税款也减少了35 040元,销售利润增加了21 040元。其原因是销售税率的大幅度降低导致消费税负担大幅度减轻。

(二)成套销售消费品的纳税筹划

消费税的兼营行为指的是消费税纳税人同时经营两种以上税率的应税消费品的行为。现行消费税政策规定,纳税人兼营不同税率的应税消费品,应当分别核算不同税率应税消费品的销售额和销售数量,分别核算不同税率的,从高适用税率。

这一规定要求企业在有兼营不同税率应税消费品的情况下,一方面要健全财务核算制度,做到账目清楚并分别核算各种应税消费品的销售情况,另一方面要选择合适的销售方式和核算方式,达到适用较低的消费税税率的目的,从而降低税负。纳税人应针对消费税的税率多档次的特点,根据税法的规定,正确进行必要的合并核算和分开核算,以达到节税的目的。

为了促进产品销售,提高产品档次,增加产品的美观性,很多企业选择将产品搭配成礼品套装成套销售。现行消费税政策规定,纳税人将应税消费品和非应税消费品,以及税率不同的应税消费品组成成套消费品销售的,从高适用税率。企业对于成套销售的收益与税负应全面进行权衡,看有无必要搭配成成套商品,避免产生不必要的税收负担。

如果成套销售的收益大于由此而增加的税负,则可选择成套销售,否则不能实行此办法。

【例10—8】 某酒厂生产税率为20%的粮食白酒,又生产税率为10%的药酒,为了增加销售量,将一瓶白酒(500克)和一把酒瓶开启器包装成一套礼品销售。其中,白酒的每瓶价格为60元,酒瓶开启器的每把价格为50元,礼品每套为110元。当月该厂对外销售粮食白酒1 000瓶,总金额60 000元;销售套装1 000套,总金额110 000元。酒厂在不同情况下的税收如下:

两类产品单独销售,白酒应纳消费税税额为:

1 000×0.50+60 000×20%=12 500(元)

为单独销售,套装酒应纳消费税额为:

1 000×0.50+110 000×20%=22 500(元)

可以看出,分开销售后,税款减少:

22 500－12 500=10 000(元)

消费税政策规定:纳税人将资产的应税消费品与外购或自产的非应税消费品组成套装销售的,以套装产品的销售额(不含增值税)为计税依据。所以,纳税人采取先销售后包装的方法,可减少计税依据,节省消费税。

【例 10－9】 某日用化妆品厂,将生产的化妆品、护肤护发品、小工艺品等组成成套消费品销售。每套消费品由下列消费品组成:化妆品包括一瓶香水 60 元、一瓶指甲油 20 元、一支口红 30 元;非高档护肤护发品包括一瓶沐浴液 50 元、一瓶摩丝 16 元、一块香皂 4 元;化妆工具及小工艺品 20 元,塑料包装盒 10 元。化妆品消费税率为 30%,非高档护肤护发品已停止征收消费税。上述销售价格均为不含增值税的销售价格。按照习惯做法,将产品包装后再销售给商家:

每套应纳消费税=(60+20+30+50+16+4+20+10)×30%=63(元)

若改变做法,将上述产品先分别销售给商家,再由商家包装后对外销售,实际操作上,只是换了个包装地点,并将产品分别开具发票,会计上分别核算销售收入。

应纳消费税=(60+20+30)×30%=33(元)

通过纳税筹划,每套消费品减少消费税=63－33=30(元)

七、消费税额抵扣的纳税筹划

税法规定,用外购和委托加工收回的税法列举的 11 项已税消费品连续生产应税消费品销售时,按当期生产领用数量计算准予扣除外购和委托加工应税消费品已纳的消费税款。

(一)外购已税消费品继续生产应税消费品的纳税筹划

当纳税人决定外购应税消费品用于连续生产时,应选择从生产厂家而不应是从商家购进应税消费品。所谓连续生产,是指应税消费品生产出来后直接转入下一个生产环节,未经市场流通。因此,允许扣除已纳消费税的外购消费品仅限于直接从生产企业购进的应税消费品,不包括从商品流通企业购进的应税消费品。另外,同品种的消费品,在同一时期,商家的价格往往高于生产厂家。所以,纳税人外购应税消费品时,应尽量选择生产厂家作为进货渠道,除非厂家的价格扣除已纳消费税款后的余额比商家的价格高。

当小规模纳税人的生产企业向一般纳税人购进应税消费品时应从对方取得普通发票,以获取更多的消费税折扣,因为普通发票 3%不含税的销售额,比按 16%的税率换算出的不含税销售额要大,可以获取多折扣的权利。而小规模纳税人不能抵扣进项税额,所以不存在损失进项税额的问题。

【例 10－10】 某烟厂 6 月份购进烟丝 200 箱,每箱5 000元,以上售价均为不含增值税的售价,该类卷烟消费税税率为 30%,消费税税率为 30%。请计算该厂 6 月份销售卷烟应缴纳的消费税。

应纳消费税=5 000×200×30%=300 000(元)

【例10－11】 小规模纳税人从某厂家购进应税消费品，合计200 000元，消费税税率为30%。请问对对方来说开具何种发票更有利？

对销售方来说，无论开具何种发票，应缴纳税额和消费税是不变的。对购买方来说，由于小规模纳税人不享受进项税抵扣，所以并不增加消费税税率。因此，对购买方来说，开具普通发票要比开具专用发票更有利，如果是增值税一般纳税人，由于取得普通发票不能抵扣进项税额，因此还是获取增值税专用发票更有利。

（二）委托加工已税消费品继续生产应税消费品的纳税筹划

企业的加工方式有自行加工和委托加工。自行加工的计税依据为销售价格；委托加工的计税依据为受托方同类消费品的销售价格或组成计税价格，由于自行加工和委托加工的税基不同，因而存在一定的筹划空间。

【例10－12】 某日化企业2007年5月将100万元的化妆品原料加工成化妆品销售，现在有两种方案：方案一，委托某协作厂加工，付加工费75万元；方案二，企业自行生产，据测算，自行生产的人工费及分摊费用也为75万元。设两种方案生产的化妆品品质没有差异，对外销售都可以实现销售收入400万元。化妆品的消费税税率为30%。

这两种方案下，企业的纳税和盈利情况分析如下：

方案一：消费税组成计税价格＝(100＋75)/(1－30%)＝250(万元)

应纳消费税＝250×30%＝75(万元)

收回的化妆品直接对外销售时不再缴纳消费税。假设不考虑其他期间费用，则

这笔业务的利润＝400－100－75－75＝150(万元)

方案二：自行生产的应税消费品对外销售时，

应纳消费税＝400×30%＝120(万元)

这笔业务的利润＝400－100－75－120＝105(万元)

将以上两种方案进行对比，可以看出，在各相关因素相同的情况下，企业自行生产应税消费品较之委托加工应税消费品，其税负较重，利润较少。本例中，自行生产方式比委托加工方式多缴税45万元，利润随之也减少45万元。

八、消费税纳税筹划典型案例分析

【例10－13】 北京市某化工厂为增值税一般纳税人，其经营项目包括化妆品、护肤护发品、痱子粉、爽身粉和民用洗涤灵等日常用品。2016年2月，该化工厂向一小规模纳税人销售化妆品20万元，痱子粉、爽身粉5万元，民用洗涤灵10万元，并开具普通发票，本月该厂各项进项税额为3万元，月末该厂财务人员申报应纳消费税为8.55万元，计算方法如下：

20×30%＋5×16%＋10×16%＝8.4(万元)

应纳增值税＝(20＋5＋10)÷(1＋16%)×16%－3＝1.83(万元)

该项销售业务共应纳税10.23万元。本月该厂生产上述各产品成本为25万元，由此企业本月经营亏损3.64万元。

该厂亏损的根本原因在于财务人员不懂税法，多申报缴纳消费税，增加企业的税收成本，事实上，企业可以在以下三个层次上减少应缴纳的消费税。

第一，财务人员对消费税各税目的具体征税范围不清楚，误认为痱子粉、爽身粉以及洗涤灵也是护肤护发品，应缴纳消费税。我国税法对护肤护发品的具体征税作了详细说明，并明确强调痱子粉、爽身粉不属于护肤护发品的征收范围，不征收消费税，因此，上述三种产品只需缴纳增值税。

第二，我国《消费税条例实施细则》规定：应纳消费品的销售额不包括应向购货方收取的增值税税款。如果纳税人应税消费品的销售额中未扣除增值税税款或者因不得开具增值税专用发票而发生价款和增值税税款合并收取的，在计算消费税时，应当换算为不含增值税税款的销售额。换算公式为：

应税消费品的销售额＝含增值税的销售额÷(1＋增值税税率或征收率)

在此案例中，该化工厂向小规模纳税人销售，开具普通发票，因而销售额中未扣除增值税税款，应按上述公式转化为不含增值税的销售额，再计算应纳的消费税。

第三，我国《消费税条例实施细则》进一步规定，在纳税人将含增值税的销售额转化为不含增值税的销售额的过程中，如果纳税人向购货方开具的是单独注明增值税销项税额的增值税专用发票，则按该产品动用的增值税税率 16%使用换算公式；如果纳税人不能向购货方开具增值税专用发票，则按 6%或 4%使用换算公式。

此例中，该化工厂向小规模纳税人销售开具普通发票，则只能按 3%的征收率换算，其应纳消费税为：

20÷(1＋3%)×30%＝5.83(万元)

缴纳的增值税为：

(20＋5＋10)÷(1＋16%)×16%－3＝1.83(万元)

由于正确计算了应纳消费税税额，该项销售业务的实际应纳税额仅为 7.93 万元，该厂只亏损 0.92 万元。

在此例中，化工厂仍存在进一步减少消费税税额的可能性。如果化工厂慎重地选择销售对象，向一般纳税人企业不是小规模纳税人销售产品，开具增值税发票，则可以按 16%的税率换算为不含增值税的销售额，这时，该厂应纳消费税可以进一步减少，仅为[20÷(1＋16%)×30%]5.17(万元)。节约税收成本 0.66 万元。

该案例给我们的启示：

第一，分清税目税率的重要性，设置税目税率的税种尤为重要，如消费税、增值税等。谨防出现将非应税项目计缴税款以及错用税率，适用较高税率等问题。消费税税目税率中值得注意的是以下几种不征收消费税。

(1)舞台、戏剧影视演员化妆用的上妆油、卸妆油、油彩发胶和染发剂等不属于化妆品的征收范围，不征收消费税。

(2)体育上用的发令纸及鞭炮引线不属于鞭炮、焰火的征收范围。

(3)工业汽油即溶剂汽油不属于汽油，不征收消费税。

(4)农用拖拉机、收割机，手扶拖拉机专用轮胎不征收消费税。

(5)特种用车，如急救车、抢修车不征收消费税。

第二，各个税种之间不是孤立的，而是互相联系的，这不仅表现在一项可能涉及多个税种，或者同种销售行为由于行为主体不同而适用不同税种，如从事货物生产、批发、零售为主的企业性单位及个体经营者的混合销售行为应征增值税。

而其他单位和个人的混合销售行为征增值税，也表现在一个税种的计算牵涉其他税种，如果计算消费税则要将含增值税的销售额转化为不含增值税的销售额。

第三，税收是构成企业经营成本的一个重要内容，也是影响企业利润的重要因素。降低税收成本有利于企业增加盈利，增加市场竞争力。在销售环节，不恰当地选择销售对象，极有可能增加企业的应纳税额。作为一般纳税人，企业应尽可能地将产品销售给其他一般纳税人，开具增值税发票。

【例 10—14】 佳美化妆品有限责任公司是一家经营各种化妆品、护肤护发品的合资企业。2018 年 6 月，该公司共生产各类化妆品和护肤护发品价值 30 万元，但由于产品市场定位欠佳，预计该月仅能销售化妆品及护肤护发品共 15 万元。为了避免产品被积压，该公司决定将剩余的化妆品馈赠给协作企业，并加大广告宣传的力度。具体发生如下业务：

(1)用化妆品和护肤护发品做成礼品盒馈赠给协作企业，价值 3 万元。

(2)企业赞助当地电视台举办的大型歌舞晚会用化妆品，价值 5 万元。

(3)广告样品用化妆品和护肤护发品，未分别核算，总价值 0.4 万元。

(4)将化妆品分配给本公司职工共计价值 2 万元。

(5)销售化妆品 10 万元，护肤护发品 6 万元。

月末进行纳税申报时，公司财务人员计算应纳消费税如下：

$10\times30\%+6\times16\%=3.96$(万元)

但是经税务机关审核，实际应纳税额为：

$3\times30\%+5\times30\%+0.4\times30\%+2\times30\%+10\times30\%+6\times16\%=7.08$(万元)

公司对此不服，认为公司将产品馈赠、赞助或作为广告样品时，并未销售取得收入，不应该缴纳消费税，并提出行政复议，但上级税务机关审核后维持原判。

本例的关键在于将本公司的产品馈赠、赞助给他人，或者将产品作为广告样品时，是否属于销售行为，是否应征消费税，对此，我国消费税税法中有明确规定。

我国消费税暂行条例规定，纳税人自产自用的应税消费品，用于连续生产应税消费品的不纳税；纳税人自产自用的应税消费品，除用于连续生产应税消费品外，凡用于其他方面的，应于移交使用时纳税。

第一，所谓"纳税人自产自用的应税消费品，用于连续生产应税消费品的"，是指作为生产最终应税消费品的直接材料，并构成最终产品实体的应税消费品，如卷烟厂用自己生产的烟丝连续生产卷烟，则用于连续生产卷烟的烟丝不缴纳消费税。

第二，"用于其他方面"是指纳税人用于生产非应税消费品和在建工程，管理部门和非生产机构提供的劳务，以及用于馈赠、赞助、集资、广告、样品、职工、福利、奖励等方面的应税消费品。企业自产的应税消费品虽然没有用于销售或连续生产应税消费品，但只要是用于上述税法所规定的范围，都要视同销售，依法缴纳消费税。

根据上述税法规定，佳美化妆品有限责任公司为了避免存货被积压，将产品馈赠给协作企业，作为福利分给职工以及作为广告样品或赞助文艺演出，虽然是无偿的，没有获得任何形式的收入，但均属于税法视同销售的规定范围，因而必须依法缴纳消费税。

因此，佳美化妆品有限责任公司虽然有效地防止了产品被积压，但无形中也极大地增加了公司的税收负担。

纳税人自产自用的应税消费品，凡用于其他方面应当纳税的，按照纳税人生产的同类消费品的销售价格计算纳税；没有同类消费品销售价格的，按照组成计税价格计算纳税。组成计税价格的计算公式是：

组成计税价格＝(成本＋利润)/(1－消费税税率)

此例中，公司资产自用的化妆品和护肤护发品有同类消费品的销售价格作为参照，只需要用同类消费品的销售价格与相应的税率相乘，即可得出应纳消费税。但是，值得注意的是，本例中企业将化妆品、护肤护发品做成礼品盒以及广告样品所用的化妆品、护肤护发品时没有分别核算，属于兼营行为且无法分别确定销售额，应从高适用税率，即化妆品的30%税率，而不是护肤护发品17%的税率，进一步增加了企业的税负。

此案例启示：

第一，企业的决策层必须熟知税法，在进行一项决策时，不能仅考虑该决策既有的目标，而应全面考虑该决策对企业其他各个方面如成本、税负等的影响，企业的运行是一个有机整体，而税收问题渗透到这个有机整体的各个方面和各个环节，如采购生产、分配、销售等。因此，企业的任何一项决策都有可能影响企业的税负水平，当一项决策可能导致企业税负增加时，应综合权衡收益与成本，看孰大孰小，才能做出正确的决定，绝不能只看收益，不看成本。

第二，从节税角度看，企业应尽可能地避免将自产自用的消费品用于行政机构或管理部门，或用于馈赠、赞助、集资、广告、职工福利等方面，以减少企业的运行成本，因为企业将自产的应税消费品用于这方面，不仅无法取得应有的销售收入，而且还要依税法缴纳相应的增值税和消费税等，增加了企业税负。

第三，当企业存在兼营行为时，应分别核算不同税率应税消费品的销售额和销售数量，并避免将适用不同税率的应税消费品做成成套产品销售，以避免从高适用税率，增加应纳税额。

【例10－15】 恒久远珠宝有限公司以珠宝玉石为主要经营项目。其经营特点在于该公司自己并不生产应税消费品，而只是购进珠宝玉石后，经过简单的组合加工，再将珠宝玉石销售出去。2017年7月，该公司发生如下业务：

(1)从商业企业购进价值50万元的珠宝玉石，该公司月初库存的外购珠宝玉石价值10万元，月末库存的外购珠宝玉石价值30万元。

(2)销售珠宝玉石45万元，货款已收讫。月末，该公司财务人员计算出应纳消费税1.5万元，其计算方法如下：

$45\times10\%-(50+10-30)\times10\%=1.5$(万元)

经有关税务机关详细审核后，明确指出该公司外购的珠宝玉石已纳消费税款不能抵扣。对此，公司财务人员坚持认为自己的计算没有错误，强调税法中有如下规定：外购的已税烟丝、已税酒及酒精、已税化妆品、已税护肤护发品、已税珠宝玉石、已税鞭炮烟火、已税汽车轮胎、已税摩托车8种应税消费品用于连续生产应税消费品，在计税时准予根据生产的数量扣除外购的应税消费品已纳的消费税，但税务机关认为该企业的情况并不适用税法中这一税款抵扣条款。

初看起来，似乎确实是公司财务人员正确而税务机关错了。我国现行消费税法明确规定：外购已税烟丝、已税酒和酒精、已税珠宝玉石等8种应税消费品连续生产的应税消费品，在计税时准予根据生产领用数量扣除外购的应税消费品已纳的消费税税款。

但事实上，该公司适用了错误的税收条款。公司财务人员只注意到允许抵扣税款的规定，却忽略了税法中对该项条款的适用条件所作的一些具体规定。并不是在所有情况下，8 种外购应税消费品用于连续生产应税消费品时，外购应税消费品已纳消费税均可以抵扣。也就是说，抵扣是有条件的。

税法规定：对自己不生产应税消费品，而只是购进后再销售应税消费品的工业企业，其销售的粮食白酒、薯类白酒、酒精、化妆品、护肤护发品、鞭炮焰火和珠宝玉石，凡不能构成最终消费品直接进入消费市场，而需要进一步生产加工的，如需要进一步加浆降度的白酒和食用酒精，需进行调香、调味和勾兑的白酒，需进行深加工、包装、贴标、组合的珠宝玉石、化妆品、酒、鞭炮、焰火等，应征收消费税，同时允许扣除上述外购应税消费品的已纳税额。

以上允许扣除已纳税额的应税消费品只限于从工业企业购进应税消费品，对从商业企业购进应税消费品的已纳税额，则不得抵扣。

本例中恒久远珠宝有限公司正属于这种情况，公司自己不生产珠宝玉石，只是购进后，经过进一步加工、包装、组合后出售，其外购珠宝已纳税额本应可以抵扣，但由于企业不了解税法的有关规定，从商业企业而不是工业企业购进珠宝玉石，导致已纳的消费税无法抵扣。企业本月实际应纳消费税为：45×10%＝4.5(万元)。

本案例再一次强有力地说明了精通税法的重要性。值得注意的是，企业财务人员学习税法，不仅要学习各税种实施条例的有关规定，而且要注意学习相应的实施细则以及通知、规定、说明等。这些实施细则、通知、规定、说明等往往是在实施条例的基础上根据生产销售过程中出现的实际情况，对一些特殊情况进行规定或者是对实施条例的一些条款的适用对象、运用条件、例外情况等加以详细说明。因此，各税种的细则、通知、规定、说明等虽然繁多琐碎，却是极为重要的。一些企业本可以利用税法中的一些优惠条款减少税额，但最后无法适用优惠条款。其原因很大程度上就在于企业不了解税法中规定的特殊情况和适用条件，在经营中不会规避这些限制条件，导致企业受损。而一些企业可以成功地进行税务筹划，也在于它们充分利用一些特殊情况，绕开了不利条件，注意使企业的经营活动尽量满足优惠条件，从而享受税收优惠。试想，如果恒久远珠宝有限公司了解 84 号通知，只需改变其进货渠道，从工业企业而不是商业企业购入外购珠宝玉石，其外购珠宝玉石已纳税款就可以抵扣了。

现行税法中还对“外购已税消费品连续生产应税消费品，已纳消费税可以抵扣”这一条款作了其他详细规定。主要包括：

(1)为生产出口卷烟而外购的已税烟丝的已纳税款不予扣除。

(2)纳税人购进的烟丝等 8 种已税消费品如开具的是普通发票，在抵扣时，应换算为不含增值税的销售额，换算一律采用 6%的征收率。具体计算公式如下：

不含增值税的外购已税消费品的销售额＝外购已税消费品的含税销售额 /(1+6%)

纳税人用外购的已税珠宝玉石生产的，改在零售环节征收消费税的金银首饰(镶嵌首饰)，在计税时一律不得扣除外购珠宝玉石的已纳税额。

第二节　关税的纳税筹划

关税是海关对进出境货物和物品征收的一种税。货物是指贸易性商品，物品指入境旅客随身携带的行李物品、个人邮递物品、各种运输工具上的服务人员携带进口的自用物品、馈赠物品以及以其他方式进境的个人物品。

由于关税税目规定明晰、税率的适用对象具体以及税基、减免优惠等方面的规定相当详尽，因此，关税税务筹划不像其他各税那样有较大的弹性空间。但确定完税价格的依据和方法、同一商品的税率等方面的规定却是不唯一的，有多种方案可供纳税人选择，这就为纳税人在《海关法》《关税条例》规定的范围内，选择税负最轻的方法来计算和缴纳关税，进行关税的税务筹划提供了条件。

一、关税完税价格的纳税筹划

我国对进出口货物征收关税主要采取从价计征的方法，以进出口货物的完税价格为计税依据。

进出口货物的完税价格＝进出口货物数量× 单位完税价格

具体规定介绍如下：

（一）关税计税依据的法律规定

1. 进口货物完税价格

进口货物以海关审定的正常成交价格为基础的到岸价格作为完税价格。到岸价格包括货价，加上货物运抵中华人民共和国海关境内输入地点起卸前的包装费、运费、保险费和其他劳务费等费用。

货物的成交价格通常有到岸价格（货价＋运费＋保险费，即 CIF）、“货价＋运费”、离岸价格（货价，即 FOB）三种。若是以到岸价格成交的，该成交价格就是进口货物的完税价格；若是以货价加运费成交的，还应加上保险费；若是以离岸价格成交的，则应加上运费和保险费，才能成为进口货物的完税价格。

在货物的成交过程中，如果进口者在成交价格外另行支付给卖方的佣金，应列入完税价格内；对于卖方付给进口者的正常回扣，应从完税价格内扣除。对于卖方违反合同规定延期交货而产生的罚款，如果卖方在货价中冲减，这项罚款则不应该从完税价格中扣除。

进口货物以国外口岸离岸价格成交的，应加上该项货物从国外发货或交货口岸运到我国口岸以前所实际支付的运费和保险费。如果实际支付的运费和保险费无法确定，运费可按外运公司规定的运费率计算，保险费可按保险公司规定的保险费率计算。保险费的计算公式是：

保险费＝CIF×保险费率

即货价、运费和保费都要进行保险。将它换算成完税价格的公式是：

进口货物的完税价格＝(C＋F)/(1－保险费)

2. 出口货物完税价格

出口货物，应当以海关审定的货物售予境外的离岸价格扣除出口税后作为完税价格。计算公式如下：

出口货物的完税价格＝离岸价格/(1＋出口税率)

出口货物的离岸价格，应以该项货物远离国境前的最后一个口岸的离岸价格为实际离岸价格。若该项货物从内地起运，则从内地口岸至国境口岸所支付的国内段运输费用应予以扣除；出口货物的成交价格若为货价加运费或为国外口岸的到岸价格，则应先将运费或保险费扣除之后，再按规定公式计算完税价格。同样，出口货物在成交价格以外支付给国外的佣金，应予扣除；未单独列明的，可以不予扣除。国外另行支付的货物包装费，应加入成交价格内，然后再计算完税价格。

3. 海关对进出口货物完税价格的审定

进出口货物的成交价格是完税价格的基础。收发货人应主动报明货物的成交价格，并经海关审查确认后，才能据以确定货物的完税价格。海关审定的进出口货物的成交价格，应该是该项货物在公开市场上可以采购到的正常价格。如果海关对申报人提供的进口货物的成交价格经审查未能确定的，原则上应当以从该货物的同一出口国或者地区购进的相同或类似货物的正常成交价格为基础的到岸价格作为完税价格。具体可以以下列价格为基础估定完税价格：

（1）从该项进口货物同一出口国或者地区购进的相同或者类似货物的成交价格。

（2）该项进口货物的相同或者类似货物在国际市场上的成交价格。

（3）该项进口货物的相同或者类似货物在国内市场上的批发价格，减去进口关税、进口环节其他税收和进口后的运输费用、储存费用、营业费用及利润后的价格。

（4）海关用其他合理方法估定的价格。

运往境外修理的机械器具、运输工具和其他货物，出境时已经向海关报明并在海关规定的期限之内复运进境的，应当以海关审定的修理费和料件费作为完税价格。

运往境外加工的货物，出境时已经向海关报明并在海关规定的期限之内复运进境的，应当以加工后的货物进境时的到岸价格与原出境货物或者相同、类似货物在进境时的到岸价格之间的差额作为完税价格。

以租赁（包括租借）方式进口的货物，应当以海关审定的货物租金作为完税价格。

经过批准减税、免税进口的货物，在转让或者出售需要补税时，可以按照该货物原进口时的完税价格纳税。

进口货物的完税价格，应当包括为了在境内制造、使用的目的而向境外支付的与该进口货物有关的专利、商标、著作权以及专有技术、计算机软件和资料等费用。

进出口货物的到岸价格、离岸价格或者租金、修理费、料件费等以外国货币计价的，应当按照海关填发税款缴纳证之日的汇价折合成人民币，然后计算纳税。

进出口货物的收、发货人或者他们的代理人，应当如实向海关申报进出口货物的成交价格。如果申报的成交价格明显低于或者高于相同或者类似货物的成交价格，海关可以根据相同或者类似货物的成交价格、国际市场价格、国内市场价格或者其他合理的方法估定完税价格。

进出口货物的收、发货人或者他们的代理人，在向海关递交进出口货物报关单时，应当交验载明货物的真实价格、运费、保险费和其他费用的发票，包装清单和其他有关单证（必要时，海关还可以检查买卖双方的有关合同、账册、单据和文件，或者作其他调查）；否则，应当按海关估定的价格纳税。

4. 关税应纳税额的计算

关税以进出口货物的价格为计税依据，按照规定的适用税率计算应纳税额。应纳税额的计算公式为：

应纳税额＝应税进出口货物×适用税率

＝应税进出口货物数量×单位完税价格×适用税率

（二）关税计税依据的纳税筹划

由于关税以从价计征为主，从量计征较少，从量计征的筹划空间比较小，而从价计征具有一定的筹划空间。凡是适用从价计征的物品，完税价格就是它的税基，在同一税率下完税价格如果高，税负则重；如果完税价格低，税负则轻。因此，关税计税依据的纳税筹划应在不违背税法的前提下，尽可能降低进出口货物的完税价格，以获得较大的纳税筹划效益。

1. 进口货物完税价格的纳税筹划

进口货物以海关审定的正常成交价格为基础的到岸价格作为完税价格，到岸价格包括货价加上货物运抵我国关境内输入地点起卸前的包装物、运费、保险费和其他劳务等费用。依据成交价格的规定，对进口货物的海关估价主要有两种情况：一是海关审查可确定的完税价格；二是成交价格经海关审查未能确定的。

（1）按审定成交价格法进行关税筹划

审定关税成交价格法是指进口商向海关申报的进口货物价格，如果经海关审定认为符合成交价格的要求的有关规定，就可以作为计算完税价格的依据，然后经海关对货价和运费、保险费、运杂费等费用项目进行必要的调整后，确定其完税价格。审定成交价格法是我国海关实际工作中最基本、最常用的海关估价方法。因此，在审定成交价格法下，如何既缩小进口货物的申报价格，又被海关审定认可为"正常成交价格"，成为纳税筹划的关键。

成交价格是指进口货物的买方为购买该货物而向卖方实际支付的或应当支付的价格。该成交价格的核心内容是货物本身的价格，不包括运费、保险费、运杂费等。该价格除包括货物的生产、销售等成本费用外，还包括买方在成交价格之外向卖方支付的佣金。因此，要想达到降低实际税负的目的，需选择同类产品中成交价格比较低的，运输费、杂项费用相对较少的货物进口，才能真正降低完税价格。

【例 10－16】 某钢铁企业需要进口 100 万吨铁矿石，可供选择的进货渠道一是澳大利亚，二是加拿大。澳大利亚的铁矿石品位较高，价格为 20 美元/吨，运费为 60 万美元。加拿大的铁矿石品位较低，价格为 19 美元/吨，但运杂费用高达 240 万美元。暂不考虑其他条件，请问：应选择哪一个国家进口铁矿石呢？

澳大利亚铁矿石完税价格＝20×100＋60＝2 060（万美元）

加拿大铁矿石完税价格＝19×100＋240＝2 140（万美元）

经过计算，应该选择从澳大利亚进口铁矿石。如果按 20%征收进口关税，则至少可以节税 16 万美元。

（2）无法按审定成交价格法确定成交价格的关税筹划

国际市场上高新技术、特种资源、新产品等稀缺产品的进口没有确定的市场价格，而且其预期价格一般要远远高于市场类似产品的价格，这就为进口完税价格的申报留下了较大的空间，筹划的关键在于如何充分运用海关估定完税价格的有关规定。目前，对无法按审定成交价格法确定进口商品成交价格的，海关主要按以下方法依次估定完税价格：相同货物成交价格法、类似货物成交价格法、国际市场价格法、国内市场价格倒扣法、由海关按其他合理方法估定的价格。

(3)正常回扣的筹划

税法规定，对于买方付给卖方的正常回扣，可以从完税价格中加以扣除。例如：在一笔交易中获取了100万美元的回扣，如果不了解此项规定，在关税税率为20%的情况下，企业就可能多纳税20万美元。

2. 出口货物完税价格的纳税筹划

出口商品的海关估价应是成交价格，即该出口商品售予境外的应售价格。应售价格应由出口商品的境内生产成本、合理利润及外贸所需的储运、保险等费用组成，也就是扣除关税后的离岸价格。因此，如何合理地确定成交价格是纳税筹划的重心所在。

出口货物的离岸价格，应以该项货物运离国境前的最后一个口岸的离岸价格为实际离岸价格，因此可以采取尽可能降低实际离岸价格的方法，具体可以采用：

(1)如果该项货物从内地起运，则从内地口岸至国境口岸所支付的国内段运输费用应予以扣除。

(2)出口货物的成交价格，如果是货价加运费价格，或者是国外口岸的到岸价格，则应先扣除运费再扣除保险费后，再按规定公式计算完税价格。当运费成本在价格中所占比重较大时，这一点就显得尤为重要。

(3)如果在成交价格外，还支付了国外的与此项业务有关的佣金，则应该在纳税申报表上单独列明，加以确认反映。因为税法明确规定，此类单独列明的佣金可以予以扣除，但未单独列明的，可不予以扣除。

值得注意的是：降低完税价格不可片面地理解为降低申报价格，如果为了少纳税而一味降低申报价格，那么该行为将不再是节税，而是偷税，是违法的。海关对此区别情况做出相应的处理：

申报价格低于海关审定价格的，应由出口商品的发货人或其代理人缴纳相当于申报价格与海关审定价格的差额的保证金后，由海关放行货物，并通过有关进出口商会和国家外汇管理部门进行调查。经过调查，对有确凿证据属低报价格逃、套外汇的，由外汇管理部门依据《违反外汇管理处罚实施细则》的规定处理，并由海关处以货物等值以下的罚款或罚金。

申报价格明显低于海关审定价格，经海关调查构成隐瞒价格行为的，海关可将货物予以扣留，不准出口，并处货物等值以下的罚款，同时通过有关进出口商会和国家外汇管理部门进行调查。

3. 筹划完税价格，避免反倾销发生

我国加入WTO后，国内企业面对的是全球市场，对外商品和劳务的出口规模将逐步扩大和品种逐渐增多。但是出口价格过低可能会遭遇进口国竞争者的倾销起诉，一旦倾销成立，高税率的反倾销税会使好不容易取得的国际市场丧失殆尽。因此，国内企业在进行对外贸易时，必须全面地了解贸易伙伴国的关税政策，并做好各种准备，提防出口产品受到倾销指控，若遇到被征收反倾销税，也应积极应诉，以维护自己在国际市场上的正当权益，具体应从以下几方面着手：

(1)尽力减少被控诉的可能可以采取以下措施

①提高产品附加值，取消片面的低价策略。我国出口产品基本上属于资源密集型和劳务密集型，初级产品比重高，产品档次低，附加值少，价格很难提高。从长远来看，我国企业应大力着手从初、低级产品的形象中走出来，改变出口产品结构。

②组建出口企业行业协会，加强内部协调和管理，一旦出现反倾销调查，可以集中力量应对。

③分散出口市场，降低受控风险。

(2)采用的技术手段避免被认为是倾销

①及时上调价格。欧美商业裁判机构每征满一年反倾销税，就会重新调查该倾销商是否仍有倾销行为，这时及时上调价格，就往往被认为不具倾销行为，从而使被征的反倾销税被取消。

②调整产品利润预测，改进企业会计财务核算方法，以符合国际规范和商业惯例，同时密切注意国际外汇市场的浮动状况。

③推动国外进口商组织起来，推动其反贸易保护活动。由于我方产品被征收反倾销税，外国进口商也将蒙受损失。企业可通过加强与当地工商组织的交流，以实际的商业利益为砝码促使其向政府施加压力。

(3)避免被裁定为损害进口国产业的主要措施如下：

①不要迫使进口国采取降价促销的营销手段。

②全面搜集有关资料信息情报，有效地获取进口国市场的商情动态，查证控诉方并未受到损失，以便在应诉中占有有利的主动地位。

③在出口地设厂，筹建跨国公司，以避免我方产品受进口配额等歧视性贸易条款的限制。

④以便利的销售条件、优质的产品、高水平的服务和良好的运输条件去占据市场。提高单位产品的价值与效用，降低其替代率，从而增强外方消费市场对我方产品的依赖性，获取稳定的客户端。

(三)利用转让定价的纳税筹划

由于世界贸易组织的关税保护原则允许对国内工业进行保护，但是只能利用关税进行保护，不得采取其他的非关税壁垒，因此世界各国主要都是利用关税来保护国内市场和国内工业。然而，在影响跨国公司发展的诸多因素中，关税是很重要的一项。因为关税会提高进口价格，对公司内部转让和对无关联买主的销售均是如此。尽管没有哪一个公司可以大大改变一项关税的税率，在从价计征的比例关税税率的情况下，能够进行筹划的一个方法就是通过降低企业产品的进口价格，使征税税基变窄。如果卖方公司低价向关联的买方公司出口货物，则可以减轻关税的影响。

关税的计算公式为：

应纳税额＝进(出)口应税货物数量×单位定税价格×适用税率

从上面的公式可以看出，在关税税率为比例税率时，由于关税税率一般情况下不会改变，所以通过压低货物的进出口价格，可以起到少缴关税的作用。但如果是从量计征的情况，则不会达到减少关税税负的效果。

转让定价可以高于或低于产品成本，也可以等于产品成本。采用何种形式，取决于母、子公司所在国税率的高低和母公司对子公司的控股比例。跨国公司采取不同的转让定价形式，其目的是通过对转让价格的控制，使它设在国外的各子公司或分支机构服从于全球战略目标，获取最大利润。

【例 10－17】 甲公司向其关联的乙公司出售产品，正常的销售价格为 100 万美元，假如关税税率为 40%，那么乙公司的进口价是 140 万美元，缴纳关税为 40 万美元，但如果甲公司通过转让定价筹划法，按照 80 万美元的低价销售给乙公司，那么乙公司的进口价是 112 万美元，缴纳关税 32 万美元，少缴了 8 万美元的关税，减少了关税。

【例 10－18】 某汽车公司是一家全球性的汽车制造商，该公司为了打开中国市场，在中国市场有所作为，2009 年初，该公司董事会初步拟定了两套方案：

方案一：在中国境内设立一家总装配公司作为子公司。通过国际转让定价，压低汽车零部件的进口价格，从而节省关税。这样也可以使中国境内的子公司的利润最大，以便更好地占领中国市场。

方案二：在中国设立一家销售企业作为宏达公司的子公司，通过国际转让定价，压低汽车进口的价格，从而节省关税。这样使中国境内子公司的利润增大，以便扩大规模，占领中国汽车市场。

通常情况下，由于原材料和零部件的关税税率最低，半成品税率次之，产成品的关税税率最高，如果通过进出口原材料而不是通过进出口产成品的方法，会节省更多的关税，尤其像汽车这种关税税率很高的产成品。所以，在第一种方案中，由于汽车零部件的关税税率要远远低于汽车产成品，低的关税税率可以节省更多的关税，而且由于零部件比较分散，如我们在以前的例子中所分析的，进行转让定价筹划更加容易，并且可以在多个国家间进行转让定价筹划，不但可以降低整个集团公司的税负，而且还起到了减少关税的作用。因此，公司董事会通过了第一种方案。

跨国公司为了减轻关税的影响，往往采用压低进出口价格的方法，但是每个企业都不愿压低价格向其他的企业销售货物，因为这等于将自己的利润无偿地送给了他人，所以为了配合价格下调、节省关税的筹划，企业往往通过在相应国设立自己子公司的做法，以此来进行国家间的转让定价筹划。

（四）关税计税依据纳税筹划案例解析

1. 进口新产品的完税价格的纳税筹划

【例 10－19】 某公司批准投资 3 亿元建立一个新能源实验室，其中的核心设备只有西欧某国才能制造。这是一种高新技术产品，由于这种新产品刚刚走出实验室，其确切的市场价格尚未形成，该公司已确认其未来的市场价格将远远高于目前市场上的类似产品，因此，开发商预计此种产品进口到中国国内市场的售价将达到2 000万美元。经过多次友好协商，该公司以1 800万美元的价格作为该国技术援助项目购得该设备，而其类似产品的市场价格仅为1 000万美元，关税税率 25%，银行人民币与美元的汇率为 1∶6.852。由于该公司处于资金比较紧张的时期，希望能在资金上得到各方面的帮助，减免关税成为他们考虑的一个重点。目前的问题是虽然该项目是有关部门特批的，但是没有对关税减免的依据，这样在报关环节还应该照章征收关税。如果按照交易的实际情况进行申报，则该项设备在进口环节应缴纳的关税为：

1 800×6.852×25%＝3 083.4(万元)

如此巨大的关税税额该公司难以承担，于是该公司请来了纳税筹划专家为其出谋划策。纳税筹划专家对该业务的情况进行了全面的调研之后，为该公司提供了一个申报方案：以900万美元的价格向海关申报。但是，当该公司向当地海关进行申报进口时，海关认为其资料不真实，于是立案调查。

经过调查，海关当局发现与该设备相近的产品的市场价格为1 000万美元。而该设备是一种刚刚研制开发出来的新产品，其价格应当高于1 000万美元，于是，海关对这种进口新产品的完税价格进行估定。比照类似货物成交价格依法进行估价，确定其价格为1 000万美元。这样，所进口的这套设备应当缴纳关税：

1 000×6.852×25%＝1 713(万元)

该公司通过纳税筹划，实际节约关税 1 370.4 万元。

在税率固定的情况下，进出口货物完税价格的情况直接关系到纳税人关税负担的多少。如果进出口货物在规定许可的范围内，能够制定或获取较低的完税价格，显然可以达到节约税收成本的目的。进口货物以海关审定的正常到岸价格为完税价格，出口货物以海关审定的正常离岸价格扣除出口税为完税价格，到岸价格和离岸价格不能确定时，完税价格由海关估定。海关按以下次序对完税价格进行估定：相同货物成交价格法、类似货物成交价格法、国际市场价格法、国内市场倒扣法。若上述方法都不能确定，则海关用其他合理方法估定完税价格。因此，高新技术、特种资源、新产品等稀缺资源，由于这类产品进口没有确定的市场价格，而且其预期市场价格一般要远远高于市场类似产品的价格，这就为进口完税价格的申报留下了较大的空间。利用完税价格进行关税筹划的关键在于如何充分运用海关估定完税价格的有关规定。

2. 转让定价方式下的纳税筹划

【例 10—20】 某汽车跨国公司，由于经营策略得当，该公司生产的汽车在世界汽车市场上已经占有一席之地。随着市场的进一步拓展，跨国税务筹划也就成了该公司财务部门的日常活动。根据公司市场部提供的信息，A 国最近几年经济有了长足的发展，人们的物质文化生活水平有了很大的提高，而对汽车的需求也越来越大，因此，有着巨大的市场潜力。该公司董事会决定打入 A 国市场，在 A 国境内有所作为。据了解，A 国的关税税则规定，汽车整车进口关税的税率为 50%，汽车零配件进口关税的税率为 18%。为了在打开市场的同时又能享受低税收待遇，该公司请来税务筹划专家为其出谋划策。税务专家认为，关税负担的高低与单位定税价格有很大的联系，进出口价格越高，应该缴纳的关税就越多；价格越低，应该缴纳的关税就越少。根据关税法律规定，关税的计算公式如下：

应纳税额＝进(出)口应税货物数量×单位定税价格×适用税率

企业经营的目的就是要获得利润，任何一个企业在进出口贸易时，都不会愿意压低价格向其他企业销售货物，因为这意味着将自己的利润无偿地送给了他人。怎样才能做到既压低了进出口的货物价格，又不至于让商业利润流入他人的腰包呢？

经过反复论证，税务专家初步拟定了两套方案：

方案一：在 A 国设立一家销售企业作为汽车公司的子公司，通过国家间转让定价，压低汽车进口的价格，从而节省关税，这样使得 A 国境内子公司的利润增大，以便于扩大规模，占领

A 国汽车市场。

该方案利用转让定价进行纳税筹划,从而实现关税的降低。尤其是 A 国正处于快速发展阶段,采取多种政策吸引外资,其中包括税收优惠,而在国内则实行区域性判别税率,沿海地带优惠较多,利润从高税率国家转到低税率国家可以节省税款。

但是,该国也与其他国家一样,对跨国公司通过转让定价有着严密的防范措施。而汽车市场的价格信息比较透明。A 国很容易获得与汽车销售相关的信息,并根据国际惯例对超出范围的转让定价行为依法进行纳税调整,从而导致公司纳税筹划方案失败。

方案二:在 A 国境内设立一家总装配公司作为子公司,通过国家间转让定价,压低汽车零部件的进口价格,从而节省关税。这样也可以使得 A 国境内子公司利润增大,以便更好地占领 A 国汽车市场。

该方案既可以得到第一种方案所说的好处,操作起来又隐蔽,A 国对其转让定价防范的难度较大。这是因为:(1)由于零部件的进口关税比成品汽车的税率低很多,较低的关税税率可以帮助企业节省不少税款。A 国汽车整车进口关税的税率为 50%,汽车零配件进口关税的税率为 18%,即使公司不进行转让定价的纳税筹划,也能得到 32%的好处。(2)由于零部件的价格市场可比性不大,进行转让定价筹划更加容易实现,从而可以提高筹划的经济效果。(3)可以获得税收以外的其他好处。比如 A 国的劳动力价格较低,可以进一步降低公司产品的制造成本;节约运费,进一步降低经营成本;距离消费市场比较近,可以及时反馈信息,调整产品结构等。

经过反复论证,该汽车公司董事会发现第二套方案更加优越,于是决定采纳。

在从事进出口贸易活动过程中,关税是影响跨国公司发展的诸多因素中很重要的一项。但是,如果对关税的税则进行进一步深入研究,不难发现,虽然整体税率是相对不变的,但各类产品之间的关税税率还是存在差异的。一般来说,原材料和零部件的关税税率最低,半成品税率次之,整机的税率最高。这种税率上的差异为纳税人提供了另一种筹划思路:纳税人可以考虑将本来打算进口整机的产品,在经营组合上作必要的调整,分拆成半成品或是原材料或零部件进口,通关后再进行装配形成整机,这样可以很好地减少关税的支出。本案例中,方案二就是利用不同加工程度的产品之间关税税率上的差异进行筹划的。关税筹划的主要切入点就是通过降低商品的进(出)口价格,使关税的税基变窄。不过,企业采用上述思路时应对有关法律的规定和经营运作成本进行综合分析。

二、关税税率的纳税筹划

(一)关税税率的法律规定

关税的税率分为进口税率和出口税率两个部分。

1. 进口关税税率

进口关税税率分为普通税率和优惠税率两种。

对于原产于与我国未订有关税互惠协议的国家或者地区的进口货物,按照普通税率纳税(经过国务院关税税则委员会特别批准者除外);与我国订有关税互惠协议的国家或者地区的进口货物,按照优惠税率纳税。为对付有些国家对我国出口产品的歧视,对于原产于对我国产品征收歧视性关税或者给予其他歧视性待遇的国家的产品，海关可以征收特别关税，以维护我国的合法权益。进口关税以从价税比例税率为主，辅以从量税、复合税和滑准税。

2. 出口关税税率

出口关税只限于少数产品，即主要是国家控制出口的产品，盈利特别高且利润比较稳定的大宗商品，在国际市场上我国出口已经占有相当比例的商品，国内紧俏又大量进口的商品以及国际市场容量有限、大量出口容易在国外形成削价竞销的商品等。出口关税税率没有普通税率与优惠税率之分，按不同商品实行从价差别比例税率，税率为20%～25%，共分5级。

进出口货物应当按照《中华人民共和国海关进出口税则》规定的分类原则归入合适的税号，并按照适用的税率纳税。

根据我国进出口关税条例的规定，国务院关税税则委员会可以根据国家对外经济贸易政策的需要制定关税暂定税率，即在海关进出口税则规定的进口优惠税率和出口税率的基础上，对某些进口货物(但只限于与我国订有关税互惠协议的国家和地区进口的货物)和出口货物实施更为优惠的关税税率。这种税率一般按照年度制定，并且随时可以根据需要恢复按照法定税率征税。

3. 关税税率的适用

进出口货物，应当按照收发货人或者他们的代理人申报进口或者出口之日实施的税率纳税。

进口货物到达之前，经过海关核准先行申报的，应当按照装载此项货物的运输工具申报进境之日实施的税率纳税。

进出口货物的补税和退税，应当按照该货物原申报进口或者出口之日所实施的税率办理，但是下列情况除外：

(1)经过批准减税、免税的进口货物，后来由于情况变化，经过海关批准转让或者出售，需要补税的，应当按照该货物进口之日实施的税率纳税。

(2)加工贸易进口料、件等属于保税性质的进口货物，如果经过批准转为内销，应当按照向海关申报转为内销当日实施的税率纳税。未经过批准擅自转为内销的，应当按照海关查获日期实施的税率纳税。

(3)暂时进口货物转为正式进口需要补税时，应当按照该货物转为正式进口之日实施的税率纳税。

(4)分期支付租金的租赁进口货物，分期纳税时，都应当按照该货物进口之日实施的税率纳税。

(5)经过批准缓税进口的货物以后纳税时，不论是一次缴清还是分期缴清，都应当按照该货物进口之日实施的税率纳税。

(6)查获的走私进口货物需要补税时，应当按照查获日期实施的税率纳税。

(7)由于税则归类的改变，完税价格的审定或者其他工作差错而需要补税的，应当按照原征税日期实施的税率纳税。

(二)关税税率的纳税筹划

关税税率纳税筹划的基本思路与方法是尽可能在进出口产品时选择较优惠的低税率。例如，进口产品时，在同等条件下应选择与中华人民共和国签有关税互惠协议的国家和地区。

1. 利用低税率，选购国外礼品的纳税筹划

根据关税规定，入境旅客行李物品和个人邮递物品是指进入我国关境的非贸易性的应税自用物品，包括馈赠物品。对这些物品征收的进口税包括关税、代征国内增值税和消费税。纳税人是入境行李物品的携带人和进口邮件的收件人。

关税法律对烟、酒、化妆品、金银及其制品、包金饰品、纺织品和制成品、电器用具、手表、照相机、录像机、汽车等规定了差异很大的关税税率。其中包金饰品是免税的。酒的税率是100%，摄像机的税率是80%，手表的税率是30%，金银及其制品的税率是10%。

【例10－21】 李先生出国在国外买了300美元的酒、500美元的摄像机、400美元的手表作为礼物馈赠亲朋，则他所负担的进口关税为：

应纳关税＝300×100%＋500×80%＋400×30%＝300＋400＋120＝820(美元)

如果李先生用1 200美元购买金银及其制品或包金饰品，由于金银制品及包金饰品的税率较低，那么他只需负担120美元的关税，即节税700美元。当然，这只是从节税角度进行的选择，现实生活中还有许多变量会影响人们的决策。

2. 利用"实质性加工标准"和低税率进行纳税筹划

货物原产地的确认有两种标准：一是全部产地标准，即对于完全在一个国家内生产或制造的进口货物，其生产或制造国就是该货物的原产国。二是实质性加工标准，是指经过几个国家加工制造的进口货物，以最后一个对货物进行加工的、经济上可以视为实质性加工的国家作为有关货物的原产国。所谓实质性加工，是指产品经过加工后，在《海关税则》中已不按原有的税目税率征税，而应归入另外的税目征税，或者其加工增值部分所占新产品总值的比例已经超过30%以上的。两个条件具备一项，即可视为实质性加工。

另外，根据关税有关规定，对机器、仪器或车辆所用零件、部件、备件以及工具，如与主件同时进口而且数量合理，其原产地按全件的原产地予以确定；如果是分别进口的，则应按其各自的原产地确定。石油产品以购自国为原产地。

【例10－22】 一家从事汽车贸易的公司，在韩国、新加坡、马来西亚、菲律宾和越南设有零部件供应企业。如果韩国的子公司生产汽车仪表，新加坡的子公司生产汽车轴承和发动机，马来西亚的子公司生产阀门，菲律宾的子公司生产轮胎，越南的子公司供应玻璃，则汽车总装配厂的选择将成为筹划的重点。根据关税的有关规定，应首先了解一下这些国家、地区是否与中国签有关税互惠协议。接着仔细比较一下，在那些与中国签订关税互惠协定的国家和地区中，哪一个更优惠，哪一个在经济成本上更为有利可图，从而作出选择。这其中还要考虑到该国家或地区是否施行外汇管制和出口配额控制、政治经济形势是否稳定以及其他一些影响因素。同时，要使总装厂的加工增值部分在技术和价值含量上达到30%的标准，可以通过转让定价的方法，降低其他地区的零部件生产价格，从而加大总厂增值部分占全部新产品的比重，达到或超过100%，成为实质性加工。这样产品仍可享受到税率的优惠。

当普通税率和优惠税率的区别不再存在时，选择产品的"实质性加工"地点，关税的因素不再存在。这时，只有两个因素可供考虑：一是成本，二是风险。

(三)关税税率的纳税筹划案例分析

【例10－23】 某汽车公司是一家从事跨国经营的汽车生产厂商，由多个设在不同国家和地区的子公司提供零配件,并且其销售业务已遍布全球。最近,该公司发现中国具有巨大的汽车市场,而且在未来的几年内,中国的汽车消费呈增长之势。因此,该公司的董事会决定将自己的产品打进中国市场,计划首批投入公司最近研制的最新款甲品牌高档小汽车100辆。该种小汽车的市场销售价格为每辆90万元,而与此款汽车相近的其他品牌小汽车的市场销售价格为每辆70万元。据了解,小汽车的关税税率为50%。该公司应该如何筹划才能将关税降到最低水平?

公司与税务专家协商,发现可以利用原产地与中国是否签订有关协议来进行纳税筹划。

我国进口税率分为普通税率和优惠税率两种。对于原产地未与中国签订关税互惠协议的国家和地区的进口货物,按普通税率征税;对于原产地与中国签订了关税互惠协议的国家或地区的进口货物,按优惠税率征收。海关对进口货物原产地按全部产地标准和实质性加工标准两种方法来确定。该汽车公司怎样避免普通税率的重负,取得优惠税率呢?

方案一:从定性的角度来判断。

它是指加工后的进口货物在进出口税则中的税目税率发生了变化。这里所说的"实质性加工",是"经过几个国家加工、制造的进口货物,以最后一个对货物进行加工的、经济上可以视为实质性加工的国家作为该货物的原产国"。

如果这家汽车生产商在新加坡、中国台湾、菲律宾、马来西亚都设有供应零配件的子公司,那么其将制造汽车新产品整体形象的最终装配厂设在哪里呢?首先,要选择那些与中国内地签有关税互惠协议的国家或地区作为所在地,排除那些没有签订协议的国家和地区;其次,要综合考虑从装配所在国到中国口岸的运输条件、装配所在国的汽车产品进口关税和出口关税等因素;最后,还要考虑装配所在国和地区的政治经济形象、外汇管制情况和出口配额控制情况等。在综合考虑上述因素的基础上挑出一个最优选择。

方案二:从定量的角度来判断。

它是指"加工增值部分所占新产品总值的比例已经超过30%以上的",可视为实质性加工。如果该汽车公司已经在一个未与中国签订关税互惠协议的国家或地区建立了装配厂,要改变厂址,无疑需要付出较多的成本。那么这家厂商可以将原装配厂作为汽车的半成品生产厂家,再在已选定的国家或地区建立一家最终装配厂,只要使最终装配的增值部分占到汽车总价格的30%以上,生产出来的汽车即可享受优惠税率。假如最终装配的增值部分没有达到所要求的30%,则可以采取转让定价的方法,降低原装配厂生产半成品汽车的价格,减少半成品的增值比例,争取使最终装配的增值比例达到或超过30%。

综上所述,根据实际情况进行预算、比较,选择最经济的国家和地区作为进口汽车的原产地,该汽车公司就会通过享受优惠税率而获得较大的比较收益。

三、关税税收优惠的纳税筹划

(一)关税税收优惠的法律规定

关税是海关依法对进出境货物、物品征收的一种税。关税减免从类别上分为法定减免税、特定减免税和临时减免税三类。

1. 法定减免税

法定减免税是税法中明确列出的减税或免税。按照《中华人民共和国海关法》和《中华人民共和国进出口条例》规定，下列货物、物品可以减免关税：

(1)关税税额在人民币 10 元以下的一票货物，可免征关税。

(2)无商业价值的广告品和货样，可免征关税。

(3)国际组织、外国政府无偿赠送的物资可免税。

(4)进出境运输工具装载的途中必需的燃料、物料和饮食用品可免税。

(5)经海关核准暂时进境或者暂时出境并在 6 个月内复运出境或者复运进境的货样、展览品、施工机械、工程车辆、工程船舶、供安装设备时使用的仪器和工具、电视或者电影摄制器械、盛装货物的容器以及剧团服装道具，在货物收发货人向海关缴纳相当于税款的保证金或者提供担保后，可予暂时免纳关税。

(6)为境外厂商加工、装配成品和为制造外销产品而进口的原材料、辅料、零件、部件、配套件和包装物料，海关按照实际加工出口成品数量免征进口关税；或者对进口料、件先征进口关税，再按照实际加工出口的成品数量予以退税。

(7)因故退还的境外进口货物，由原收货人或者他们的代理人申报出境，并提供原进口单证，经海关审查核实，可以免征出口关税。但是，已征收的进口关税不予退还。

(8)因故退还的我国出口货物，由原发货人或者他们的代理人申报入境，并提供原出口单证，经海关审查核实，可以免征进口关税。但是，已征收的出口关税不予退还。

(9)有下列情形之一的进口货物，经海关查明属实，可以酌情减免关税：

①在境外运输途中或者在起卸时，遭受损坏或者损失的；

②起卸后海关放行前，因不可抗力遭受损坏或者损失的；

③海关检查时已经破漏、损坏或者腐烂，经证明不是保管不慎造成的。

(10)我国缔结或者参加的国际条约规定减征、免征关税的货物、物品，海关按照规定减免关税。

(11)法律规定减征、免征的其他货物。

2. 特定减免税

特定减免税是指在前述的法定减免税范围以外，由国务院或者国务院授权的机关(财政部、国家税务总局、海关总署等)颁布的减免优惠规定，又称为政策性减免税，主要优惠体现在以下几个方面：

(1)对国家鼓励发展的国内投资项目和外国投资项目进口设备，在规定的范围内免征关税。

(2)符合规定的救灾捐赠物资及扶贫、慈善性捐赠物资免征进口税。

(3)符合规定的海洋开采石油(天然气)进口物资、煤层气勘探开发作业项目进口物资免征进口税。

(4)自 2002 年 1 月 1 日起，对以一般贸易方式在上海钻石交易所海关报关进口的钻石凡符合规定范畴的，免征进口关税；钻石出口实行零税率。

(5)符合规定的科学研究与教学用品、残疾人专用品免征进口税。

(6)符合规定的边境居民通过互市贸易限额内进口的商品免征关税。

(7)对软件企业进口所需的自用设备，以及按照合同随设备进口的技术(含软件)及配套件、备件，除列入《外商投资项目不予免税的进口商品目录》和《国内投资项目不予免税的进口商品目录》的商品外，均可免征关税。

(8)为履行我国加入世界贸易组织的关税减让义务，自 2002 年 1 月 1 日起，对 21 个税号的科研用胶卷的进口关税税率减按 5%征收，有关手续比照《科学研究和教学用品免征进口税收暂行规定》办理。

(9)保税区内符合海关监管规定的货物及经济技术开发区进出境符合条件的货物可以免征关税。

(10)符合规定的进料加工进出口货物可以免征关税。

(11)符合规定的外国在华常驻人员携带进境物品进口可以免征关税。

由于特殊减免主要是针对特定地区、特定企业或者有特定用途的进出口货物，因此这类优惠措施具有较强的实效性。

(二)关税税收优惠的纳税筹划

关税的纳税筹划中，减免税占有极为重要的地位。由于税收减免可以给纳税人带来巨大的税收收益，因此，在进行关税纳税筹划时应尽可能地利用有关减免税的规定，降低自身的实际税负。

1. 充分利用法定减免进行纳税筹划

关税的法定减免虽然规定得比较严格，但是纳税人可依据自己经营的实际情况，结合税法规定申请税收减免。例如，对为境外厂商加工、装配成品和为制造外销产品而进口的原材料、辅料、零件、部件、配套件和包装物料，企业可以按照实际加工出口成品数量，向海关申请免征进口关税；如果有进口料、件先征进口关税的，企业还可以按照实际加工出口的成品数量，向海关申请予以退税。再如，在进出口业务中应特别关注我国缔结或者参加的国际条约规定减征、免征关税的货物、物品。因为这类货物或物品，海关按照有关规定给予减免关税。

2. 充分利用特定减免进行纳税筹划

由于多数的关税特殊规定主要是针对特定地区、特定企业或者有特定用途的进出口货物，具有较强的实效性，因此在利用关税特殊减免规定进行纳税筹划时，可从以下几个方面入手：

第一，关注关税特殊性减免政策的变化，结合企业实际生产经营情况，在规定的时间及范围内尽可能用足用好有关减免政策。例如，尽可能投资国家鼓励发展的国内投资项目和外国投资项目进口设备，以获取免征关税的税收收益。

第二，利用保税货物的有关政策进行关税的纳税筹划。

保税货物是指经过海关批准，未办理纳税手续，在境内储存、加工、装配后复运出境的货物。保税货物属于海关监管货物，未经海关许可并补缴税款，不能擅自出售；未经海关许可，也不能擅自开拆、提取、支付、发运、改装、转让或者变更标记。目前，我国的保税制度包括保税仓库、保税工厂和保税区等制度。

保税制度的运行是一个包含众多环节的过程。假设进口货物最终复运出境，那么基本环节就是进口和出口。在这两个环节中，公司都必须向海关报关，在该公司填写的报关表中有“单耗计量单位”一栏。所谓单耗计量单位，即生产一个单位成品耗费几个单位原料，通常有以下几种形式：一种是度量衡单位/自然单位，如吨/块、米/套等；另一种是自然单位/自然单位，如件/套、匹/件等；还有一种是度量衡单位/度量衡单位，如吨/立方米等。

3. 充分利用临时减免进行纳税筹划

关税临时性的减免是由于特殊原因给予纳税人的减免规定。尽管此类减免可筹划的空间比较窄，但是纳税人也应充分予以关注。一旦可以申请减免，应准备好必要的资料，按规定向有关海关机关进行申请，以获取最大的税收收益。

（三）关税税收优惠的纳税筹划案例分析

【例 10—24】 某生产出口产品的家具生产公司，从加拿大进口一批木材，并向当地海关申请保税，该公司报关表上填写的单耗计量单位为 280 块/套，即做成一套家具需耗用 280 块木材。在加工过程中，该公司引进先进设备，做成一套家具只需耗用 200 块木材。家具生产出来以后，公司将成品复运出口，完成了一个保税过程。如果公司进口木材 10 万块，每块价格 120 元，海关关税税率为 50%，按此方案可以节约税收：

$(100\ 000-100\ 000\div280\times200)\times120\times50\%=1\ 714\ 285.8$(元)

综上，关税税收优惠的纳税筹划的关键是关注优惠政策，研究优惠政策，充分利用优惠政策。

四、关税征收管理方面的纳税筹划

（一）关税征收管理的法律规定

关税的征收与管理包括关税的缴纳，关税的缓缴，关税的退还、补征和追征，关税的纳税期限，保税制度几个方面。

1. 关税的缴纳

进出口货物的收发货人或者他们的代理人，应在海关填发税款缴纳证次日起 15 日内向指定银行缴纳税款。逾期不缴的，除依法追缴外，由海关自到期之日起到缴清税款之日止，按日征收欠缴税款的滞纳金，除另有规定外，一律按人民币计征，人民币的折合原则是：由我国海关按照签发税款缴纳证的当天中国人民银行公布的人民币外汇牌价表的买卖中间价折合计算。关税的缴纳方式有集中缴纳和口岸缴纳两种。集中缴纳，是指应缴纳的关税由北京海关负责计征，通过中国银行总行营业部集中缴入中央金库作为中央财政收入。口岸缴纳，是指应纳的关税由货物进出口地海关征收并通过中国银行当地分支机构将税款划入中央金库。

2. 关税的缓缴

纳税人因缺乏资金或由于其他原因而造成缴纳关税困难，不能在关税缴纳期履行纳税义务的，可以向海关申请缓缴关税。根据政策规定，申请缓缴的纳税人应于有关货物申报进口之日起 7 日内，向主管海关提出书面申请，并递交关税缴纳计划和开户银行或其上级主管机关出具的纳税担保书，经海关审核批准后，可在规定期限内纳税，并按月支付 10‰的利息。

3. 关税的退还、补征和追征

发生下列情况之一的，进出口货物的收发货人或者他们的代理人可以自缴纳税款之日起 1 年内书面声明理由，连同纳税收据向海关申请退税；如果超过规定的受理期限，海关将不予受理。

(1)因海关误征,多纳税款的。

(2)海关核准免验进口的货物,在完税后发现有短缺情况并经海关审查认可的。

(3)已征出口关税的货物,因故未装运出口,申报退关,经海关查验属实的。

按规定,对于上述退税事项,海关应当自受理退税申请之日起 30 日内作出书面答复并通知退税申请人。

进出口货物完税后,如果发现少征或者漏征税款,海关应当自缴纳税款或者货物放行之日起 1 年内,向收发货人或者他们的代理人补征。因收发货人或者他们的代理人违反规定而造成少征或者漏征的,海关在 3 年内可以追征,因特殊情况,追征期可延至 10 年。骗取退税款的,可无限期追征。

4. 关税的纳税期限

关税应当在按照进出口货物通关规定向海关申报之后海关放行之前一次性缴纳。进出口货物的收发货人或者他们的代理人,应当在海关填报税款缴款书的次日起 7 日内(星期日和法定节假日除外),向指定银行缴纳税款。逾期缴纳的,除依法追缴外,由海关自到期的次日起至缴清税款日止,按日加收欠缴税款总额 1‰的滞纳金。在某些特殊情况下(如易腐、急需、有关手续无法立即办结等),海关可以在提取货样、收取保证金或者接受纳税人提供的其他担保之后,先办理放行货物的手续,后办理征纳关税的手续。

5. 保税制度

保税制度是允许对特定的进口货物在入关进境后确定内销或复出口的最终去向前暂缓征缴关税和其他国内税,由海关监管的一种海关制度,即进口货物可以缓缴进口关税和其他国内税,在海关监管下于指定或许可的场所、区域进行储存、中转、加工或制造,是否征收关税视货物最终进口内销或复运出口而定。保税制度按方式和实行区域的不同,有保税仓库、保税工厂、保税区、保税集团、免税商店、保税转口等不同形式。

(1)保税仓库。

保税仓库是经海关批准,进口货物可以不办理进口手续而较长时间储存的场所。进口货物再出口而不必纳税,便于货主把握交易时机出售货物,有利于业务的顺利进行和转口贸易的发展。

(2)保税工厂。

保税工厂是经海关批准对专为生产出口而进口的物料进行保税加工、装配的工厂或企业。这些进口的原材料、元器件、零部件、配套件、辅料和包装物料等在进口加工期间免征进口税,加工成品必须返销境外。特殊情况需部分内销的,须经海关批准并补征关税。这些物料必须在保税工厂内存放和使用,未经海关许可不得随意移出场外或移作他用。《中华人民共和国海关对外贸易保税工厂管理办法》规定了设立保税工厂的条件:凡经国家批准有权经营进出口业务的企业或具有法人资格的承接进口料、件加工复出口的出口生产企业,均可向主管地海关申请建立保税工厂。

(3)保税区。

保税区是经海关批准专门划定的实行保税制度的特定地区。进口货物进入保税区内可以免征关税,如复出口,也免纳出口税。运入保税区的商品可进行储存、改装、分类、混合、展览、加工和制造等,海关对保税区的监管主要是控制和限制运入保税区内的保税货物销往国内。

保税区一般设在港口或邻近港口、国际机场等地方。设立保税区的目的是吸引外商投资、扩大加工工业和出口加工业的发展，增加外汇收入。因此，国家对保税区除了在关税等税收方面给予优惠外，一般还在仓储、厂房等基本设施方面提供便利。

(4)保税集团。

保税集团是经海关批准由多数企业组成承接进口保税的料件进行多次保税加工生产的保税管理形式，即对经批准为加工出口产品而进口的物料，海关免征关税。这些保税货物被准许在境内加工成初级产品或半成品，然后再转厂进行深度加工。如此反复多次转厂深加工，直至产品最终出口，对每一次的加工和转厂深加工，海关均予保税。保税集团的特点是海关对转厂加工、多层次深加工、多道生产工序的进口料件实行多次保税，从而有利于鼓励和促进深加工出口，扩大出口创汇，提高出口商品的档次，增加外汇收入。

(二)关税征收管理的纳税筹划

关税征收管理的纳税筹划的方法主要就是在未逾期的情况下，如何充分利用税法的规定，合理、充分、有效地获取最大限度的税款的资金时间价格。对于企业而言，特别是长期进行大批量进出口业务的企业，其巨额的资金周转对时间占有提出了特别的要求，几千万美元的税款，多占用一天，就可以获取数万美元的时间收益，在流动资金周转紧张时，每笔资金都能起到决定企业存亡的重要作用。

1. 对关税纳税方式选择的纳税筹划

(1)口岸纳税方式。

这是关税最基本的纳税方式，也是我国关税的最基本纳税方式。采用这种方式时，由进出口人向货物进出口地海关进行申报，经当地海关对实际货物进行监管和查验后，逐票计算应纳关税额并填发关税缴纳书，由纳税人在规定的纳税期内凭此向海关或指定的银行办理税款交付或转账入库手续后，海关再凭借银行的回执联办理结关放行手续。这种纳税方式的特点在于，征税手续在前，放行在后，税款能及时入库，防止并尽可能地避免了拖欠税款现象。

(2)先放行后纳税方式。

该方式是指海关允许某些纳税人在办理了相关担保手续后，先行办理放行货物，然后再办理纳税事项的一种纳税制度。一般是在口岸纳税的基础上，对某些易腐货物、急需货物或有关手续无法立即办理结关等特殊情况下而采取的一种灵活的纳税方式。该方式有利于货物及时地进出口关境和投放市场，防止口岸积压货物；同时，也有利于纳税人能有充足的时间办理纳税手续。近些年来，出于客观需要，对某些进出口货物开始采取这种纳税方式。

(3)定期汇总纳税方式。

这种方式是对进出关境的应税货物，逐票申报并计算应纳税款，经纳税人汇总之后，每10天向其管辖海关缴纳一次税款的纳税方式。该方式主要适用于有进出口经营权、进出口数量多、信誉高以及管理组织好的情况。采取这种纳税方式，需由纳税人首先向其所在地海关提出书面申请，经海关审核批准之后方可实行。采用这种定期汇总纳税方式可以简化手续，便于纳税人纳税，有利于提高效率。

从纳税筹划角度来看，应通过比较和分析，选择最有利于本企业的纳税方式，并采取措施使自己符合使用该方式的条件。

具体来讲，目前口岸纳税方式作为我国最基本的纳税方式，对纳税人显然不是一种有利的纳税方式，因为它减少了纳税人尽可能长地占用税款的可能性，并且货物投放市场的时间被推迟，造成货物的积压和市场机会的损失。因此，对于税收筹划而言，纳税人应尽可能地选择适用后两种纳税方式。

先放行后纳税方式的魅力在于通过担保手续，使纳税人在同一时间获取了两种便利与收益：一方面，它可以使进出口货物能够及时、快速地通过关境投入消费市场，这样就避免了货物的积压、货款占用、损失市场机会，减少仓库存储及管理费用支出，同时又能够在时间上提前实现利润，促进商品流通；另一方面，通过税款相对滞后的时间差，使企业能够获取税收筹划收益，可谓一举两得。因此，企业应想方设法使自己的进出口货物成为海关实施先放行后纳税方式的对象。所谓“易腐货物、急需货物、通关手续无法立即办理结关的货物”在很大程度上都是有弹性的，这就需要纳税人采取一些合理、有效的办法，由于这些具体办法需视具体情况而定，这里就不再赘述。

2. 对进出口货物的增值税与消费税纳税时间的纳税筹划

(1)利用节假日和双休日进行纳税筹划。

按照现行税法规定，纳税人应在海关填发税收缴款书次日起 7 日内向指定银行缴纳税款，其中双休日和节假日除外。一周两天休息制和众多的法定节假日，为我们进行税务筹划提供了机会。例如，某公司进口一批货物，假定海关从接受申报到填发税款缴纳证共需 2 天的话，那么纳税人选择什么样的申报时间？如果星期一报关，星期三海关填发税款缴纳书，从星期四起经 7 日最迟应于第二个星期五缴纳税款，前后总共 9 天(包括双休日)；但如果推迟一天报关，依此计算，最迟于下下周星期一缴纳税款，这样一来共占用税款达 11 天。作为一个理性的纳税人，不难从中做出选择，并能领悟其中奥秘。同样，遇到其他的节假日，不妨推算一下，一念之间，就能带来纳税筹划的收益。

(2)利用出口退税期进行纳税筹划。

出口退税制度与进出口企业或个人息息相关。我国退税期限长达一个月之久，退得快与退得慢之间无疑存在一个巨大的资金利息差额。

(3)利用退货进行纳税筹划。

在进出口业务中，有时难免会发生退货现象。根据税法规定，出口退货须补缴相应的税款，这是毫无疑问的，这里所要说的是针对“经所在地主管机关批准可暂不办理补税，待其转为国内销售时，再向其主管税务机关申报补缴消费税”这一规定进行必要的税务筹划。对企业纳税人来说，此项税务筹划的关键在于两点：①获取所在地主管税务机关的批准可以暂不办理补税；②尽量延长转为国内销售时缴纳税款的时间。如果能够解决好这个问题，就一定能达到退货纳税筹划的效果，并在一定程度上减轻退货带来的企业财务和经营方面的冲击。

从以上对进出口环节的纳税期限的纳税筹划方法中不难发现，要想取得纳税筹划的效果，必须熟悉关于纳税期限的具体规定。从这里也能发现，纳税筹划不单纯意味着税款金额的减少，这是十分狭隘的观念。对纳税期限的纳税筹划，使纳税人在履行纳税义务的同时，至少带来两方面的利益：一是税款占用带来的资金时间价值。这本身就意味着税负的减轻。二是税款占用带来的货币的流动价值。在资金周转快的企业中，货币的流动性本身具有不可低估的价值。

(三)关税征收管理的纳税筹划案例解析

【例 10—25】 某汽车公司是一家从事跨国经营的汽车生产厂商,由多个设在不同国家和地区的子公司提供零配件,并且其销售业务已遍布全球。最近,该公司发现中国具有巨大的汽车市场,而且在未来几年内,中国的汽车消费呈增长之势。因此,该公司的董事会决定开始将自己的产品打进中国市场,计划首批投入公司最近研制的最新款甲品牌高档小汽车 100 辆。该种小汽车的市场销售价格为每辆 90 万元,而与此款汽车相近的其他品牌小汽车的市场价格为每辆 70 万元。据了解,小汽车的关税税率为 50%。该公司应该如何筹划才能够将关税降到最低水平?与税务筹划专家研究后,公司准备利用海关对报关资料是否齐全而采用不同的税率方法来进行纳税筹划。

我国《进出口关税条例》第十五条规定:进出口货物的收货人或者他们的代理人,在向海关递交进出口货物的报关单证时,应当交验载明货物真实价格、运费、保险费和其他费用的发票(如有厂家发票应附在内)、包装清单和其他有关单证。第十七条又指出:进出口货物的发货人和收货人或者他们的代理人,在递交进出口货物报关单时,未交验第十五条规定的各项单证的,应当按照海关估定的完税价格完税,事后补交单证的,税款不予调整。因此,进出口商可以将其所有的单证全部交给海关查,也可以不交验第十五条所指的有关单证(当然这里不是指对所有账簿数字的隐瞒、涂改等),这时,海关将对进出口货物的完税价格进行固定。对于该汽车公司而言,如果未按有关法律规定申报单证,海关将按同类产品或者相近产品的市场核定其关税的计税依据,在具体操作环节中出现了"申报资料不全"的问题时,请求海关谅解。海关则将该案交给海关稽查部门处理,海关稽查部门对该批汽车的市场行情进行了调节,取得有关资料,最后按每辆 70 万元的价格作为计算关税的依据征收关税。通过筹划,该汽车公司节省关税[(90—70)×100×50%]1 000 万元。

如果考虑到再配合海关稽查部门调查期间发生 50 万元费用,实际取得筹划收益 950 万元。

【例 10—26】 我国广东省某地有生产出口产品的 A 家具生产公司,于 2018 年 1 月从某国进口一批材料,并向当地海关申请保税,其报关表上填写的单号计量单位:200 块/套,即做成一套家具需耗费 150 块木材,但这是难以测量的。海关认为 A 公司信誉良好,给予批准,8 个月后,A 公司将成品复运出口,完成了一个保税过程。先假设 A 公司进口木材 10 万块,每块价格 100 元,海关关税汇率为 50%,避税成果为[(100 000—100 000/200×150)×100×50%]1 250 000 元。

A 公司灵活运用单耗计量单位,成功避税 1 250 000 元。

第三节 资源税的纳税筹划

一、资源税法律规定

资源税是对于在中国境内开采应税矿产品和生产盐的单位和个人,就其缺失的级差收入征收的一种税。

（一）纳税人

资源税是以自然资源为课税对象征收的一种税。以在我国境内开采应税矿产品及生产盐的单位和个人，为资源税的纳税人，具体包括国有企业、集体企业、私有企业、股份制企业、其他企业和行政单位、事业单位、军事单位、社会团体、其他单位和个体经营者及其他个人。

此外，进口矿产品或盐以及经营已税矿产品或盐的单位和个人均属于资源税的纳税人。

（二）扣缴义务人

资源税暂行条例和细则规定，以收购未税矿产品的单位作为资源税的扣缴义务人，也就是以独立矿山、联合企业及其他收购未税矿产品的单位为扣缴义务人。

（三）征收范围

根据资源税暂行条例规定，资源税的征收范围主要有矿产品和盐两大类。资源税共设置原油、天然气、盐、黑色金属矿原矿、有色金属矿原矿、煤炭、其他非金属矿原矿七个大税目。

（四）税率

资源税采用定额税率，以应税资源的计量单位吨或千立方米确定0.3～60元的8个幅度税额，同时规定了《资源税税目税额明细表》和《几个主要品种的矿山资源等级表》，对各品种等级矿山的税额作了明确规定。

对于划分资源等级的应税产品，其《几个主要品种的矿山资源等级表》中未列举名称的纳税人适用的税额，由省、自治区、直辖市人民政府根据纳税人的资源状况，参照《资源税税目税额明细表》和《几个主要品种的矿山资源等级表》中确定的邻近矿山的税额标准，在浮动30%的幅度内核定，并报财政部和国家税务总局备案。

（五）计税依据

根据规定，资源税的计税依据为课税数量，具体分为以下几种情况：

（1）纳税人开采或者生产应税产品销售的，以销售数量为课税数量。纳税人不能准确提供应税产品销售数量或移送使用数量的，以应税产品的产量或主管税务机关确定的折算比换算成的数量为课税数量。

（2）纳税人开采或者生产应税产品自用的，以自用数量为课税数量。

（3）未能分别核算或不能准确提供不同税目应税产品数量的，从高适用税额计算纳税。

（4）不能准确提供应税产品销售或移送使用的数量的，以应税产品的产量或税务机关确定的折算比例换算为课税数量。

二、资源税纳税筹划方法及案例分析

（一）利用资源税中的级差收入进行纳税筹划

资源税是由地方税务机关负责征管的税种（海洋石油企业除外）。因为各地资源分布状况不一致，矿产的多少、优劣存在很大的等级差别，其销售收入也肯定不会相同，如对其实行统一的税率，势必造成矿产企业的苦乐不均，这与税收的公平、效率原则是相违背的。这不仅仅使得贫矿开采丧失积极性，更重要的是矿山开采趋富弃贫，造成矿产资源的浪费。

矿产等级的评定依据的是政府派人观察测定的数据结果，矿产开采企业可以做的是如何让贫矿等级体现出来。

【例10－27】 某矿山开采企业开采某种有色金属原矿，其应税产品的资源等级在《几个主要品种的矿山资源等级表》中未列出，故而税额的评定由省人民政府来完成。矿山开采主要测定了相对的贫矿地带，于是资源等级较低，适用的税额比邻近矿山的税额标准少了25%。

因为矿产业的税务筹划活动，使得本企业应税矿产品的等级偏低，从而适用的税额标准低于邻近矿山25%。没有税务筹划，则可能会与邻近矿山的标准接近。因此，这类税务筹划活动是否成功较大程度上取决于政府所派人员的工作态度，若测定者工作不细心，筹划成功的可能性就大；反之，成功的可能性就小。

（二）利用折算比例进行纳税筹划

根据《资源税暂行条例》的规定，纳税人不能正确提供应税产品销售数量或移送使用数量的，应以应税产品的产量或主管税务机关确定的折算比、综合回收率、选矿比换算成课税数量计算缴纳资源税。

纳税人在不能准确提供应税资源产品的课税数量时，如果使用应税产品的产量计算缴纳资源税显然是不利的。因为在正常情况下，产品的产量总是大于产品的销售量，所以企业按生产量就可能多缴纳资源税。虽然在总重量上（假设生产和开采的应税产品均可销售出去）税额既不会增加也不会减少，但企业会因此失去货币时间价值。所以，纳税人可以利用税务机关规定的换算课税数量的差额进行筹划。

对于资源开采和生产的企业，在其生产过程中有时能够准确地核算当期的销售数量，有时不能够准确地核算当期的销售数量。在后一种情况下，纳税人应按税务机关规定的折算比、综合回收率、选矿比换算成课税数量计算缴纳资源税。税务机关规定的折算比在一定时期内总是固定不变的，从而造成企业实际的折算比往往是有出入的，这样纳税人就可以实现对资源税进行筹划。筹划的方法就是根据本企业的折算比与税务机关规定的折算比进行比较，并有意识地使企业的实际折算比比税务机关规定的折算比高，这样就可以少缴纳资源税。

用这种方式进行纳税筹划的资源主要有以下两种：

（1）煤炭。对于连续加工前无法正确计算原煤移送使用量的，可按加工产品的综合回收率，将加工产品实际销售量和自用量折算成原煤数量作为课税数量。

（2）金属和非金属矿产品原矿。因无法准确掌握纳税人移送使用原矿数量的，可将其精矿按选矿比折算成原矿数量作为课税数量。

【例10－28】 某铜矿2018年10月份销售铜矿石原矿10 000吨，移送入选精矿2 000吨，选矿比为20%，该矿山铜矿属于五等，按规定适用1.2元/吨的单位税额，假定该矿山的实际选矿比为20%，税务机关确定的选矿比为25%，则该矿山应纳税额计算如下：

按实际选矿比计算：

应纳资源税＝10 000×1.2＋2 000÷20%×1.2＝24 000（元）

按税务机关确定的选矿比计算：

应纳资源税＝10 000×1.2＋2 000÷25％×1.2＝21 600(元)

由此可见，两种方法应纳税额相差＝24 000－21 600＝2 400(元)

【例 10－29】 某煤矿 2018 年 10 月份对外销售原煤 400 万吨，使用本矿生产的原煤加工洗煤 80 万吨，已知该矿加工产品的综合回收率为 80％，税务机关确定的同行业综合回收率为 60％，原煤适用单位税额为每吨 2 元。该煤矿应纳资源税计算如下：

根据现行税法规定，对洗煤、选煤和其他煤炭制品不征税，但对加工洗煤、选煤和其他煤炭制品的原煤照章征收资源税。对于连续加工前无法正确计算原煤移送使用量的煤炭，可按加工产品的综合回收率，将加工产品实际销量和自用量折算成原煤数量，以此作为课税数量。

按实际综合回收率计算：

应纳资源税＝400×2＋80÷80％×2＝1 000(万元)

按税务机关确定的综合回收率计算：

应纳资源税＝400×2＋80÷60％×2＝1 067(万元)

比较计算结果可以发现，按实际综合回收率计算可节省税款 67 万元。因此，当企业实际综合回收率高于税务机关确定的综合回收率时，应当加强财务核算，准确提供应税产品的销售数量或移送数量，方可免除不必要的税收负担。

(三)利用准确核算进行纳税筹划

根据《资源税暂行条例》，纳税人的减税、免税项目，应当单独核算课税数量；为单独核算或者不能准确提供减税、免税产品课税数量的，不予减税或者免税。同时还规定，纳税人开采或生产不同税目应税产品的，没有分别核算不同税目应税产品的课税数量，从高适用税率。

因此，纳税人可以通过准确核算各项目的课税数量，清楚地区分哪些应该纳税，哪些不应该纳税，应该纳税的适用何种税率，以便充分享受税收优惠，达到少缴资源税的目的。

【例 10－30】 一家开采铁矿石的矿山 2017 年 9 月一共生产销售铁矿石原矿 2 万吨。在开采铁矿石的过程中，还开采销售了伴生矿锰矿石 2 000 吨、铬矿石 1 000 吨。假设这座矿石山在另一采矿点还开采并销售了瓷土 3 000 吨。该矿山开采的矿石全部用于对外销售，已知铁矿石原矿的单位税额是每吨 16 元，锰矿石、铬矿石和瓷土原矿的单位税额分别是每吨 2 元、3 元、3 元。

(1)当该矿山分别核算时：

应纳资源税额＝20 000×16＋2 000×2＋1 000×3＋3 000×3＝336 000(元)

(2)当该矿山未分别核算铁矿石和两种伴生矿的课税数量，而仅仅知道铁矿石及伴生矿的总量是 2.3 万吨，瓷土矿的销量是 0.3 万吨时，按照资源税的相关规定，应从高适用税额征税。

应纳资源税＝23 000×16＋3 000×3＝377 000(元)

由此可知，未分别核算时，要多纳税 41 000 元。通过纳税筹划，对不同税额的产品分别核算，可以减轻税收负担 41 000 元。

(四)恰当地利用结算方式进行纳税筹划

依据资源税的有关规定，由于结算方式的不同，因而纳税义务的发生时间存在较大差异。

(1)纳税人销售应税产品，其纳税义务的发生时间是：

①纳税人采取分期收款结算方式的，其纳税义务发生时间为销售合同规定的收款日期的当天。

②纳税人采取预收货款结算方式的，其纳税义务发生时间为发出应税产品的当天。

③纳税人采取其他结算方式的，其纳税义务发生时间为收讫销售款或取得索取销售款凭据的当天。

(2)纳税人自产自用产品的纳税义务发生时间为移送使用应税产品的当天。

(3)扣缴义务人代扣代缴税款的纳税义务发生时间为支付货款的当天。

(4)纳税人可以根据上述纳税义务发生时间的规定，结合企业的实际情况，选择有利的结算方式。

第四节　土地增值税的纳税筹划

一、土地增值税法律规定

土地增值税是对转让国有土地使用权、地上建筑物及其附着物并取得收入的单位和个人，就其转让所获得的土地增值额征收的一种税。

(一)纳税人

转让国有土地使用权、地上建筑物及其附着物并取得收入的单位和个人，为土地增值税的纳税人。这里所说的单位，具体来说，是指各类企业单位、事业单位、国家机关和社会团体及其他组织；这里所说的个人，包括个体经营者。

(二)征税范围

土地增值税的征税范围是有偿转让国有土地使用权、地上建筑物及其附着物。这一征税范围具体包括以下三层含义：

(1)土地增值税只对转让国有土地使用权的行为征税。

(2)土地增值税对国有土地使用权及其地上的建筑物和附着物的转让行为征税。

(3)土地增值税是对转让房地产并取得收入的行为征税，即对有偿转让行为征税，对无偿转让的房地产不征税。

(三)计税依据

土地增值税的计税依据为纳税人转让房地产所取得的增值额，即房地产增值额为纳税人转让房地产收入减去规定的扣除项目金额后的余额。

土地增值额＝转让房地产收入－扣除项目金额

1. 转让房地产收入

纳税人转让房地产取得的应税收入，应包括转让房地产的全部价款及有关的经济收益。从收入的形式来看，包括货币收入、实物收入、有价证券收入和其他收入。

2. 法定扣除项目

(1)取得土地使用权所支付的金额。

(2)房地产开发成本。房地产开发成本是指纳税人房地产开发项目实际发生的成本,包括土地征用及拆迁补偿费、前期工程费、建筑安装工程费、基础设施费、公共配套设施费、开发商费用。

(3)房地产开发费用。房地产开发费用是指与房地产开发项目有关的销售费用、管理费用、财务费用。

(4)旧房及建筑物的评估价格。旧房及建筑物的评估价格是指计算纳税人出售旧房及建筑物的扣除项目金额的价格。它是根据旧房及建筑物的重置成本价乘以新旧度折扣率后的价格,即按计征土地增值税时建造同样的房屋及建筑物所需要的成本费用再扣除由于折旧因素产生的费用。

(5)与转让房地产有关的税金。与转让房地产有关的税金是指纳税人在转让房地产时缴纳的增值税、城市维护建设税、印花税、教育费附加等。

二、土地增值税纳税筹划方法

(一)利用适当增值进行纳税筹划

在进行筹划时,增值额很关键。增值额是转让收入减除税法规定的扣除项目金额后的余额。增值额小,计税额就小,适用的税率也低,土地增值税税负就轻。因此,土地增值税筹划的关键点就是合理、合法地控制和降低增值额。

按照规定,纳税人建造普通标准住宅出售,如果增值额没有超过扣除项目金额的 20%,免予征收土地增值税。同时税法规定,纳税人既建造普通标准住宅,又从事其他房地产开发的,应分别核算增值额;不分别核算增值额或不能准确核算增值额的,其建造的普通标准住宅不享受免税优惠。

房地产开发企业如果既建造普通住宅,又从事其他房地产开发,分开核算与不分开核算税负会有差异,这取决于两种住宅的销售额和可扣除项目金额。在分开核算的情况下,如果能把普通标准住宅的增值额控制在扣除项目金额的 20%以内,免缴土地增值税,则可以减轻税负。

【例 10－31】 上海某房地产开发企业 2017 年商品房销售收入为 15 000 万元,其中普通住宅的销售额为 10 000 万元,豪华住宅的销售额为 5 000 万元。税法规定的可扣除项目金额为 11 000 万元,其中,普通住宅的可扣除项目金额为 8 000 万元,豪华住宅的可扣除项目金额为 3 000 万元。

方案一:如果不分开核算,该企业应缴纳的土地增值税。

增值额与扣除项目金额的比例(以下简称增值率)为[(15 000－11 000)÷11 000×100%]36%,因此使用 30%的税率,应纳土地增值额为[(15 000－11 000)×30%]1 200 万元。

方案二:如果分开核算,该企业应缴纳的土地增值税。

普通住宅:增值率＝(10 000－80 000)÷80 000×100%＝25%,适用 30%的税率,应纳土地增值税额＝(10 000－8 000)× 30%＝600(万元)。

豪华住宅:增值率＝(5 000－3 000)÷3 000×100%＝67%,适用 40%的税率,应纳土地

增值税额＝(5 000－3 000)×40%－3 000×5%＝650(万元)。

普通住宅和豪华住宅两者合计应纳税额为 1 250 万元，分开核算比不分开核算多缴纳土地增值税 50 万元。

因为普通标准住宅的增值率为 25%，超过 20%，还得缴纳土地增值税。进一步筹划的关键就是通过适当地减少销售收入，使普通住宅的增值率控制在 20%以内。这样做的好处有两个：一是可以免缴土地增值税；二是降低了房价或提高了房屋质量、改善了房屋的配套设施等，可以在目前激烈的销售战中取得优势。

现对上例给出的条件做一点改动，然后计算土地增值税的税负和企业的收益情况。

假定上例中其他条件不变，只是普通住宅的可扣除项目金额发生变化，使普通住宅的增值率限制在 20%，那么可扣除项目金额从(10 000－y)÷y×100%＝20%等式中可计算出，y＝8 333万元。此时，该企业应缴纳的土地增值税仅为豪华住宅应缴纳的 650 万元，比不分开核算少交税 570 万元，比分开核算少缴纳 600 万元，扣除为增加可扣除项目金额多支出 333 万元，分别减少支出 237 万元和 267 万元。

增加可扣除项目金额的途径很多，比如增加房地产开发成本、房地产开发费用等，使商品房的质量进一步提高。但是，在增加房地产开发费用时，应注意税法规定的比例限制。税法规定，开发费用的扣除比例不得超过取得土地使用权支付的金额和房地产开发成本金额总和的 10%，而各省市在 10%之内确定了不同比例，纳税人要注意把握。

控制普通住宅增值率的另一种方法是降低房屋销售价格，使销售收入减少，而可扣除项目金额不变，增值率自然会降低。当然，这会带来另一种后果，即导致销售收入的减少，此时是否可取，就得比较减少的销售收入和控制增值率减少的税金支出的大小，从而做出选择。

假定上例中普通住宅的可扣除项目金额不变，仍为 8 000 万元，要使增值率为 20%，则销售收入从(x－8 000)÷8 000×100%＝20%中可求出，x＝9 600 万元。此时该企业应缴纳的土地增值税为 650 万元，节省税金 600 万元，与减少的收入 400 万元相比节省了 200 万元。

（二）利用分散收入进行纳税筹划

在确定土地增值税税额时，重要的一点是确定售出房地产的增值额。而增值额是纳税人转让房地产所取得的收入减去规定扣除项目金额后的余额，因而纳税人转让房地产所取得的收入对其应纳税额有很大影响。如果能想办法使得转让收入变少，从而减少纳税人转让的增值额，显然是能节省税款的。

在累进税制下，通过分散收入来实施纳税筹划显得更为重要。因为，在累进税制下，收入的增长预示着相同条件下增值额的增长，从而使得高的增长率适用较高的税率，档次爬升现象会使得纳税人税负急剧上升。因此，如何合理、合法地分散收入，便成了降低税负的关键。

分散收入的常用方法有：一是将可以分开单独处理的部分从整个房地产中分离出来，二是分多次签订售房合同。

【例 10－32】 某房地产公司出售一栋房屋，房屋总售价为 1 000 万元，该房屋进行了简单装修并安装了简单的必备设施。根据相关税法规定，该房地产开发业允许扣除的费用为 400 万元，增值额为 600 万元。该房地产公司应该缴纳土地增值税、增值税、城市维护建设税、教育费附加以及企业所得税各多少？

土地增值率＝600/400×100%＝150%

根据《土地增值税暂行条例实施细则》规定，增值额超过扣除项目金额100%，但未超过200%的，

土地增值税税额＝增值额×50%－扣除项目金额×15%

因此，应当缴纳土地增值税＝600×50%－400×15%＝240(万元)

应缴纳增值税＝1 000×5%＝50(万元)

应缴纳城市维护建设税及教育费附加＝50×10%＝5(万元)

不考虑企业所得税，该房地产公司的利润＝1 000－400－240－50－5＝305(万元)。

如果进行纳税筹划，则将该房屋的出售分为两个合同，即第一个合同为房屋出售合同，不包括装修费用，房屋出售价格为700万元，允许扣除的成本为300万元；第二个合同为房屋装修合同，装修费用为300万元，允许扣除的成本为100万元，则

土地增值率＝400/300×100%＝133%

应缴纳土地增值税＝400×50%－300×15%＝155(万元)

应缴纳增值税＝700×5%＝35(万元)

应缴纳城市维护建设税及教育费附加＝35×10%＝3.5(万元)

装修收入应当缴纳增值税＝300×3%＝9(万元)

应缴纳城市维护建设税及教育费附加＝9×10%＝0.9(万元)

不考虑企业所得税，

该房地产公司的利润＝700－300－155－35－3.5＋300－100－9－0.9＝396.6(万元)

经过纳税筹划，企业增加利润(396.6－305)91.6万元。

(三)利用特殊扣除项目规定进行纳税筹划

按照规定，财务费用中的利息支出，凡能够按转让房地产项目计算分摊并提供金融机构证明的，允许据实扣除，但最高不能超过按商业银行同类同期贷款利率计算的金额。其他房地产开发费用，按取得土地使用权所支付的金额与开发土地和新建房及配套设施的成本两项计算的金额之和的5%以内计算扣除。凡不能按转让房地产项目计算分摊利息支出或不能提供金融机构证明的，房地产开发费用按取得土地使用权所支付的金额与开发土地和新建房及配套设施的成本两项计算的金额之和的10%以内计算扣除。

若企业主要依靠负债筹资，利息费用占的比例较大，应提供金融机构贷款证明，将利息费计入房地产开发费用；反之，若主要依靠权益资本筹资，则可利用另外一种方法。

【例10－33】　甲房地产公司2017年8月开发一处房地产，为取得土地使用权支付1 000万元，为开发土地和新建房及配套设施花费1 200万元，财务费用中可以按转让房地产项目计算分摊的利息支出为200万元，不超过商业银行同类同期贷款利率。

对于是否提供金融机构证明，公司财务人员通过核算发现，如果不提供金融机构证明，则该公司所能扣除费用的最高额＝(1 000＋1 200)× 10%＝220(万元)；如果提供金融机构证明，该公司所能扣除费用的最高额＝200＋(1 000＋1 200)× 5%＝310(万元)。可见，在这种情况下，公司提供金融机构证明是有利的选择。

【例10－34】　甲房地产公司2018年8月开发另一处房地产，为取得土地使用权支付

1 000万元，为开发土地和新建房及配套设施花费 1 200 万元，财务费用中可以按转让房地产项目计算分摊的利息支出为 80 万元，不超过商业银行同类同期贷款利率，现在需要公司决定是否提供金融机构证明。同上例一样，如果不提供金融机构证明，则该公司所能扣除费用的最高额＝(1 000＋1 200)×10％＝220(万元)；如果提供金融机构证明，则该公司所能扣除费用的最高额＝80＋(1 000＋1 200)×5％＝190(万元)。

可见，在这种情况下，公司不提供金融机构证明是有利的选择，企业判断是否提供金融机构证明，关键在于所发生的能够扣除的利息支出占税法规定的开发成本的比例。经推算可知，这一比例如果超过 5％，则提供证明比较有利；如果没有超过 5％，则不提供证明比较有利。需要注意的是，相关文件规定，房地产开发企业办理土地增值税清算时计算与清算项目有关的扣除项目金额，应根据《土地增值税暂行条例》第六条及其《实施细则》第七条的规定执行，除另有规定外，扣除取得土地使用权所支付的金额、房地产开发成本、费用及转让房地产有关的税金，须提供合法、有效的凭证；不能提供合法、有效的凭证的，不予扣除，即筹划企业应注意提供有关合法、有效的凭证。

(四)通过增加扣除项目金额进行纳税筹划

土地增值税是房地产开发的主要成本之一，而土地增值税在建造的普通标准住宅增值率不超过 20％的情况下可以免征。因此，企业可以通过增加扣除项目使得房地产的增值率不超过 20％，从而享受免税待遇。

【例 10－35】 某房地产公司开发一栋普通标准住宅，房屋售价为 1 000 万元，按照税法规定可扣除费用为 800 万元，增值额为 200 万元，则

增值率＝200/800×100％＝25％

该房地产公司需要缴纳土地增值税＝200×30％＝60(万元)

需缴纳增值税＝1 000×5％＝50(万元)

需缴纳城市维护建设税及教育费附加＝50×10％＝5(万元)

不考虑企业所得税，

该房地产公司的利润＝1 000－800－60－50－5＝85(万元)

如果该房地产公司进行纳税筹划，则将该房屋进行简单装修，费用为 200 万元，房屋售价增加至 1 200 万元，按照税法规定可扣除项目增加为 1 000 万元，

增值额＝200 万元，增值率＝200/1 000×100％＝20％

不需要缴纳土地增值税，

该房地产公司需要缴纳增值税＝1 200×5％＝60(万元)

需缴纳城市维护建设税及教育费附加＝60×10％＝6(万元)

若不考虑企业所得税，则该房地产公司的利润＝1 200－1 000－60－6＝134(万元)，比筹划前增加利润(134－85)49 万元。

(五)通过合理定价进行纳税筹划

根据规定，纳税人建造普通标准住宅出售，增值额未超过扣除项目金额之和 20％的，免征土地增值税；增值额超过扣除项目金额之和 20％的，应就其全部增值额按规定计税。企业可

以利用20%这一临界点进行筹划。

假设某房地产开发企业待售标准普通住宅，除增值税、城市维护建设税及教育费附加外的扣除项目金额为 c，销售房价总额为 x，增值税、城市维护建设税及教育费附加为5.5%x，如果企业要享受起征点优惠，那么最高售价只能为 $x=(1+20\%)(c+5.5\%x)$，解得 $x=1.2848c$，企业在这一价格水平下，既可享受起征点的优惠，又可获得较大利润。如果售价低于 x，虽能享受起征点优惠，但利润较低。如果企业欲通过提高售价达到增加收益的目的，此时按增值率在50%以下的税率即30%的税率缴纳土地增值税，对企业来说，只有当价格提高的部分超过缴纳的土地增值税和新增的增值税、城市维护建设税及教育费附加时，提价才有利可图。假设售价提高 y，x 为增值率20%时的售价，则新的价格为 $(x+y)$，新增增值税、城市维护建设税及教育费附加为 $5\%\times(1+7\%+3\%)y=5.5\%y$，扣除项目金额为 $c+5.5\%\times(x+y)$，假设增值率虽大于20%但小于50%，增值额为 $(x+y)-c-5.5\%\times(x+y)$，土地增值税为 $30\%\times(x+y-c-5.5\%x-5.5\%y)$，企业欲使提价所带来的收益超过新增的税负而增加收益，就必须满足 $y>30\%\times(x+y-c-5.5\%x-5.5\%y)+5.5\%y$，解得 $y>0.0971c$。

【例10－36】 建安房地产公司建成并待售普通标准住宅，当地同类住宅的市场售价在1 800万元至1 900万元之间。已知取得土地使用权的金额为200万元，房地产开发成本为900万元，利息支出不能提供金融机构的证明，也不能按房地产开发项目分摊，当地政府规定允许扣除的房地产开发费用的比例为10%，通过选择筹划方案可在保证售价较低的情况下，少纳土地增值税，增加企业利润。案例中除增值税、城市维护建设税及教育费附加外的可扣除项目金额＝200＋900＋(200＋900)×10%＋(200＋900)×20%＝1 430(万元)。

方案一：公司既要享受起征点的优惠，又想获得最高利润，则最高售价应为1 430×1.2848＝1 837.264(万元)，此时获利为(1 837.264－1 430－1 837.264×5.5%)306.2万元。当价格定为1 800万元～1 837.264万元时，售价上升，获利也逐渐增加，但都要小于306.2万元。

方案二：公司想通过提高售价再多获收益，则提价至少要大于(1 430×0.097 1)＝138.853万元，即房地产总售价至少要超过(138.853＋1 837.264)1 976.117(万元)，此时提价才会增加企业的总收益，否则提价只会导致总收益减少。所以，当市场房价在1 800万元至1 900万元之间时，公司应选择1 837.264万元作为房产销售价格。可见，企业在出售普通标准住宅时，通过合理的定价进行纳税筹划，完全可以使自己保持较低售价并获得较高的利润。

（六）利用代收费用计价进行纳税筹划

按照规定，对于按县级及县级以上人民政府要求房地产开发企业在售房时代收的各项费用，如果代收费用是计入房价中向购买方一并收取的，可作为转让房地产取得的收入计税，在计算扣除项目金额时，可予以扣除，但不允许作为加计20%扣除的基数；如果代收费用未计入房价中，而是在房价之外单独收取的，可以不作为转让房地产的收入，在计算增值额时也不允许扣除代收费用。按照上述规定可以利用代收费用进行筹划。

【例10－37】 某房地产开发公司出售商品房，售价为3 000万元，按当地市政府的要求在售房时代收了200万元的各项费用。房地产开发公司开发该商品房的支出如下：支付土地出让金200万元，房地产开发成本为600万元，其他允许税前扣除的项目合计200万元。

方案一：公司未将代收费用并入房价，而是单独收取

如果公司未将代收费用并入房价，而是单独收取，则

允许扣除的金额＝200＋600＋200＋(200＋600)×20％＝1 160(万元)

增值额＝3 000－1 160＝1 840(万元)

增值率＝1 840÷1 160＝158.62％

应缴纳的土地增值税＝1 840×50％－1 160×15％＝746(万元)

方案二：公司将代收费用并入房价一并收取

如果将代收费用并入房价一并收取，则

允许扣除的金额＝600＋200＋200＋(200＋600)×20％＋200＝1 360(万元)

增值额＝3 000＋200－1 360＝1 840(万元)

增值率＝1 840÷1 360＝135.29％

应缴纳的土地增值税＝1 840×50％－1 360×15％＝716(万元)

采用的第二种代收费用方式，即将代收费用并入房价，会使得可扣除项目增加 200 万元，从而使房地产公司少缴纳土地增值税税款(746－716)30 万元。

(七)利用建房方式进行纳税筹划

土地增值税税法对不同的建房方式进行了一系列界定，并规定某些方式的建房行为不属于土地增值税征税范围，不用缴纳土地增值税，纳税人如果能注意运用这些特殊政策进行纳税筹划，其纳税筹划效果是很明显的。

1. 利用代建房进行纳税筹划

房地产开发公司的代建房方式，是指房地产开发公司代客户进行房地产的开发，开发完成后向客户收取代建房报酬的行为。对于房地产开发公司来说，虽然取得了一定的收入，但由于房地产权自始至终是属于客户的，没有发生转移，其收入也属于劳务性质的收入，故不属于土地增值税的征税范围，而属于增值税的征税范围。

由于建筑行业适用的是 5％的比例税率，税负较低，而土地增值税适用的是 30％～60％的四级超率累进税率，税负显然比前者高，如果在收入相同的情况下，当然是前者更有利于实现收入最大化。因此，如果房地产开发公司在开发之初便能确定最终用户，就完全可以采用代建房的方式进行开发，而不采用税负较重的开发后销售方式。这种筹划方式可以由房地产开发公司以用户的名义取得土地使用权和购买各种材料设备，也可以协商由客户自己取得和购买，只要从最终形式上看房地产的产权没有发生转移便可。

为了使该项筹划更加顺利，房地产开发公司可以降低代建房劳务性质收入的数额，以取得客户的配合。由于房地产开发公司可以通过该项筹划节省不少税款，部分让利于客户也是可能的，而且这样也会使得房屋各方面的条件符合客户要求，低的价格也可以增强企业的市场竞争力。

2. 利用合作建房进行纳税筹划

税法规定，对于一方出地，另一方出资金，双方合作建房，建成后按比例分房自用的，暂免征收土地增值税。房地产开发企业也可以很好地利用该项政策。比如，某房地产开发企业购得一块土地的使用权准备修建住宅，则该企业可以预收购房者的购房款作为合作建房的资金。这样，从形式上就符合了一方出土地，另一方出资金的条件。一般而言，一幢住房中土地支付

价所占比例应该比较小，这样房地产开发企业分得的房屋就较少，大部分由出资金的用户分得自用。这样，在该房地产开发企业售出剩余部分住房前，各方都不用缴纳土地增值税，只有在房地产开发企业建成后转让属于自己的那部分住房时，才就这一部分缴纳土地增值税。

（八）利用适当的捐赠进行纳税筹划

房地产的赠与，是指房地产的原产权所有人和依照法律规定取得土地使用权的土地使用人，将自己所拥有的房地产无偿地捐赠给其他人的民事法律行为。对于这种赠与行为，很多国家都开征了赠与税。我国目前还没有开征这种税收，也不对其征收土地增值税。但是，这里仅指以下两种情况：(1)房产所有人、土地使用权所有人将房屋产权、土地使用权赠与直系亲属或承担直接赡养义务的人。(2)房产所有人、土地使用权所有人通过中国境内非营利性的社会团体、国家机关将房屋产权、土地使用权赠与教育、民政和其他社会福利、公益事业的。上述社会团体是指中国青少年发展基金会、希望工程基金会、宋庆龄基金会、减灾委员会、中国红十字会、中国残疾人联合会、全国老年基金会、老区促进会以及经民政部门批准成立的其他非营利性的公益组织。

房产所有人、土地使用权所有人将自己的房地产进行赠与时，如果不是以上所述两种情况，应该视同有偿转让房地产，缴纳土地增值税。因此，当事人应当注意自己的捐赠方式，以免捐赠完了之后，自己反而要承担大笔税款。具体来说，如果当事人在进行捐赠时可以采用以上两种方式，比如，某房地产所有人欲将其拥有的房地产捐赠给希望工程就一定要符合法定的程序，即通过在中国境内非营利的社会团体、国家机关如希望工程基金会进行捐赠，而不要自行捐赠。如果当事人确实无法采用以上两种方式，则应充分考虑税收因素对自己及他人的影响。比如某房地产所有人欲将拥有的房地产赠与一位好朋友，则可以考虑让受赠人支付税款，也可以采用隐形赠与法，既让该好友实际占有使用该房地产，而不办理房地产产权转移登记手续。

（九）利用转让旧房进行纳税筹划

企业转让旧房，如果以市场价格分析，旧房的增值额未超过扣除项目金额20%的，在符合当地政策条件的情况下，可考虑转让旧房作为廉租房、经济适用住房房源，以便于充分享受旧房的税收优惠政策，获得更多的利益；如果旧房的增值额稍微超过扣除项目金额20%的，也存在将转让价格降低，使旧房的增值额不超过扣除项目金额20%的筹划空间；如果旧房的增值额远超过扣除项目金额的20%，则不能享受到税收政策，没有筹划空间。

【例10－38】 某城市的营利性甲公司，因进行异地技术改造，重新建造了厂房和办公楼，原有的以前建造的办公楼已不再使用，形成闲置房。2018年，甲公司计划对外有偿转让该闲置房产。该房产当时造价为200万元，无偿取得土地使用权；经企业聘请当地具有资质的房地产评估事务所评估，按现行市场价的材料和人工费用进行评估测算，现在建造同样的房产需1 200万元，该房产为6成新，市场价格为920万元。该房产已提折旧152万元，预计净残值率为5%，暂不考虑印花税，假定无其他纳税调整因素。经分析甲公司有以下两种方案可供选择。

方案一：对外拍卖有偿转让

甲公司根据有关规定，将该房产在当地房产交易市场挂牌拍卖转让。假定拍卖转让成交

价格为920万元,按照增值税的有关规定,

有偿转让房产应缴增值税=920×5%=46(万元)

应交城市维护建设税及教育费附加=46×(7%+3%)=4.6(万元)

根据土地增值税的有关规定,甲公司有偿转让该房产应交土地增值税,

该房产评估价格=1 200×60%=720(万元)

房产转让应交增值税及相应附加税费=46+4.6=50.6(万元)

可以允许扣除,

扣除项目金额合计=720+50.6=770.6(万元)

增值额=920−770.6=149.4(万元)

增值率=149.4÷770.6×100%=19.39%

土地增值税税率为30%,

应交土地增值税额=149.4×30%=44.82(万元)

该房产有偿转让时账面价值=200−152=48(万元)

甲公司有偿转让该房产所获利润=920−48−50.6−44.82=776.58(万元)

企业适用的企业所得税率为25%,扣除应交企业所得税776.58×25%=194.145(万元)后,净利润为(776.58−194.145)582.435(万元)。

方案二:有偿转让给政府有关部门作为廉租住房

当地政府有关部门正在筹建及购买住房用于廉租住房,该房产稍微经过改造即可用于居住,符合当地廉租住房条件。据分析,有偿转让给政府有关部门作为廉租住房,一般采取协议转让方式,成交价格也将低于市场价格,如果双方可接受价格为900万元,则

应交增值税=900×5%=45(万元)

应交城市维护建设税及教育费附加=45×(7%+3%)=4.5(万元)

根据《财政部、国家税务总局关于廉租住房经济适用住房和住房租赁有关税收政策的通知》(财税[2008]24号)的规定,企事业单位、社会团体以及其他经济组织转让旧房作为廉租住房、经济适用住房且增值额未超过扣除项目金额20%的,免征土地增值税。甲公司以900万元的价格转让该房产,计算土地增值税的增值率为16.96%,则享受免交土地增值税的优惠政策;甲公司有偿转让该房产所获利润为(900−48−45−4.5)802.5(万元),扣除应交企业所得税(802.5×25%)200.625万元后,税后净利润为(802.5−200.625)601.875(万元)。

经过比较,方案二较方案一多获净利(601.875−582.435)19.44万元,并且方案二比方案一节省交易费用。

在方案二中,甲公司有偿转让给政府有关部门作为廉租住房,采取协议方式,通常成交价格将低于市场价格。企业低价可为多少呢?根据财税[2008]24号的规定,企业享受免征土地增值税优惠政策,最多让利幅度为免征土地增值税部分,否则不划算。设甲公司最低转让价格为x万元,扣除应交增值税费为x×5.5%万元和房产账面价格48万元后,所获利润为($x-x$×5.5%−48),该最低转让价格所获利润与企业未享受免征土地增值税的利润相等,即($x-x$×5.5%−48)=776.58万元,求出x=872.521 4万元,也就是甲公司将该房产转让给政府有关部门作为廉租住房,最低转让价不得低于872.524 1万元。

如果该房产市场价格为950万元,则增值率为23.02%,土地增值税率为30%,企业应交

土地增值税为53.325万元。如企业计划转让给政府有关部门作为廉租住房，为享受财税[2008]24号所规定的免征土地增值税优惠政策，增值额就不能超过扣除项目金额的20%，据分析，方案二最高转让价为925万元，同时因为享受免征土地增值税的优惠政策，最低让利幅度不能低于免征的土地增值税部分，按上述方法分析得出最低转让价格为893.571 4万元。

如果该房产市场价格1 200万元，甲公司按方案一处置，增值率为52.67%，土地增值税率为40%，企业应交土地增值税144.9万元，净利润为705.825万元；如果按方案二处置，则企业为享受免征土地增值税政策，最高转让价格为925万元，所获净利润为619.593 8万元，则不合算。

第五节　房产税的纳税筹划

一、房产税制的法律规定

房产税是指以房产为课税对象，以房产的原值或者房产的租金为计税依据，向房产的所有人或者经营者征收的一种税。

（一）纳税人

房产税以在征税范围内的房屋产权所有人为纳税人。其中：(1)产权属于全民所有的，由经营管理的单位缴纳；产权属于集体和个人所有的，由集体单位和个人缴纳。(2)产权出典的，由承典人纳税。(3)产权所有人、承典人不在房屋所在地的，由房产代管人或者使用人纳税。(4)产权未确定及租典纠纷未解决的，由房产代管人或者使用人纳税。(5)无租使用其他房产的问题。纳税单位和个人无租使用房产管理部门、免税单位及纳税单位的房产，应由使用人代为缴纳房产税。

（二）征税范围

税法规定，房产税在城市、县城、建制镇和工矿区征收。其中：

城市是指经国务院批准设立的城市的，征税范围为市区、郊区和市辖县县城，不包括农村。县城是指未设立建制镇的县人民政府所在地。建制镇是指经省、自治区、直辖市人民政府批准设立的建制镇。建制镇的征税范围为镇人民政府所在地，不包括所辖的行政村。工矿区是指工商业比较发达，人口较集中，符合国务院规定的建制镇标准，但尚未设立建制镇的大中型工矿企业所在地。

（三）计税依据

房产税采用从价计征和从租计征两种方法，其计税依据分别为房产余值和房屋租金收入。

1. 经营自用房屋的计税依据

对纳税人经营自用的房屋采用从价计征的办法，以房产的计税余值作为计税依据。计税依据为依照税法规定的房产原值一次减除10%～30%的损耗价值以后的余额。

2. 出租房屋的计税依据

对于出租的房屋采用从租计征的办法，计税依据为房屋的租金收入。房屋的租金收入是房屋产权所有人出租房产使用权所取得的报酬，包括货币收入和实物收入。对以劳务或其他形式作为报酬抵付房租收入的，应根据当地同类房产的租金水平，确定一个标准租金额从租计征。

3. 投资联营及融资租赁房产的计税依据

对投资联营的房产，在计征房产税时应予以区别对待。对于以房产投资联营，投资者参与投资利润分红，共担风险的，按房产的余值作为计税依据计征房产税；对于以房产投资，收取固定收入，不承担联营风险的，实际是以联营名义取得房产租金，应根据暂行条例的有关规定由出租方按租金收入计算缴纳房产税。

对融资租赁房屋，在计征房产税时以房产余值计算征收，至于租赁期内房产税的纳税人，则由当地税务机关根据实际情况确定。

（四）房产税的税率

房产税采用比例税率，根据房产税的计税依据分为两种：依据房产计税余值计税的，税率为 1.2%；依据房产租金收入计税的，税率为 12%；对个人出租住房不分用途，其租金收入按 4%的税率征收房产税；对企事业单位、社会团体以及其他组织按市场价格向个人出租用于居住的住房，其应缴纳的房产税暂减按 4%的税率征收。

二、房产税纳税筹划方法

不论是企业还是个人，有房产就可能成为房产的纳税人。如何利用房产税有关规定减轻房产税的负担是纳税人应考虑的问题。

（一）利用合理确定房产原值进行纳税筹划

房产税在城市、县城、建制镇和工矿区征收，农村不征收。以房产余值计税，适用于房产用于自己生产经营而不是出租收取租金的情况。房产余值是房产原值一次减除 10%～30%后的余额。房产原值是指房屋的造价，包括由于房屋不可分割的各种附属设备或一般不单独计算价值的配套设施。可见，房产原值的大小直接决定房产税的多少。合理地减少房产原值是房产税筹划的关键。

【例 10－39】 某公司预兴建一座花园式工厂，除厂房、办公用房外，还包括厂区围墙、水塔、变电塔、停车场、露天凉亭、游泳池、喷泉设施等建筑，总计造价为 1 亿元。如果 1 亿元都作为房产原值，则该企业自工厂建成的次月起就应该缴纳房产税。假定当地房屋扣除比例为 30%，则每年应纳房产税＝10 000×(1－30%)×1.2＝8.4(万元)。只要该工厂存在，8.4 万元的税负就不可避免。如果以 20 年计算，就是168万元，该企业感到税负太重，于是就此项目向注册税务师进行咨询。注册税务师指出，按税法有关规定，房产是以房屋形态表现的财产，房屋是只有屋面结构，可供人们在其中生产、工作、居住或储存物资的场所，不包括独立于房屋之外的建筑物，如围墙、水塔、变电站、露天停车场、露天凉亭、露天游泳池、喷泉设施等。因此，建议把停车场、游泳池都建成露天的，并且把这些独立建筑物的造价同厂房、办公用房的造价分开，在会计账簿中单独记载，则这部分建筑物的造价不计入房产原值，不缴纳房产税。该公司经过估算，除厂房、办公用房外建筑物的造价为800万元左右，独立出来后，每年上缴房产税[800×(1－30%)×1.2%]6.72万元，以20年计算，就是134万多元，企业可减轻很多税收负担。

（二）利用选址进行纳税筹划

房产税的征税范围不包括农村，这主要是为了减轻农民负担。因为农村的房屋，除农副业生产用房外，大部分是农村居民居住用房。如果企业在建立时能考虑到这一点，将会为企业节省不少税收。根据我国现行税法规定，将企业建在乡、村所在地，不仅可以免交房产税，还可以免交城镇土地使用税，并且可以按最低的税率1%缴纳城市维护建设税。

【例10－40】　上海市一家印刷企业，在选址时就考虑过税负问题。经咨询相关税务专家，该企业决定将企业设在离某镇几公里的农村。假设该厂房产原值为1 000万元，占地面积为10 000平方米，平均每年应交增值税500万元。

每年应纳的房产税为零，城镇土地使用税为零，应纳城市维护建设税为500×1%＝5(万元)。

如果企业建在镇里，应纳的房产税为1 000×(1－30%)×1.2%＝8.4(万元)，应纳城镇土地使用税为10 000×2＝2(万元)(城镇土地使用税的征收标准为2元/平方米)，应纳城市维护建设税为500×5%＝25(万元)。与建在农村相比多交了[(25＋2＋8.4)－5]30.4(万元)的税。

但需要注意的是，如果将企业设在农村会影响企业的业务发展，对此，建议企业总部、销售部门或业务拓展部门设在城市，而工厂、生产车间设在农村，以弥补信息不充分、交通不便利的限制条件。

（三）利用税率差异进行纳税筹划

《房产税暂行条例》规定，个人出租房屋用于生产经营的，按租金收入的12%缴纳房产税。个人将居民住房用于居住时，根据《财政部、国家税务总局关于调整住房租赁市场税收政策的通知》的规定，房产税暂减按4%的税率征收。因此，纳税人在出租房屋时，应区分房屋的使用性质，将营业场所与居住房屋分开，分别签订合同。这样，就可以减轻纳税的税负。

【例10－41】　王某购买一写字楼两层作商店出租，合同规定每年取得租金500 000元，王某应纳房产税(500 000×12%)60 000元。

王某房屋属于商住合用，楼上用于居住，楼下用于经营，如果王某与承租方签订两份房屋租赁合同，楼上每月12 000元租给他人居住，楼下作为经营使用，年租金为356 000元，合计租金收入500 000元。

居住用房每年的收入为144 000元，房产税率按4%计算，每年缴纳房产税为(144 000×4%)5 760元；商业用房应缴纳房产税为(356 000×12%)42 720元。

合计应纳税(5 760＋42 720)48 480元，比不划分租赁用途时少缴纳税额(60 000－48 480)11 520元。

（四）利用房屋出租转化为房产投资进行纳税筹划

对于投资联营的房产，应根据投资联营的具体情况，在计征房产税时予以区别对待。对于以房产投资联营，投资者参与投资利润分红、共担风险的情况，按房产原值作为计税依据计征房产税。

【例 10—42】 A房地产公司新建一栋商品楼，现已建成并竣工验收，商品楼一层是商务用房，账面价值1 000万元。现有三个经营方案：一是对外出租，租金120万元；二是本公司开办商场；三是以商务用房对外投资。

方案一：对外出租

应交增值税＝1 200 000×5%＝60 000(元)

应交城市维护建设税及教育费附加＝60 000×(7%＋3%)＝6 000(元)

应交印花税＝1 200 000×1‰＝1 200(元)

应交房产税＝1 200 000×12%＝144 000(元)

应纳税款合计＝60 000＋6 000＋1 200＋144 000＝211 200(元)

方案二：A公司开办商场，只缴纳房产税

应纳房产税＝10 000 000×(1－30%)×1.2%＝84 000(元)

方案二比方案一节省税费(211 200－84 000)127 200元，其中房产税节省(144 000－84 000)60 000元。

方案三：以房产投资，参与投资利润分红，共担风险，按房产原值作为计税依据计征房产税，缴纳的房产税与方案二相同，且本方案不需缴纳增值税、城市维护建设税及教育费附加和印花税。

(五)利用分别签订租赁合同进行纳税筹划

企业租赁大多涉及房产租赁，例如，出租车间、厂房、宾馆、门面房等。涉及房屋出租的，根据规定，就要按租金收入的12%缴纳房产税。但往往企业出租的不仅仅是房屋设施自身，还有房屋内部和外部的一些附属设施，比如机器设备、办公家具、附属用品等。税法对这些设施并不征收房产税。但是，如果把这些设施和房屋不加区别地同时写在一张租赁合同中，设施也就缴纳了房产税，因此，最好是房产和设备分别签订租赁合同，这样就可以降低房产税。

【例 10—43】 某国有企业把下属一家开工不足的工厂出租给一家民营企业，双方谈定厂房连同设备一年的租金是2 000万元，并据此签订了租赁合同。内容大致是：甲方同意将厂房连同设备租给乙方，乙方支付厂房和设备租金一年2 000万元。合同签订后，一方先付一半租金，年底再付另一半租金。

按照将厂房连同设备一起出租的合同，甲方缴纳税额如下：

应交房产税＝2 000×12%＝240(万元)

应交增值税＝2 000×5%＝100(万元)

两项合计为340万元。

依据这个合同，机器设备也缴纳了12%的房产税。

出租工厂的第一年，这个企业老老实实地缴纳了340万元的税款。但在第二年经咨询之后，把一个租赁合同改变为房产出租和设备出租两个租赁合同。内容大致是：甲方以每年1 000万元的租金出租厂房，每年1 000万元的租金出租设备。

虽然两项租金合计仍为2 000万元，但因设备出租不涉及12%的房产税，纳税总额因合同内容的改变随之改变为：

甲房出租厂房和设备应缴纳的税额如下：

应交房产税＝1 000×12%＝120（万元）

应交增值税＝2 000×5%＝100（万元）

两项合计为 220 万元。

很显然，甲方总体纳税从 340 万元减少到 220 万元，税负下降了 35.29%（120÷340×100%）。

（六）利用转化服务内容进行纳税筹划

【例 10－44】 某企业因经营不善等，原来的主营业务不景气，仓库被闲置，为增加收入，企业决定转型，把对外出租仓库作为主营业务。当年取得租金收入1 000万元，依据 5%的税率缴纳增值税 50 万元，依据 12%的税率缴纳房产税 120 万元，但此两项税收就达 170 万元，占总收入的 17%；若再加上其他税费，则企业的税负更重。

对于这个具体案例，纳税筹划的操作思路如下：

首先，根据当地物业管理标准，对年租金收入进行筹划，把年租金1 000万元变成年租赁费 500 万元，物业管理费 500 万元。因为物业管理费只需缴纳增值税，不用按租金收入缴纳 12%的房产税。

其次，也是最为关键的一步，就是物业管理的资格认定。物业管理资格认定属于建设主管部门的行政审批事项，只有获得认可，再去税务部门得到批准，才可以从事物业管理业务。

通过纳税筹划前后的税负比较，可以看到：

筹划前，增值税和房产税合计为 170 万元。

筹划后，增值税不变，仍为 50 万元。物业管理费只需缴纳增值税，不缴房产税，所以房产税按 500 万元计为（500×12%）60 万元，总体税负为（50＋60）110 万元。

这样可以使企业减轻税负（170－110）60 万元，税负减轻了（60÷170）35.29%。

（七）利用改变收入的性质进行纳税筹划

【例 10－45】 甲企业有四座空置的仓库，房产原值为1 600万元，租给乙企业存放商品，年租金为 400 万元。甲企业为此应纳增值税（400×5%）20 万元，城市维护建设税及教育费附加[20×（7%＋3%）]2 万元，房产税（400×12%）48 万元。合计纳税 70 万元，全部税收负担率为 17.5%。

经纳税筹划专家点拨，甲企业进行了如下筹划：变租赁合同为仓储合同。闲置库房同样用于乙企业存放商品，而税收负担将大幅下降。租赁和仓储都适用增值税率 5%，因而增值税、城市维护建设税及教育费附加都没有变化，但房产税可以从价计征。应缴房产税为[1 600×（1－30%）×1.2%]13.44（万元），合计纳税为（20＋2＋13.44）35.44 万元，可减轻企业税收负担（70－35.44）34.56 万元，税收负担率降为（35.44÷400）8.86%。

当然，租赁与仓储是两个完全不同的概念。租赁只要提供空库房就可以了，存放商品的安全由乙企业自行负责；而仓储则需甲企业对存放商品负责，如果发生失窃、霉烂，甲企业都得赔偿。为此甲企业必须配有专门的仓储人员，添置有关的设备设施，从而相应地增加人员工资和经费开支。但这些开支远远不能与节税数额相比，扣除这些开支后，甲企业还会取得较可观的收益。

第六节　契税的纳税筹划

一、契税税制的法律规定

契税是对我国境内的土地、房屋权属转移时，依据当事人双方订立的契约，向取得土地使用权、房屋所有权的单位和个人征收的一种税。

（一）纳税人

在我国境内转移土地、房产权属，承受的单位和个人为契税的纳税人。

（二）征税范围

契税的征税范围包括国有土地使用权出让；土地使用权转让，包括出售、赠与和交换，不包括农村集体土地承包经营权的转移；房屋买卖；房屋赠与；房屋交换。

（三）计税依据

契税的计税依据为：国有土地使用权出让、土地使用权出售、房屋买卖的行为，以成交价格为计税依据；土地使用权赠与、房屋赠与，由征收机关参照土地使用权出售、房屋买卖的市场价格核定；土地使用权交换、房屋交换，计税依据为所交换的土地使用权、房屋的价格的差额；以划拨方式取得土地使用权的，计税依据为补缴的土地使用权出让费用或者土地收益。

（四）税率

契税税率为3%～5%。所在地具体使用的税率，在规定的幅度内按照所在地实际情况确定，并报财政部门和国家税务总局备案。

二、契税纳税筹划方法

（一）利用等价交换进行纳税策划

根据《契税暂行条例》第四条规定，土地使用权交换、房屋交换，以所交换土地使用权，房屋价格的差额为计税依据。根据《契税暂行条例实施细则》第十条规定，土地使用权交换，交换价格不相等的，由多付货币、实物、无形资产或者其他经济利益的一方缴纳税款；交换价格相等的，免征契税。

当纳税人交换土地使用权或房屋所有权的时候，如果能想办法保持双方的价格差额很小甚至没有，此时以价格为计税依据计算出来的契税就会很少甚至没有。因此，这种筹划的核心便是尽量地缩小两者的价差。

1. 购买房屋

在购买住房时，眼光不一定只盯在新房子上，其实房屋交换也是一种买房子的方式，而且这种方式可以减少购买方的契税。

【例10—46】 纳税人甲拥有一幢60平方米的住房，想出售并同时购买新的120平方米的大房子；纳税人乙是城镇职工，没有住房，想购买60平方米左右的房屋。这时，两者便可以通过合作，节省契税。具体方式是：乙以自己的名义买下120平方米的房子，根据规定免征契税，然后甲和乙再将房子交换，这项行为只需就价差缴纳契税。假定甲的房子是60万元(包括装修等)，而购买的新房子价格为90万元，则只需缴纳契税(90—60)×4%＝1.2(万元)。如果不进行筹划，则应缴纳契税90×4%＝3.6(万元)。通过筹划，可以节省契税2.4万元。

2. 交换房屋

当纳税人交换土地使用权或房屋所有权时，如果能想出办法保持双方的价格差额较小甚至没有，此时以价格为计税依据计算出来的应纳契税就会较小甚至没有，所以这种筹划的核心便是尽量缩小两者的价差。

【例10—47】 李教授现在居住的房屋是以购买产权的公有住房，已居住5年，面积约80平方米，价值30万元左右。他现在想买的住房也属于单位公有新住房，面积120平方米，价值约60万元。如果李教授直接购买该新房，因其不属于第一次购买，不能享受免征契税的优惠，需要缴纳契税3万元(当地契税税率为5%)。李教授了解到同学校的王老师也有资格购买面积120平方米的新房，但因为积蓄少，有心而无力。于是，李教授找到王老师，提出了一个方案：以王老师的名义购买新房，所需资金由李教授提供。新房买下来后，双方再交换。李教授的住房按30万元计算，王老师把手上20万元存款付给李教授，不足的10万元算是向李教授借款，免收利息。

通过这样的安排，李教授可以得到自己中意的住房，王老师也解决了购房资金不足的问题。最重要的是，李教授仅需要在双方交换住房时，按房屋价款差价30万元缴纳契税1.5万元，比用资金直接购买新房节约契税1.5万元。

王老师接受了该方案，同时进一步提出，他与李教授交换房屋后，需要对旧房进行装修，如果在交换前装修，可以增加房屋的价值，进一步缩小旧房和新房的差价，李教授缴纳的契税将更少。假设装修费用10万元，原旧房的价值增加到40万元，李教授仅需按差价20万元缴纳契税1万元，可节省契税2万元。

【例10—48】 有甲、乙、丙三位当事人，甲和丙均拥有一套价值500万元的房屋，乙想购买甲的房屋，甲也想购买丙的房屋后出售自己的房屋。如果不进行筹划，甲购买丙的住房，应缴纳契税计算如下：

应纳契税额＝500×5%＝25(万元)

同样，甲和乙出售其住所，也要缴纳契税25万元。

如果三方进行纳税策划，先由甲和丙交换房屋，再由丙将房屋出售给乙，这同样满足三方的要求，却能够减少契税25万元。因为甲和丙交换房屋所有权为等价交换，没有价格差额不用缴纳契税，整个经济交易活动，只是在丙将房屋出售给乙时由乙缴纳契税。

(二)利用购买住宅类型进行纳税筹划

个人在购买私用住房时，应认真学习和研究政策，以便灵活运用，使自己购买住房的行为既符合国家政策，又可以节省部分税款。按规定，普通住宅标准暂按每套住房面积不超过120平方米，即如果个人购买住房面积不超过120平方米，在符合一定条件的情况下，可以享受税收减免优惠。

涉及个人购买住房应缴纳的契税，具体可以分为以下两种情况：

(1)个人购买自用的普通住宅，是指建筑面积在120平方米以下的住宅，暂减半征收契税。契税实行的幅度税率为3%～5%，各省、自治区、直辖市人民政府可以在3%～5%的幅度税率规定范围内，按照本地区的实际情况决定。

(2)个人购买1998年6月30日以后建成的非普通住宅，也就是面积在120平方米以上的住宅，或者是在1999年8月1日之前税收优惠政策尚未执行时购买的商品住宅，个人要缴纳契税的适用税率为房屋全部售价的4%，不能享受减半或是免税优惠。

个人在购买自用住宅时，应注意运用这些政策，尽量减少自己的应缴税款。在住房的各方面条件符合自己要求的情况下，比较各套房屋的应纳税款，从而选择最合适的住房是必要的。

【例10－49】 有两套规模结构相当的住房，均是150平方米，合计价款为100万元，一套是于1998年6月30日前竣工验收的，另一套是在1998年6月30日后竣工验收的，则前者不用缴纳契税，而后者应适用4%的税率，其应纳税额的计算如下：

应纳契税＝100×4%＝4(万元)

显然购买前者合算，因为这将会节省4万元的税款。

(三)利用隐性赠与行为进行纳税筹划

在契税中，我国税法规定，当事人赠与土地使用权、房屋属于应税行为，应该依照规定缴纳契税。本来赠与的目的就是要使他人(受赠人)获益，但由于税收的原因，受赠人却要因此支付一笔税款，无论这笔税款最终实际由谁支付，当事人双方都会觉得这笔税款是额外负担。因此，在赠与行为中，应通过隐性赠与等方式进行纳税筹划，如发生赠与行为，但并不办理房产转移手续。

【例10－50】 甲向乙赠送(免费)一套住房，该套住房市面价值50万元，假定适用税率为5%，则乙要支付(50×5%)2.5万元的税款。

这时，比较好的办法就是不办理产权转移手续。因为甲既然愿意向乙赠送该套住房，其原意就是不再索回该住房的所有权，其实让受赠人实际占有该套住房也能达到这种效果。这里所要做的只是赠与人搬出(让出)该套住房，受赠人以实际居住的形式占有，只要赠与人不再索回该房的所有权就可以解决了。这种筹划可以完全免纳契税，效果很好，但这要建立在赠与人信誉较好的前提下。如果赠与人信誉不好，赠出去的东西在某一日突然想要索回，则受赠人反倒不如多缴点税款去办理产权转移手续。而且这种筹划还有一个弱点，这便是出现经济纠纷时，产权归属的界定可能会带来一定的麻烦。当事人在利用该法进行纳税筹划时，一定要权衡利弊，以作出最优的选择。

(四)通过签订分立合同进行纳税筹划

根据财税[2004]126号文件《财政部、国家税务总局关于房屋附属设施有关契税政策的批复》规定，对于承受与房屋相关的附属设施(包括停车位、汽车库、自行车库、顶层阁楼以及储藏室，下同）所有权或土地使用权的行为，按照契税法律、法规的规定征收契税；对于不涉及土地使用权和房屋所有权转移变动的，不征收契税。

【例 10－51】　红星实业公司有一化肥生产车间拟出售给月星化工公司，该化肥生产车间有一栋生产厂房及其他生产厂房附属物，附属物主要为围墙、烟囱、水塔、变电塔、油池、油柜、若干油气罐、挡土墙、蓄水池等，化肥生产车间总占地面积3 000平方米，整体评估价为 600 万元（其中，生产厂房评估价为 160 万元，3 000平方米土地评估价为 240 万元，其他生产厂房附属物评估价为 200 万元），月星化工公司按整体评估价 600 万元购买，应缴纳契税＝600×4%＝24（万元）。

根据规定，在支付独立于房屋之外的建筑物、构筑物以及地上附着物价款时不征收契税，因此，纳税筹划方案如下：红星实业公司与月星化工公司签订两份销售合同，第一份合同为销售生产厂房及占地3 000平方米土地使用权的合同，销售价款为 400 万元；第二份合同为销售独立于房屋之外的建筑物、构筑物以及地上附着物（主要包括围墙、烟囱、水塔、变电塔、油池、油柜、若干油气罐、挡土墙、蓄水池等），销售合同价款为 200 万元。经过上述筹划，月星化工公司只有第一份销售合同缴纳契税，应缴纳契税＝400×4%＝16（万元），节省契税 8 万元。

（五）通过改变投资方式进行纳税筹划

根据规定，非公司制企业按照《中华人民共和国公司法》的规定，整体改建为有限责任公司（含有独资公司）或股份有限公司，或者有限责任公司整体改建为股份有限公司的，对改建后的公司承受原企业土地、房屋权属，免征契税。

【例 10－52】　陈新有一幢商品房价值 500 万元，刘华有货币资金 300 万元，两人共同投资开办新华有限责任公司，新华有限责任公司的注册资本为 800 万元。新华有限责任公司接受房产投资后应缴纳契税＝500×4%＝20（万元）。

根据免征契税的规定，提出纳税筹划方案如下：

方案一：陈新到工商局注册登记成立陈新个人独资公司，将自有房产投入陈新个人独资公司，由于房屋产权所有人和使用人未发生变化，故无须办理房产变更手续，不需缴纳契税。

方案二：陈新对其个人独资公司进行公司制改造，改建为有限责任公司，吸引刘华投资，改建为新华有限责任公司，改建后的新华有限责任公司接受陈新个人独资公司的房屋，免征契税，新华有限责任公司减少契税支出 20 万元。

第七节　印花税的纳税筹划

一、印花税制的法律规定

印花税是对经济活动和经济交往中书立、领受具有法律效力的凭证的单位和个人征收的一种税。

（一）纳税人

凡在我国境内书立、领受属于征收范围内所列凭证的单位和个人，都是印花税的纳税义务人，具体包括国内各类企业、事业、机关、团体、部队以及中外合资企业、合作企业、外资企业、外国公司企业和其他经济组织及其在华机构等单位和个人。

按照征税项目划分的具体纳税人是立合同人、立账簿人、立据人、领受人。

（二）征税范围

印花税只对印花税条例列举的凭证征收，没有列举的凭证不征税。列举征税的凭证分为五类，即经济合同，产权转移书据，营业账簿，权利、许可证照和经财政部门确认的正式的其他凭证。

（三）计税依据

印花税根据不同征税项目，分别实行从价计征和从量计征两种方法。实行从价计征的凭证，以凭证所载金额为计税依据；实行从量计征的其他营业账簿和权利、许可证照，以实际数量为计税依据。

（四）税率

印花税采用比例税率和定额税率两种税率。比例税率分为5‰、0.3‰、0.5‰、1‰四个档次，定额税率的单位税额均为每件5元。

二、印花税纳税筹划方法

（一）利用模糊金额进行纳税筹划

模糊金额筹划法，是指当事人在签订数额较大的合同时，有意使合同上的所载金额在本来能够明确的条件下不最终确定，以达到少缴纳印花税税款目的的一种筹划方法。

在现实经济生活中，各种经济合同的当事人在签订合同时，有时会遇到计税金额无法最终确定的情况发生。而我国印花税的计税依据大多数都是依据合同所载的金额和具体适用的税率确定，计税依据无法最终确定时，纳税人的应纳印花税税额也就相应地无法确定。

印花税暂行条例规定，有些合同在签订时无法确定计税金额，如技术转让合同中的转让收入，是按销售收入的一定比例收取或按其实现利润多少进行分成的；财产租赁合同，只是规定了月（天）租金标准却无租赁期限。对这类合同，可在签订时先按定额5元贴花，以后结算时再按照实际金额计税，补贴印花。这就给纳税人进行纳税筹划创造了条件。

【例10—53】 甲公司出租一套大型机器设备给乙公司，租期20年，乙公司用来生产某产品A。按照规定，租金为该产品销售额的10%。这里的合同金额无法具体确定，但我国印花税的计税依据是合同所载金额和适用的税率，因此没有计税依据，故而无法确定纳税人的当期应纳印花税额。根据规定，对这类合同，可在签订时先按定额5元贴花，以后结算时再按实际金额计税，补贴印花。

本案例中，如果合同明确规定，设备租金为240万元，每年年底支付年租金，则此情况下，应缴纳印花税＝240×1‰＝0.24（万元）。经筹划，把合同改为设备租金每月1万元，每年年底支付本年租金，同时双方决定是否继续签订合同。这时，情况就变成可以“预先缴5元印花税，以后结算时再按实际金额计税”，则每年应缴纳印花税＝1×12×1‰＝0.012(万元)。

可以看出，两种情况应缴纳税额是相同的，都是0.24万元，但利用第二种情况，因延缓纳税时间，企业获得了货币时间价值，可以相应地减轻企业的财务压力，对企业来说是有利无弊的。

(二)利用减少参与人数进行纳税筹划

利用减少参与人数进行纳税筹划，思路就是尽量减少书立使用各种凭证的人数，使更少的人缴纳印花税，这样当事人的整体税负就会下降，从而达到少交税款的目的。

根据印花税相关规定，对于同一凭证，如果由两方或者两方当事人签订并各执一份的，各方均为纳税人，应当由各方就所持凭证的各自金额贴花。如果有几方当事人，在书立合同时能够不在合同上出现的当事人不以当事人的身份出现，就达到了节税的目的。

这种筹划方法也可以应用到书立产权转移书据的立据人。一般来说，因为产权转移书据的纳税人只有立据人，不包括持据人，持据人只有在立据未贴或少贴印花税票时，才负责补贴印花税票。但是，如果立据人和持据人双方当事人以合同形式签订产权转移书据，双方都应缴纳印花税。采取适当的方式，使尽量少的当事人缴纳印花税，税款自然就会减少。

【例10—54】 甲公司将一笔价款为8 000万元人民币的工程承包给乙公司，乙公司将其中的3 000万元的工程分包给丙公司，2 000万元的工程承包给丁公司，则应纳印花税额如下：

(1)各方均签订承包合同，则甲公司应纳税额＝8 000×0.3‰＝2.4万元；乙公司应纳税额＝8 000×0.3‰＋2 000×0.3‰＝2.9万元；丙公司应纳税额0.9万元(3 000×0.3‰)；丁公司应纳税额＝2 000×0.3%＝0.6万元；四公司应纳税额总额为6.8万元。

(2)若乙公司与甲公司协商，让甲公司与丙公司、丁公司分别签订3 000万元和2 000万元的合同，剩下的由乙公司和甲公司签订合同，这样甲、丙、丁的应纳税额不变，乙公司的应纳税额＝[8 000－(3 000＋2 000)]×0.03‰＝0.9(万元)，比原先少缴纳2万元。

注意：甲公司与丙、丁公司签订的合同必须与乙公司原先打算分包给丙、丁的工程量相同；否则，乙公司将由此损失部分转包利润。但只要乙公司和甲公司协商一致，就很容易达到节税的目的。

(三)利用分开核算进行纳税筹划

按照印花税的规定，统一凭证，因载有两个或两个以上经济事项而适用不同的税目税率。如分别记载金额的，应分别计算应纳税额，相加后按合同计税额贴花；如未分别记载金额的，从高适用税率纳税。

根据规定，加工承揽合同的计税依据为加工或承揽收入的金额。合同中如有受托方提供原材料金额，原材料金额应从总收入中剔除，另作购销处理。但同时又规定，受托方提供辅助材料的金额，无论其与加工费是否分别记载均应并入计税金额。显然，在遇到这种问题时，纳税人应分开进行核算，让合同上不同税目的金额适用不同的税率，从而达到节税的目的，否则将会被全部按加工承揽合同的高税率计税。

【例10—55】 某钢结构公司受某公司委托加工一批钢构件，所需主要材料、辅助材料均由受托方提供，钢结构公司收取材料费、加工费共计1 000万元。按照规定，加工承揽合同规定由受托方提供原材料的，若合同中分别记载加工费金额和原材料金额，应分别计税，加工费按加工承揽合同适用0.5‰的税率，原材料按购销合同适用0.3‰的税率，两项税额相加贴花。若合同未分别记载两项金额，则从高适用税率。本例中合同双方应纳税额为1 000×0.5‰＝0.5(万元)。

纳税人在订立合同时，应将不同项目分开列示，使不同税目的金额适用不同的税率，从而降低税额。在本例中，合同上可列明"主要材料金额800万元，辅助材料金额50万元，加工费150万元"，则应纳税额为800×0.3‰＋(150＋50)×5‰＝0.34(万元)。可以看出，分开核算比不分开核算要节省税额0.16万元。如果实际情况允许，则双方当事人也可协商将所需主要材料定为委托方提供，这样合同双方应纳税额将进一步降低为[(150＋50)×5‰]0.1(万元)。

(四)利用保守金额进行纳税筹划

在实际生活中，预计可能实现或完全能实现的合同，可能由于种种原因无法实现或无法完全实现，导致合同最终履行的结果与签订合同是有出入的。由于印花税是一种行为税，是对经济当事人的书立、领受及使用应税凭证的行为课征的税收，因而只要有签订应税合同的行为发生，双方或多方经济当事人的纳税义务便已产生，应该计算纳税金额并贴花。

根据规定，无论合同是否兑现或是否按期兑现，均应贴花。而且对已履行并贴花的合同，所载金额与合同履行后实际结算金额不一致的，只要双方未修改合同金额，一般不再办理完税手续。

【例10－56】 2017年1月，某建筑公司与某药厂签订甲工程施工合同，合同金额为4 000万元，合同签订后，印花税已缴纳。2018年8月工程竣工，经审定实际工程决算价为3 000万元。2018年9月，双方又签订乙工程施工合同，合同金额为7 000万元。该建筑公司以甲工程多交印花税为由，冲减乙合同金额1 000万元，计算缴纳印花税。

根据现行印花税规定，应税合同在签订时纳税义务即已产生，无论合同是否兑现或是否按期兑现，均应贴花。对已履行并贴花的合同，所载金额与合同履行后实际结算金额不一致的，只要双方未修改合同金额，一般不再办理完税手续。因此，在本案例中，该建筑公司以甲公司工程决算价低于合同价为由，冲减乙工程应纳税合同金额的做法是错误的。由于合同金额不准确，该公司多缴印花税为(1 000×0.3‰)0.3万元。

(五)利用压缩金额进行纳税筹划

印花税的计税依据是合同上所载的金额，因而出于共同利益，双方或多方当事人可以经过合理筹划，使各项费用及原材料等的金额通过非违法的途径从合同所载金额中得以减除，从而压缩合同的表面金额，以达到少缴税款的目的。

【例10－57】 企业甲和企业乙欲签订一加工承揽合同，数额较大。由于加工承揽合同的计税依据是加工或承揽收入，而且这里的加工或承揽收入额是指合同中规定的受托方的加工费收入和提供的辅助材料金额之和，因此，如果双方当事人能想办法将辅助材料金额压缩，问题便解决了。具体的做法就是由委托方自己提供辅助材料；如果委托方自己无法提供或是无法完全自己提供，也可以由受托方提供。当然这时的筹划就要分两步进行：第一步，双方签订一份购销合同，由于购销合同适用的税率为0.3‰，比加工承揽合同适用的税率0.5‰要低，只要双方将部分或全部辅助材料转移所有权，加工承揽合同和购销合同要缴纳的印花税之和便会减少。第二步，便是双方签订加工承揽合同，其合同金额仅包括加工承揽收入，而不包括辅助材料金额。

压缩金额筹划法在印花税的筹划中可以广泛应用，比如，在以物易物的交易合同中，双方当事人应尽量互相提供优惠价格，使得合同金额下降到合理的程度。当然要注意限度，以免被税务机关调整价格，最终使税务更重，得不偿失。

（六）利用最少转包进行纳税筹划

根据印花税的规定，只要签订了应税合同，就需要缴纳印花税。建筑安装工程承包合同是印花税的一种应税凭证，应依据合同上记载的承包金额，按3‰的税率缴纳印花税。同时规定，当施工单位将自己承包的建设项目分包或者转包给其他施工单位时，其所签订的分包合同或者转包合同，应按照新的分包合同或者转包合同上所记载的金额再次计算应纳税额。因为印花税是一种行为税，只要有应税行为发生，就应按税法规定纳税。尽管总承包合同已依法计税贴花，但新的分包或转包合同又是一种新的应税凭证，发生了新的纳税义务。为此，可以通过减少转包次数，尽可能减少书立应税凭证，达到降低印花税税负的目的。

【例10－58】　某城建公司A与某商城签订一份建筑合同，总计金额为1亿元。该城建公司因业务需要又分别与城建公司B和C签订分包合同，其合同记载金额分别为4 000万元和4 000万元，B和C又分别将2 000万元转给D和E，则各方印花税应纳税额分别为：

A与商城签合同时，双方各应纳印花税：10 000×0.3‰＝3（万元）

A与B、C签合同时各方应纳印花税额：

A应纳印花税额＝（4 000＋4 000）×0.3‰＝2.4（万元）

B、C各应纳印花税额＝4 000×0.3‰＝1.2（万元）

B、C与D、E签合同时，各方应纳印花税额＝2 000×0.3‰＝0.6（万元）

这五家建筑公司共应纳印花税＝3＋2.4＋1.2×2＋0.6×4＝10.2（万元）

如果这几方进行合理筹划，减少转包环节，采取商城分别与A、B、C、D、E五家建筑公司签订2 000万元承包合同的办法，则这五家公司共应纳印花税为：2 000×0.3‰×5＝3（万元）。

从上面的计算结果可知，当选择分别签订分包合同时，商城的纳税义务不变，但五家建筑公司一共可以节省7.2万元税款。

（七）利用选择低税率进行纳税筹划

《印花税暂行条例》规定，各类经济合同订立后，不论合同是否履行，都应按合同上所记载的金额、收入或费用为计税依据，依照不同项目的适用税率，计算缴纳印花税。因此，对订立合同进行纳税筹划的重点之一就是尽量选择低税率的项目。

【例10－59】　某家具厂接受本市一家私企的委托，负责加工一批家具，总价值为1 000万元，加工所需原材料为700万元，零配件为100万元，加工费用为200万元。

其纳税筹划方法：

（1）按总价值签订合同，其应缴纳印花税为：

应纳印花税＝10 000 000×0.5‰＝5 000（元）

(2)按材料和加工费分开签订合同，其应纳印花税为：

应纳印花税＝8 000 000×0.3‰＋2 000 000×0.5‰＝3 400(元)

(3)只是就加工费部分签订合同，则其应纳印花税为：

应纳印花税＝2 000 000×0.5‰＝1 000(元)

很显然，三种不同方式签订的合同，其印花税税负有很大的差异。

(八)利用借款方式进行纳税筹划

借款方式筹划法是指利用一定的筹资技术使企业达到最大获利水平和最小税负的方法。对任何企业来说，筹资是其进行一系列生产经营活动的先决条件。没有资金，任何有益的经济活动和经营项目都无法进行，与经营相关的盈利和税收也就谈不上。

通常来说，自我积累方式所承受的税收负担要重于向金融机构筹资方法承受的税收负担。因为金融机构贷款利息对企业而言可以作为支出，相应的利润会有所减少，应纳税额会发生一些变化，从而节省税款。在这一方面，金融机构借款与企业间的同业拆借效果差不多。

根据印花税的规定，银行及其他金融机构和借款人(不包括银行同业拆借)所签订的合同，以及只填开借据并作为合同使用的，取得银行借款的借据，应按照“借款合同”税目缴纳印花税，而企业之间的借款合同则不用贴花。因此，对企业来说，与金融机构签订借款合同，其效果与和企业(其他企业)签订借款合同在抵扣利息支出上是一样的，则向企业借款效果会更好。

【例 10－60】 某企业 A 因资金紧张，急需一笔为期一年的借款 100 万元，企业有两种选择：一是从某工商银行借款 100 万元；二是从企业 B 同业拆借 100 万元，年利率为 6%。在两笔贷款利率相同时，企业从银行贷款需要缴纳 50 元的印花税，而同业拆借则无需缴纳印花税，可节税 50 元。

由此可知，在贷款利率一致时，企业通过同业拆借不需缴纳印花税，从而达到增加企业收益的目的。

第八节　车船使用税的纳税筹划

车船使用税是指国家对行驶于境内公共道路的车辆(机动车和非机动车)和航行于境内河流、湖泊或领海(机动船舶和非机动船舶)，依法征收的一种税。实行定额税率，从量缴纳。

一、利用选择购买车船进行纳税筹划

企业和个人在购买车船时，一般都会从价格性能比等方面进行考虑，而往往容易忽略这些车船将来可能缴纳的税款。实际上，应该在购买车船时充分考虑纳税的问题。为了体现合理负担、公平税负的税收政策，我国对各类应税车辆实行有幅度的定额税率，对同一类船舶按吨位计税，使得吨位大、收益高、负担能力强、享受航道等设施多的船舶，多负担税款；吨位小、收益低、负担能力弱、受益于航道等设施少的船舶，少负担税款。对船舶税款实行分类分级、全国统一的固定税额。

【例 10－61】 假定有两艘船：一艘船的净吨位是1 500吨，另一艘船的净吨位是1 501吨。这样第一艘船适用税额为 2.20 元/吨，其每年应缴纳车船使用税额为：

应纳税额＝1 500×2.20＝3 300(元)

另一艘船由于适用税额为3.20元/吨，则每年应缴纳车船使用税税额为：

应纳税额＝1 501×3.2＝4 803.2(元)

虽然净吨位只相差1吨，但由于其税率的全额累进功能，吨位大的船只每年多纳车船使用税的税额为1 503.2元。

企业和个人在选择购买船只时，一定要考虑该种吨位的船只所能带来的收益与因吨位发生变化所引起的税负增加之间的关系，然后选择最佳吨位的船只。

经济主体在选择购买车船时还应注意：机动车挂车，按机动车载货汽车税额的七折计算缴纳车船使用税。因此在购买运输工具时，是购买机动车挂车加在原有机动车后面还是直接购买新机动车呢？这是值得权衡的。又如拖拉机，因为主要从事运输业务的拖拉机，按拖拉机所挂拖车的净吨位计算，税额按机动载货汽车税额的五折计算车船使用税。

二、利用车船停用进行纳税筹划

利用车船停用开展纳税筹划，又称停用及时上报筹划法。我国的车船使用税是一种行为税性质的税种，仅就使用的车船征税，不使用的车船是不用缴纳车船使用税的。

根据车辆使用税的有关规定，已向交通航运管理机关上报全年停运或者报废的车船，当年不发生车船使用税的税收义务，不用缴纳车船使用税。但是停止后又重新使用的车船从重新使用的当月起，发生车船使用税的纳税义务。因此，如果企业和个人很长时期不使用其车船时，要上报交通航运管理机关，以获得免税优惠。新购置的车辆如果暂不使用，即尚未享受到市政建设利益，可以不向税务机关申报纳税。但在投入使用时，应按车船使用税的有关规定办理。在某些特殊情况下在恰当的时候开始使用已购置新车辆可以节省部分税金。

三、利用应税和免税项目划分进行纳税筹划

对纳税人来说，最简单的筹划方法就是使不同税目税率及免税项目的课税对象清楚地区分开，以便最大限度地节省税款。

我国车船使用税有关法规规定，企业办学校、医院、托儿所、幼儿园自用的车船，如果能够准确核算，明确划分清楚是完全自用的，可以享受免税待遇。企业内部行驶的车辆，不领取行驶执照，也不上公路行驶的，可免征车船使用税。划分不清的，应照章纳税。

免税单位合并办公，所用车辆能划分清楚的，分别征或免车船使用税；不能划分的，应一律照章缴纳车船使用税。

【例10—62】 某企业共有8辆3吨的载货汽车，4辆乘人汽车(每车可乘25人)。其中有2辆载货汽车经常在学校里使用，3辆乘人汽车也基本用于学校师生组织各项活动。当地规定上述规格的载货汽车税额每净吨位60元，乘人汽车单位税额每辆320元。

(1)如果不能划分清楚，则该企业应纳车船使用税税额为：

应纳税额＝8×3×60＋4×320＝2 720(元)

(2)如果能够准确划分，则该企业应纳车船使用税税额为：

应纳税额＝6×3×60＋1×320＝1 400(元)

准确划分适用不同税率及免税项目的课税对象，节省税额1 320元。

四、利用税收优惠，实施挂靠的纳税筹划

税法中规定了一些车船可以免征车船使用税，如果企业或个人的车船能够以这种免税车船的形式出现，无疑可以节省不少税款。当然，许多企业和个人使用车船并非从一开始便具备享受优惠政策的条件，这就需要企业和个人为自己创造条件，来达到利用优惠政策合理进行纳税筹划的目的，这种方式即为“挂靠”。

《车船使用税暂行条例》规定，下列车船可以享受减免税待遇：

国家机关、人民团体、军队自用的车船；

由国家财政部门拨付事业经费的单位自用的车船；

各种消防车船、洒水车、囚车、警车、防疫车、救护车船、垃圾车船、港作车船、工程船等可以免税优惠。

如果企业或个人的车船以恰当的方式出现，便可以节省这笔税款。

复习思考题

1. 某汽车贸易公司于5月进口30辆小汽车，海关审定的关税完税价格为15万元/辆，当月销售10辆，取得含税销售收入150万元；3辆奖励给优秀员工；5辆对某汽车租赁公司进行投资，双方协议投资作价25万元/辆；投资作价1辆用于抵债，合同约定的含税价格是24万元；9辆待售。小汽车关税税率为15%，请为汽车贸易公司进行纳税筹划。

2. 居民张某共有三套房产，2011年将第一套市价为100万元的房产与乙某交换，并支付给乙某20万元；将第二套市价为80万元的房产折价给丙某抵偿了70万元的债务；将第三套市价为30万元的房产作股投入本人独资经营的企业。若当地确定的契税税率为3%，请为张某进行应缴纳的契税筹划。

3. 某日用化妆品厂将生产的化妆品、护肤护发品、小工艺品等组成成套消费品销售。每套消费品由下列产品组成：化妆品包括一瓶香水120元、一瓶指甲油40元、一支口红60元；护肤护发品包括浴液100元、一瓶摩丝32元；化妆工具及小工艺品10元、塑料包装盒5元。化妆品消费税税额为30%，上述价格均不含税。

从税务筹划角度分析企业采用成套销售是否有利。

4. 长江公司委托黄河公司将一批价值160万元的原材料加工成半成品，加工费120万元。长江公司将甲半成品收回后继续加工成乙产成品，发生加工成本152万元。该批产品售价1 120万元。甲半成品消费税税率为30%，乙产成品消费税税率为40%。如果长江公司将购入的原料自行加工成乙产成品，加工成本共计280万元。

分析企业应选择哪种加工方式更有利。

5. 某日用化妆品厂，将生产的化妆品、护肤护发品、小工艺品等组成成套消费品销售。每套消费品由下列产品组成：化妆品包括一瓶香水60元，一瓶指甲油10元，一支口红55元，护肤护发品(包括两瓶浴液)25元，一瓶摩丝15元，一块香皂3元，化妆工具10元，包装盒10元，化妆品消费税税率为30%。从2006年4月1日开始，护肤护发品停征消费税。请为该日用化妆品厂制定合理的消费税筹划方案。

参考文献

[1]蔡昌. 税收筹划[M]. 北京:中国人民大学出版社,2017.

[2]蔡昌. 税收筹划八大规律[M]. 北京:财政经济出版社,2005.

[3]赵恒群. 税务会计与纳税筹划[M]. 北京:首都经济贸易大学出版社,2013.

[4]李大明. 税务筹划[M]. 北京:中国财政经济出版社,2006.

[5]盖地. 税务筹划[M]. 北京:首都经济贸易大学出版社,2011.

[6]应小陆. 税收筹划[M]. 上海:上海财经大学出版社,2015.

[7]黄凤羽. 税收筹划:策略、方法与案例[M]. 大连:东北财经大学出版社,2007.

[8]盖地. 税务筹划[M]. 北京:高等教育出版社,2006.

[9]艾华. 税收筹划研究[M]. 武汉:武汉大学出版社,2006.

[10]毛夏鸾. 税收筹划教程[M]. 北京:首都经济贸易大学出版社,2005.

[11]去昂注册会计师教材编写组. 税法[M]. 北京:经济科学出版社,2009.

[12]杨洋. 税务筹划[M]. 北京:中国原子能出版社,2014.

[13]盖地. 税务筹划研究[M]. 北京:中国人民大学出版社,2013.

[14]于长春. 企业税务筹划[M]. 北京:北京大学出版社,2009.